SPILLROR AV EN ROCKMYT

peter vincents

SPILLROR AV EN ROCKMYT

STOCKHOLMSDRÖMMAR OCH HOLLYWOOD NIGHTMARES

Illustration: Lawrence Wharton
Ytterligare medverkande: Linda Marie Chanell

Förlag: BoD – Books on Demand, Stockholm, Sverige
Tryck: BoD – Books on Demand, Norderstedt, Tyskland

ISBN: 978-91-7851-063-4

Åttiotalet var på upphällningen men dominerades fortfarande av svulstig pudelrock och axelvaddar. Jag var väl sjutton år gammal. Min vän David hade en lillasyster, Linda, som var snygg som få. Hon var alldeles naturligt platinablond men såg ut som Winona Ryder i ansiktet. Hennes femtonåriga kropp iförd slitna jeans kunde få lastbilar att starta av sig själva. Mina hormoner visste liksom inte var de skulle ta vägen i närheten av henne. Men samtidigt var det inte tonårig brinnande åtrå som gjorde mig fascinerad av henne. Varje gång hon hälsade i förbifarten med sitt förtrollande leende värkte det i bröstet av välbehag. Hon hade en blick som alltid fick mig ur balans och gjorde mig knäsvag.

Tyvärr var David i mitt tycke lite väl överbeskyddande av Linda. Han brottades med en oförklarlig känsla av att varenda snubbe i kvarteret ville besudla hans syster. Nästan lite konspiratoriskt om man frågar mig. Jag vill ju bara liksom...prata med henne. Men det fick jag knappt. Han blev ofta mest irriterad om Linda var i närheten och brukade göra sitt bästa för att schasa iväg henne. I efterhand är det svårt för mig att klandra honom. Men David hade trots allt ingen kristallkula som kunde spå framtiden. Och frågan är om det i vilket fall hade ändrat någonting.

Problemet med David, förutom hans paranoia med Linda, var att han inte gillade Guns and Roses. Det gjorde dock Linda. Som fan. Man kan bara föreställa sig hur motvilligt David måste ha bett mig ta med Linda på konserten med just Guns and Roses. Att jag själv skulle gå var rätt självklart, jag kunde inte hålla käften om hur bra bandet var. Hans motvilliga förfrågan kom med en lång harang om att minsann hålla tassarna borta från hans syster eller så skulle han jävlar anamma göra både ditten och datten. Det var i vilket fall ett dramatiskt hot om mycket extremt våld och tortyr. Alltså, jag var sjutton år. Hon var en femtonårig ängel i tighta jeans. Tortyr och våld kändes inte som ett problem där och då. Naturligtvis antog jag utmaningen att gå med Linda på konserten. Jag började nästan tro att det finns en gud trots allt.

Det var sommar och en eftermiddag med förväntningar och spänning i luften. Vi satt i parken utanför arenan och väntade på insläppet. Och där satt hon med korslagda ben i gräset framför mig. Den varma eftermiddagssolen över hennes hy fick henne att dofta vanilj. Jag kunde inte släppa blicken från henne. Hennes korta läderjacka och vita linne liksom bara retades med mig. Linnet spände över hennes nosiga barm som hypnotiserade mig. Jag drog ett bloss på min cigarett och försökte lista ut om hon hade bh på sig eller inte.

– *Vad tänker du på?* frågade hon med ett snett leende, samtidigt som hon sträckte sig efter cigaretten mellan mina läppar.
– *Va? Nä, inget fan.* Jag rätade till mina coola solbrillor för säkerhets skull.
– *Du såg sådär allvarlig ut bara.*
– *Ha, nej jag tänkte bara att David hade typ slagit ihjäl mig om han såg att jag låter dig röka.*
– *Naaaw, äh då får jag vill plåstra om dig då.* Sa hon med ett fnitter. Samtidigt som hon tröstande smekte min arm. Jag fick stånd.

Lindas närhet gjorde mig förlägen, fast på ett bekvämt sätt. Det kändes overkligt att för en gångs skull få sitta ner ensam med henne. Och för bara en liten stund få obegränsad tillgång till det där förtrollande leendet. Den där underbara smärtan i bröstet var som att bli hög. Jag ville spara det här tillfället i mitt minne för alltid. Det var på lånad tid. Efter ikväll skulle allting återgå till Davids beskyddande välde där Linda som bäst var en statist.

Lite tonårsfnitter och ett paket Marlboro senare befann vi oss inne på konserten. Axl Rose kom ut på scenen i skottsäker väst och ylade som bara han kan. Det går liksom inte att bestämma sig för om det är bra eller dåligt. Vilket är det geniala med hans sångröst och person. Han såg nästan besatt ut framför mikrofonen. Som att varenda muskel i hans kropp vibrerade. Axl såg till och med elektrisk ut.

Eftermiddagen gick mot kväll och solen gick ner. Hettan var pressande och kvav i publikhavet trots att det var en utomhuskonsert. Linda tog av sin tunna läderjacka och lindade den runt hennes smala midja. Jag såg tydligt hur svettpärlorna på hennes hals reflekterade scenbelysningen. Hon log mot mig medan vi sjöng med i låtarna. Det där leendet igen. Det var nästan så att mitt system överbelastades av välbehag, den fantastiska musiken i kombination med Lindas närhet var nästan för många intryck för att hinna känna allt.

Ungefär då beslutade sig en något berusad Slash för att ta av sig skjortan till publikens jubel. Han såg lite bortkommen och förlägen ut bakom hans burriga hår och spegelblanka solglasögon när publiken busvisslade och skrek. Alla övriga medlemmar gick av scenen medan Slash fullkomligen spelade skiten ur sin slitna Les Paul. Jag kunde fan i mig se den dunkla glöden av elektronrören i Marshallstackarna som pressades till sitt yttersta. Det var som en religiös upplevelse när himlen plötsligt öppnade sig och regnet började strila ner i den heta sommarnatten. Slash sjönk samtidigt ner på knä där på scenen, hans gitarrsolo övergick så bedövande vackert till introt till Sweet Child O' Mine. Publiken överröstade åskan i fullkomlig extas. Vi bara vrålade av lycka. Jag vände mig mot Linda. Regnet gjorde hennes vita linne helt transparant. Hon hade ingen bh. Luften smakade svett och elektricitet. Och Linda log mot mig och tog min hand i sin.

En rysning av välbehag och gränslös lycka gick längs ryggraden av hennes varma beröring. Och det var där och då det gick upp för mig. Det var så självklart. Jag skulle bli musiker. Gitarrist. Ja, så enkelt var det bara. Under ett kort ögonblick var min själ ett med Slash porlande gitarrtoner som berusade hela arenan.

Jag köpte min första Les Paul som nittonåring. Jag har provat nästan alla märken och modeller som finns, men inget kan riktigt motsvara det fulländade allroundljudet i en Les Paul. För att dryga ut räkningarna som heltidsmusiker pluggade jag till gitarrtekniker. Jag tjatade till mig en praktik hos Gibson. Jag gissar att de efter nio månaders tjat till slut gav upp av ren utmattning och släppte in mig. Jag tror som sagt att Guns and Roses inspirerade en hel generation av musiker. På samma sätt som Beatles. Utan att jämföra kvaliteten på banden. Hade det inte varit för Slash hade jag kanske reparerat torktumlare idag.

"Jag kan inte minnas att David skulle ha varit sådär överbeskyddande. Ärligt talat hade vi inte särskilt bra kontakt trots att det bara skiljde något år mellan oss. Vi brydde oss inte mycket om varandra på det viset. Jag tror i så fall att Peter bara hittade på den biten som ursäkt för att han själv inte vågade närma sig. Men det kan absolut stämma att jag inte hade fått gå ensam på konsert, men att det var okej om jag gick med någon som mina föräldrar visste vem det var.

Men så klart att jag minns konserten. Och ja, den var sådär fantastisk faktiskt. Men det var det dummaste jag hört att jag skulle gått utan bh. Dumheter, lögn och förtal! Vad som inte framgår är dock att jag höll om honom ibland när folk började hoppa som galningar i publiken. Det kändes tryggt och lite spännande med den där fysiska kontakten. Men det kanske han aldrig märkte.

Att Peter tog med sig konserten som den största upplevelsen efter vår första träff är rätt beskrivande för honom. Jag kom alltid på andra plats, musiken kom alltid först. Men för vad det nu är värt så valde jag det helt själv."

Linda

EN KVINNAS DOFT

Jag önskar att jag kunde säga att resten av konsertkvällen slutade som en sån där romantisk Hollywoodfilm. Ni vet, långsamt mäjking löv i motljus på en säng med blommor och tända ljus runt om. Och någon låt med saxofon i bakgrunden. Men så blev det ju inte.

Jag var liksom sjutton år och visste inte riktigt vad man skulle göra av en sån där situation. När vi kommit ut från konsertområdet la hon armarna runt mig och lutade sitt huvud mot mitt bröst. Jag stelnade som en pinne i ren skräck över att hon skulle höra mina hjärtslag gå upp i trehundra kilometer i timmen. Som om det hade gjort någonting. I ett par smärtsamma sekunder stod jag alltså med hennes armar runt mig och såg mest ut som en snubbe som just tappat en dyr vas för en miljon kronor. Till slut fann jag mig själv och omfamnade henne. Jag höll om henne och kände hennes värme mot min kropp och ville inte att den här dagen någonsin skulle ta slut.

Sen gjorde jag det där som killar fan inte kan låta bli. Det går inte. Det är nästan som att det är som en inbyggd reflex som bara händer innan vi själva ens vet om det. Jag böjde ner ansiktet och doftade i hennes hår. Doften av kvinnohår är bättre än kokain. Det spelar ingen roll om en kvinna spelat tennis i kloakerna två dygn i sträck. Hennes hår doftar ändå som en explosion av sommar, vårfrukt och lavendel. Man blir helt knäsvag och får rysningar i nacken. Är man sjutton år är det lätt hänt att man nästan tappar andan och blir yr.

– *Haha, vad gör du?* Frågade hon. Vilket var ungefär vad jag själv undrade.
– *Eh...nä, jag..vad menar du?*

Hon tittade upp på mig, fortfarande med händerna runt mig. Jag kände mig bara förlägen och som att jag just gjort bort mig helt. Hon hade ett hemlighetsfullt ansiktsuttryck. Själv var jag mållös och fortfarande yr. Jag hade ingen aning om vad jag skulle göra eller säga. Till slut bröt Linda tystnaden.

– *Jag måste nog hem nu.* Sa hon mjukt, och gjorde ingen stor sak av vad jag nu trodde att jag hade saboterat.

– *Ja. Jo. Jag med.*

Hon backade långsamt ifrån mig medan hon höll i min hand innan hon släppte den. Jag stod där som en fåntratt och hade fortfarande inte en aning om vad jag skulle säga eller göra. Det var för många intryck för att jag skulle förstå någonting alls. Kramen. Hennes leende. Hålla handen. Jag försökte febrilt komma på något coolt att säga. Eller göra. Typ springa efter henne. Eller säga sådär fint som i filmerna. Typ ”You...complete me”. Det enda jag lyckades med i det läget var att åtminstone inte peta mig i näsan.

Efter sådär tio meter vände hon sig om mot mig igen. Med samma hemlighetsfulla leende. Det där leendet som gjorde så underbart ont i bröstet på mig. Det började bli kyligt i sommarnatten, men hennes blick gjorde mig varm. Samtidigt var jag förvissad om att när hon gick därifrån så var vår unika kväll tillsammans borta för alltid. Jag skulle aldrig få sitta ensam i gräset med henne igen.

– *Men du...om du vill lukta på mitt hår igen kan du väl höra av dig imorgon?*

Hon försvann i natten. Själv kände jag mig plötsligt som James Bond. Jag tror jag gjorde några coola videokarate-sparkar i luften t om. Sen återstod bara att sy ihop en plan för att David aldrig i helvete skulle få reda på att jag hade för avsikt att lukta på hans systers hår igen.

Doften av en kvinnas hår är och förblir ett underbart mysterium. Jag kan garantera att det aldrig hade funnits något Apple om Steve Jobs aldrig vaknat bakom en kvinna och hennes kalufs. Guns and Roses hade aldrig gjort albumet Appetite for Destruction om det inte vore för brudar med sitt svallande hår i replokalen. Själv hade jag nog inte struttat runt som en idiot i sommarnatten och spelat luftgitarr på vägen hem om det inte vore för Lindas hår.

*"Alltså, det var min brorsas häftiga rockpolare. Jag var så kär att
hjärtat höll på att gå sönder. Jag var bara tvungen att få veta om det
fanns något mellan oss. Men han skulle bara spela så förbannat cool
och oberörd hela tiden, hur mycket jag än försökte flirta. Det fanns
inte en chans att jag hade gått hem därifrån utan att få veta. Aldrig.
Jag var ju tvungen att slänga armarna runt honom, han fick väl säga
ifrån om han inte ville. Men inte fan ville han hångla för det. Och
jag blev lite snopen. Men jag fick ju en kram i alla fall, det var ju
alltid något.*

*När jag läser hans beskrivelse fattar jag att han bara var osäker.
Det är lite gulligt trots allt. Jag trodde aldrig han skulle höra av sig
efter den kvällen. Men det gjorde han ju.*

*Det var väldigt charmigt skrivet om mitt hår. När jag tänker
efter så var han väldigt mycket för att ligga och lukta i håret. Men det
låter helt sjukt att jag skulle frågat om han ville lukta på mig. Jag tror
inte ett dugg på att jag skulle ha sagt så. Nä."*

Begreppet "friendzone" existerade inte på den tiden. Även om jag intellektuellt ändå förstod att det var precis där jag befann mig med Tess. Vi var båda sexton år. Den enda erfarenhet jag hade av tjejer var från porrtidningar man hittat i skogen. Tess, däremot, var tillsammans med en långt mycket äldre snubbe. Han var typ nitton. Han hade körkort och bil. Game over, boy.

Jag hade sett honom när han hämtade henne från skolan ibland. Han såg ut lite som en skitnödig frat brat med bakslickat hår och kavaj. Antagligen från någon lite mer välbärgad familj, fast inte tillräckligt välbärgade för att förse grabben med något finare än en Volvo. Själv såg jag ut som en billig tattarversion av Nikki Sixx. Eller, det var åtminstone vad jag försökte med. Inte fan hade jag varken körkort eller bil heller, så jag kände mig rätt trygg och förvissad om att Tess inte hade minsta intresse av min kropp. Men hon tyckte säkert jag var lite festlig att hänga med. Jag kunde åtminstone blåsa rökringar, så det så.

Tess hade en irriterande ovana att skämta om sin jävla brat till pojkvän. Det hände att hon rullade med ögonen och berättade om hur han alltid bara somnade sekunderna efter att de hade sex, och raljerade om hur killar är. Jo, höll jag med, been there done that. Jag ljög hejdlöst om att jag legat runt med tio, elva kanske tolv tjejer. För det mesta citerade jag fritt från minnet ur såna där insändarberättelser man läst i porrtidningar. Men jag är samtidigt rädd att jag eventuellt ljög in mig i ett hörn där.

Vi var ett litet gäng som brukade hänga i parken på fredagar efter skolan och dricka langad sprit. Vad det nu var man lyckats få tag på. Allt från folköl till vin till i bästa fall starksprit. Jag får lov att säga att vi skötte det rätt snyggt trots vår ålder. Vi drack oss ofta lite lagom fulla utan större dramatik varpå man lallade hemåt mot kvällen. Så det var inte konstigt alls när Tess bad mig skaffa dricka och träffa gänget i parken efter skolan. Man skramlade ihop pengar till att betala valfri bänkalkis att köpa ut.

Jag anlände till parken med ett par flaskor billigt rödvin från helvetet. Där satt hon och åt vindruvor. Tess var kanske inte sådär klassiskt snygg egentligen. Hon var mörkblond med ett lite pojkaktigt ansikte, men helt klart söt utan att vara fotomodell. Hon var trådsmal fast med ett par väl definierade höfter som ursäktade allt annat. Som en tanigt smal Shakira. Där satt vi och drack äckligt rödvin och hade trevligt, men jag började undra när de andra skulle dyka upp. Tess drog lite på munnen och gjorde en konstpaus innan hon svarade.

– *Jag glömde nog att berätta för dom andra.*

– *Va? Så...alla har dragit hem alltså?*

– *Mm.*

– *Men...vafan...*

Ni förstår, ungdomar, på den tiden fanns inte mobiltelefoner. Det var fredag. Det fanns alla möjligheter i världen att David och gänget planerade att dricka finsprit på någon föräldrafri fest någonstans. Och här satt jag och drack fulvin i gräset med en brud som hade pojkvän med körkort. Min enda chans var att försöka ringa hem till någon av dem och ta del av planerna innan fredagen gått förlorad. Tess lyckades dock övertala mig om att sitta kvar och dricka upp vinet i alla fall.

Vi blev ganska fulla. Och fnissiga. Och vi klängde lite på varandra på vägen hem. Det kändes inte minsta erotiskt eller spännande. Hon hade pojkvän med stort P. Att vi smålutade oss mot varandra kändes nästan lite grabbigt vänskapligt. Till slut kom vi fram till hennes hus.

- *Du, följ med in en stund va?* Sa hon drucket med ett hemlighetsfullt leende.
- *Äh, vafan, jag måste hem.* Protesterade jag och tittade på klockan.
- *Nej, jag ska visa något!* Sa hon med ett fnitter.
- *Vaddå?*
- *Kom, du kommer gilla det!* Sa hon och tog min hand och ledde mig motvilligt in i huset.

Vi kom in i hennes hall. Hon placerade vingligt sina händer på mina axlar som om hon poserade en skyltdocka.

- *Ingen är hemma!* Viskade hon med ett bubblande fniss i strupen.
- *Nähä? Varför viskar du för då?* Jag fattade ingenting om vad hon höll på med.
- *Vänta precis här!* Sa hon, och understrykte allvaret i situationen genom att hålla upp ett pekfinger framför mitt ansikte.

Hon försvann in i huset. Jag stod i hennes hall och såg ut som en idiot. Jag tittade ängsligt på klockan men konstaterade att det antagligen fanns tid kvar att hinna hänga med grabbarna. Jag tog fram en cigarett och placerade mellan läpparna. Men cigaretten föll till golvet tillsammans med min haka innan jag hann fundera på vad hennes föräldrar skulle tycka om att jag rökte inomhus.

Tess kom tillbaka in i hallen. Helt naken, sånär som ett par tunna vita spetstrosor. Det var första gången jag någonsin såg ett par nakna kvinnobröst. Min hjärna överbelastades. Jag stod som förlamad, fortfarande med öppen mun. Jag antar att hon väntade på att jag skulle gå fram och "ta för mig". Men min hjärna tycktes mest vara upptagen med att förse kroppen med syre och hålla pulsen vid liv. Jag hade inte sett det här komma, jag var inte ett dugg beredd på det. Trots att jag spelat upp liknande scenarios i huvudet hundratals gånger så var det bara helt blankt.

Som tur var tog hon till slut initiativet och gick fram och kysste mig. På munnen. I munnen. Hon pressade in sin tunga i min mun. Hon smakade rödvin och mint. Jag mest stod där handlingsförlamad i min första kyss. Det var som en känslomässig bergochdalbana. Det var surrealistiskt och helt fantastiskt underbart. Jag mötte hennes tunga och hånglade så gott jag kunde.

Till slut greppade hon min skälvande hand och placerade den på sitt högra bröst. Jag var så nervös att jag skakade. Jag klämde försiktigt på hennes mjuka bröst. Det gick som elektriska stötar genom hela kroppen på mig. Hur mycket porr man än sett, och hur många porriga insändarberättelser man än läst kan de aldrig förbereda en kille på hur det är att första gången få känna på ett kvinnobröst. Det var nästan en andlig upplevelse, som att man fick kontakt med universum och under några få sekunder förstod meningen med livet.

Hur länge jag stod där och smekte hennes bröst vet jag inte. Det kan ha varit tio sekunder. Det kan ha varit tio minuter. Hon väckte mig ur min trans genom att ta min hand igen, och hon ledde mig in i hennes rum. Vi stod upp, och såg på varandra. Jag hade ingen plan, och visste knappt vad som pågick. Det var som att jag bara var passagerare i mitt eget huvud. Hon var till slut tvungen att placera mina händer på hennes välformade höfter. Som en efterbliven samhallspraktikant stod jag lydigt med händerna på hennes höfter och stirrade förvirrat.

Tess snörpte på munnen i ett leende och rullade med ögonen, varpå hon själv drog ner trosorna och tog av dem. Och där stod hon nu. Helt naken framför mig. Hennes fjuniga blonda pubeshår var noggrant rakat i ett tunt streck. För första gången på länge började jag återfå lite hjärnkapacitet, och tänkte att jag för i helvete måste börja göra något nu. Jag fick ner henne på rygg i sängen, och tänkte att jag nog måste slicka henne. Ja. Sånt hade jag sett på film. Jag särade hennes lår och började försiktigt slicka hennes mus. För andra gången på alldeles för kort tid fick jag plötsligt min andra utomjordiska andliga upplevelse.

Hon smakade metalliskt men sött. Hon var så våt att tungan bara smälte rakt in i henne. Har man en gång slickat fitta finns det ingen återvändo. Ingenting kommer någonsin bli som det var förut. Det sägs att björnar som en gång fått smaka människoblod aldrig kan gå tillbaka till vanlig föda. Det är ungefär samma sak med att få slicka en kåt tjej. För det första hade jag bara sett en muff på bild. Jag hade föreställt mig att blygdläpparna och hela musen skulle vara lite hårdare. Som ett öra ungefär. Men allting mellan en kvinnas ben är så osannolikt sagolikt mjukt och lent. Det kändes som att slicka en varm mjukglass.

Det var bara ett problem. Min utrustning funkade inte. Den hängde rakt ner. Den hade förmodligen blivit hårdare av att doppa den i isvatten. Om man skulle slå upp termen "slak" i en ordbok hade de garanterat haft en bild på min kuk där. Det var helt enkelt för lite blod adrenalinomploppet. I kombination med äckligt fulvin. Jag var så nervös att jag skakade. Jag hade en puls som kändes ända ut i tinningarna. Jag skulle få knulla. Hela min hjärna var fokuserad på det. Men med allt som pågick i min kropp där och då hade det varit lättare att få stånd under en pågående terroristattack.

Jag fattade naturligtvis inte vad som pågick, eller rättare sagt inte pågick, i kroppen. Jag drabbades av någon febril panik över att min kuk inte riktigt ville vara med. Att försöka "tänka" upp ett stånd under panik gör inte saken bättre.

Tess greppade mina axlar för att dra upp mig över henne. Och nu började paniken verkligen sätta in. Den ultimata förnedringen av att ligga på en kåt kvinna som vill knulla, och kuken är slak som en påse sand. Nej, det här gick inte. Jag började peta mig i ögat och hävdade med jämmer i rösten att jag fått något skräp i det. Jag bad om ursäkt, men sa att jag var tvungen att gå på toaletten Jag bokstavligen rusade in på toaletten och låste dörren. Där stod jag naken. I min egen förnedring. Jag såg ner på min slaka kuk som pekade rakt ner i golvet. Det kändes som att min kuk skrattade åt mig. En tjock klump i halsen började göra sig påmind. Jag var nära att börja gråta. För första gånget i livet var jag så nära, så nära. Det var det här allting handlade om. Hela mitt liv hade ju varit en förberedelse för detta tillfälle. Och nu...det här? Det var så orättvist. Och förvirrande.

"Din lilla jävel!", tänkte jag för mig själv. *"Du ska fanimej stå! Annars jävlar!"*. Jag försökte runka upp den. Jag stod säkert i tio minuter och runkade i tvåhundra kilometer i timmen. Sådär så att man börjar få mjölksyra i armen. Till slut, motvilligt och stretigt, började jag få lite fart på den. Jag fick upp någon sorts vinballe-stånd. Patetiskt, men antagligen tillräckligt.

Som en fallskärmsjägare slet jag sedan upp dörren och rusade som en tjur mot hennes rum igen. Tess såg rätt förvånad ut när jag kom springande med en rodnad vinballe i högsta hugg. Jag ville bara få in den nu. Jag ville hamna å andra sidan den där magiska gränsen. Att få knulla. Tyvärr höll inte vinballen riktigt för pressen. När jag väl hamnat bredvid en något förundrad Tess i sängen igen så sjönk den bara ihop igen. Och ibland måste man bara inse att det är över. Det finns tillfällen där man får förlika sig med att det är kört. Det här var ett sånt tillfälle. Det var trots allt inte mitt tillfälle ikväll. Jag bröt ihop där i sängen, men lyckades hålla tårarna tillbaka.

— *Du...jag vet inte vad som är fel...men...det går inte...jag...* Hulkade jag med tjock hals.

Tess la sitt pekfinger mot mina läppar och log. Jag tror hon fattade. Antagligen fattade hon saker om kukar jag själv inte hade en aning om. Jag själv var bara förvirrad och besviken.

– *Äh, det gör inget, en annan gång kanske?* Sa hon vänligt.

– *Ja, jo...* Höll jag med, och visste mycket väl att det inte skulle bli någon annan gång.

Jag la mig på rygg med en stor suck med händerna bakom huvudet. Det här var bara att ta. Jag var inte gud tyvärr, så vad skulle jag göra åt saken? Jag var en jävla tonåring som trodde han skulle få ha sex, men tänk så var det inte. Tess strök mig över mitt spretiga hår och log medlidande. Eftersom jag förlikat mig med att det inte skulle bli åka av så slappnade jag av. Jag kunde andas normalt för första gången sedan jag klev in i hennes hall. Mina muskler hade börjat återgå till normalt tillstånd. Vi låg där i några minuter utan säga någonting till varandra. Jag betraktade hennes runda fantastiska bröst där hon låg på sidan i sängen. Det var så fascinerande hur de rörde sig medan hon smekte mitt hår. Som att de levde sitt eget liv. Hennes rosa bröstvårtor pekade rakt ut. Det var så vackert och erotiskt. Jag kunde inte sluta titta på henne.

Och...well. Då, minsann. Jag blev så hård att det nästan gjorde ont. Och fort gick det. Förbluffat la jag mig själv på sidan så att vi låg mot varandra. Tess bet sig själv i läppen med ett snett leende, hon såg mycket väl vad som hände. Jag la henne på rygg och trängde in i henne.

Egentligen borde jag få vara i Guinnes Rekordbok tror jag. Jag tror vi snackar fyra sekunder blankt. På riktigt. Jag kan med illa dold stolthet påstå att ingen någonsin har knullat så fort som jag. Om nu hela förhändelseloppet fram till penetrationen kan tyckas vara förnedrande så framstod det som en porrfilm i jämförelse med det ligget.

KOLINGSBORG

Jag bestämde träff med Linda på Kolingsborg. Så vitt jag vet är Kolingsborg numera igenbommat, rivet och arkiverat i samband med att man bygger om Slussen i Stockholm. Och andra sidan har jag inte varit vid snusksidan av Slussen sen Debaser stängde. Men på den tiden var dock Kolingsborg ett slags allt i allo ungdomsgård, disco och konsertlokal för alla möjliga konstiga subkulturer. Jag är lite stolt över att själv ha fått lira där under Kolingsborgs glansdagar. Kolingsborg var en guldgruva för unga aspirerande musiker. Det var rena rama orgien av olika bandkonstellationer där medlemmar hoppade runt som slampor mellan banden.

David var som tur var inte särskilt musikintresserad. Risken att David skulle dyka upp på Kolingsborg var ytterst liten. Rentav noll. Hur som helst anlände jag alldeles för tidigt. Med lite för mycket hårspray. Och lite för mycket aftershave av märket Carl Lagerfelt, som jag införskaffat i taxfreen på en Finlandskryssning med mina föräldrar. Inte för att jag hade mycket att raka på den tiden, men aftershave var man tvungen att ha. Jag blev rastlös av att vänta så jag begav mig till Södermalmstorg utanför tunnelbanestationen. Jag skulle se Linda när hon kom ut genom dörrarna.

Jag rökte väl sådär ett paket cigg på tjugo minuter medan jag väntade. På sommarhalvåret hör man sorlet och glädjeskriken från Grönan hela vägen till Slussen. Jag började fundera på om jag skulle gå på Grönan med Linda istället. Men då dök hon upp. Hon klev ut som om hon inte begrep att hela jorden just nu roterade runt henne. Hennes ljusa stentvättade jeans hade så många slitna hål att hon nästan lika gärna kunde haft nätstrumpbyxor på sig. En urtvättad t-shirt med Scorpions bandlogga satt som målad på hennes överkropp. Hennes korta MC-jacka i svart läder matchade min. Och andra sidan matchade den alla andra rockers i Storstockholm vid tidpunkten.

Som om jag vore en vilsen sjuttonåring fullkomligen sprang jag fram till henne. Eller, vänta, jag var ju en vilsen sjuttonåring. Jag visste inte riktigt om jag skulle krama henne. Eller ta henne i hand. Eller både och. Faktum var att jag inte visste vart fan jag skulle göra av händerna alls. Så till slut stoppade jag ner händerna i fickorna.

– *Hej...* Fick jag fram. Det var det bästa jag kunde komma på.
– *Hej.* Svarade hon. Men det var ett pillemariskt, långdraget och menande hej. Mer som ett *heeej.*
– *Eh...hur är läget då?*
– *Bra.* Hon tittade på mig med ett leende. Sedan blåste hon en hårslinga i luggen åt sidan.
– *Öh...alltså..eh...va fin...du är.* Ärligt talat lät det mer som en fråga än ett påstående.
– *Tack.* Sa hon och fnissade.

Jag kände mig helt vilsen. Om inte annat var jag rätt nöjd med att jag åtminstone inte valt att försöka skaka hand med henne som om hon vore drottning Silvia. Jag tänkte att jag får nog fan göra någonting nu. Kanske inte ge henne en kram. Men en sån där hälsnings-halv-kram. När man lägger ena armen om den andra och pressar överkroppen mot varandra i två sekunder. Ja, det verkade bra. Jag dök in med armen och skulle omfamna henne.

Antingen missuppfattade vi båda vad jag tänkte göra. Eller så ändrade jag mig mitt i halvkramen. Våra ansikten möttes plötsligt. Det var inte planerat, det bara hände. Jag hann se henne sluta ögonen och öppna munnen innan jag pressade läpparna mot hennes. Hon smakade läppglans och fruktigt tuggummi. Under bråkdelen av en sekund hann jag fundera på om jag gjort bort mig eller inte, innan jag kände hennes lena handflator mot mina kinder. Jag hade inte gjort bort mig. Jag vågade lägga armarna runt hennes midja och dra hennes kropp mot min.

Jag kände hennes fasta bröst pressa mot min bröstkorg när hon reste sig på tårna för att nå djupare in i vår tungkyss. Jag kände hennes bara slutrygg ovanför byxlinningen under min hand. Jag blev vimmelkantig och drog efter andan genom näsborrarna. Och där var doften av henne igen. Jag blev helt berusad av henne. Som om hon var den mest fulländade opiaten i hela universum. Jag blev inte medveten om mitt stånd förrän hennes fingertoppar nådde min nacke.

Några jävla fåntrattar som såg ut som Duran Duran busvisslade bredvid oss och gjorde menande apläten. Vi avslutade vår kyss och såg varandra i ögonen till ljudet av fåntrattar. Jag tror Linda rodnade lite, men hon log varmt mot mig. Själv gjorde jag mitt bästa för att inte se ut som ett barn på julafton.

Som pricken över i vände jag mig sedan mot Duran Duran, räckte ut min arm med knuten näve medan jag sträckte upp långfingret. Vilket framkallade hånskratt och fler apläten. Jag satte på mig solglasögonen medan de försvann upp mot Götgatan. Jag fick gåshud i nacken när jag kände Linda fläta sina fingrar runt mina. Jag höll henne i handen tills herrar Duran Duran var på tillräckligt tryggt avstånd för att jag skulle våga tänka *"Yeah, that's right. Keep on walking maddafackers"*.

Alltså, James Bond kunde suga av en åsna. Jag kände mig som Jean Claude Van Rambo.

"Dom där Duran Duran minns jag inte alls. I efterhand kan man kanske tycka att det hade varit smartare att hänga med dom. Men jag minns att jag ville att alla skulle se oss."

Linda

Jag vaknade av att det bultade på dörren. Tungan låg fasttorkad mot gommen. Den rosslande AC:n orkade inte riktigt kyla ner sovrummet, varpå rummet osade gammal unken svett, tårar och billig whiskey. Som vanligt hade jag somnat med kläderna på. Komplett med bootsen kvar på fötterna. Jag försökte resa på mig, men blev så yr att jag fick kväljningar. Uppstötningarna smakade kemiskt och fränt. Den krypande bakisångesten kom smygande och fick mig att kallsvettas. Det bultade på dörren igen. Jag ville bara vända mig om och somna om igen. Bort från alltihopa.

– *Det är från polisen, kan du vara vänlig och öppna dörren?* Ropade någon myndigt utifrån.

Från polisen? Det fick mig att kvickna till. Jag må ha varit en jävla sopa, men jag hade inte gjort något olagligt. Skräcken grep klorna i mig. Bokstavligen. Som kalla klor som tränger in genom huden i nacken. Jag kände hur pulsen steg, vilket bankade som ett städ i huvudvärken. Trots det lyckades jag kravla mig ur sängen. Jag vadade genom tomma pizzakartonger och gamla flaskor i vardagsrummet. Vacklandes kom jag ut i hallen och öppnade ytterdörren.

En poliskonstapel stirrade misstänksamt på mig. Två äpplen hög. Uppenbarligen har LAPD dålig koll på storlekar eller så hade han med flit valt den minsta skjortan han kunde hitta. Bakom två äpplen stod musklerna, en reslig konstapel med helrakad skalle och solglasögon. Det kändes surrealistiskt, som om jag var med i en dålig film.

– *Sir, heter du Peter?*

- *Vafan har hänt?!* Frågade jag skräckslaget.
- *Sir...Heter. Du. Peter?* Frågade han mer bestämt och behärskat, som om han pratade med en idiot.
- *Ja...men, vafan är det som pågår? Vad har hänt?!*
- *Vi har hittat din bil.* Sa han kallt och avvaktande.
- *Min bil?!* Upprepade jag.
- *Ja. Du står som en ägare på en Chrysler, stämmer inte det?*
- *Jo? Men...jag förstår inte, vaddå hittat?*
- *Vi har arresterat en fröken Linda som förare av ditt fordon. Känner du henne?* Fortsatte han sakligt, och han njöt verkligen av att prata i gåtor. Det märktes.
- *Arresterat?! Kan du inte bara berätta vad som har hänt?! Jag fattar ingenting.*
- *Hon körde, ditt fordon, genom en häck nere vid Melrose. Och in i hörnet på en fastighet.*
- *Vafa...men är hon okej?! Är hon skadad?! Vart är hon?*
- *Sir, lugn. Hon är helt okej förutom något blåmärke. Var vänlig och lugna ner dig.*

Tankarna snurrade. Jag försökte få grepp om vad han just berättat. Jag kände mig helt yr, och huvudvärken verkligen smällde som en slägga i takt med min puls. Linda, vad i helvete? Vart skulle hon med bilen? Kan det ha varit ett missförstånd? Hade polisen verkligen kommit till rätt ställe? Ångesten kokade som svart tjära i ådrorna. Jag var tvungen att se om min bil verkligen inte stod i garaget och började vackla ned för stentrapporna. Jag var för svag och yr, och tappade balansen.

- *Oookej. Sir. Du, lugn nu. Hur mår du egentligen?*
- *Kan du sluta kalla mig sir?! Det är bara nedlåtande. Vart är Linda?!*
- *Hon är omhändertagen för rattfylleri. Vi kommer hålla henne tolv timmar för tillnyktring, efter det kan hon bli utlöst mot borgen.*

– *Tolv timmar?! Vad...är klockan egentligen?*

– *Den är sju. På morgonen. Men du, du kanske borde sätta dig ner.* Han knackade två gånger på näsan innan han pekade mot mig.

Jag drog förvirrat med handflatan över näsan. Jag blödde näsblod. Det växande morgonljuset i magenta fick nästan mina ögon att brinna. Mina pupiller måste ha varit stora som tefat. Jag kan bara gissa att jag luktade ungefär som min mun smakade. Poliskonstaplarna utbytte en snabb blick när jag stod och vinglade medan jag betraktade min blodiga handflata. Jag gjorde som han sa, jag satte mig ner på stentrappan.

– *Du...vill du väcka åtal mot fröken Linda?* Frågade äppelmannen i för liten skjorta. Muskelknutten hade hittills inte sagt ett knyst.

– *Va?! Nej varför i helvete skulle jag göra det?!*

– *För att hon möjligtvis tog bilen utan lov.* Föreslog han.

– *Nej. Så var det inte. Jag sov bara. Medan...hon måste ha lånat bilen.*

– *Som du vill. Då måste jag upplysa dig om att skadorna på fastigheten kommer gå på bilens försäkring.*

– *Jaja. Jag har försäkring. Det är lugnt.*

Äppelkonstapeln gjorde en liten utläggning om hur jag skulle bära mig åt för att hämta ut Linda på kvällen. Jag nickade och försökte samla tankarna.

– *Men du. Jag tänker inte lägga mig i vad du sysslar med. Men du ska nog inte köra bil idag, om du fattar vad jag menar. Kan du ordna så att någon skjutsar dig till uthämtningen ikväll?*

– *Ja. Jo. Jag ordnar det.* Nickade jag, och försökte titta ner i marken.

– *Förstår du mig? Jag vill inte behöva komma tillbaka och sy in dig också.*

– *Jag fattar. Och jag lovar.*

– Okej. Bra. Och försök få lite sömn för helvete. Du ser ut att behöva det.

Den slipprige lille fan hade säkert klappat mig nedlåtande på axeln om det hade varit tillåtet. Men han önskade mig en trevlig dag innan de försvann i sin svartvita bil. Själv satt jag kvar på stentrappan. Sekunderna efter rasade jag ner på alla fyra, där på stengången. Och spydde. En hemsk doft som påminde om terpentin steg upp i ansiktet.

Jag vacklade tillbaka genom hallen, och in på toaletten. Spegeln var rätt obarmhärtig. Jag var likblek i ansiktet, gråaktig. Kajal från gårdagen, och dagen innan, från hela veckan, var utsmetad runt ögonen. Näsblodet hade torkat men var klibbat över hela munnen. Mina händer bara skakade när jag försökte kupa dem för att skölja av ansiktet under det rinnande vattnet. Jag slet istället ner en handduk från väggen, blötte ner den och försökte torka mig i ansiktet. Jag lovade mig själv att jag skulle duscha ikväll. Och kanske t om att städa upp stället.

Av praktiska skäl förvarade jag oxykontinet i köket. Oxykontin är ett slags syntetiskt heroin i pillerform som används som smärtstillande i sjukvården. Jag fick knappt ut två piller ur förpackningen eftersom händerna inte lydde. Jag knaprade metodiskt sönder pillren mellan tänderna. Numera kände jag inte ens smaken längre. Men det gick inte att svälja, munnen var för torr. För länge sedan hade jag lovat mig själv att inte blanda skiten med alkohol. Men jag lovade mig själv saker hela tiden. Löften. Lögner. Jag halsade ett par klunkar vodka för att kunna svälja ner sörjan. Nu var det bara att vänta. Hade jag tur skulle ingenting hända. Men jag hade inte tur, det hade jag sällan.

Magen vek ihop sig och jag spydde upp oxykontinvodka i slasken. Tuggade klumpar som lösts upp till en rosaaktig sörja hånade mig. Det var bara att försöka klumpa tillbaka resterna i slasken som i en deg och in i munnen igen. Mer vodka. Den här gången gick det. Det gick oftast andra gången.

Den varma filten av morfinkärlek började sakta svepa sig runt mig. Händerna saktade ner. Med detta kom ångesten som en vampyr i rummet. Om vampyren kom för nära kunde man svälja ett par benso så blev det bättre. Jag grät medan jag tände en cigarett. Jag har ingen aning om varför, det brukade bara hända. Jag kunde sitta där i soffan och gråta medan värmen spred sig i kroppen. En värme som sedan länge mer kändes som en kyla.

Vardagsrummet såg ut som ett flyktingläger. Det var fullkomligen belamrat med gitarrer, förstärkare, spritflaskor och pizzakartonger. Det luktade unket och osunt. Hela boningen luktade som en sjukdom. Precis som jag själv. Opiatklådan spred sig som en infektion i kroppen. Jag kliade över min nygjorda tatuering på underarmen som fortfarande sved. Eller nygjord och nygjord. Det måste ha varit en månad sen jag skaffade den. Men med tanke på att jag i princip varken åt eller drack, eller hade någon utvilad sömn att tala om så var det kanske inte konstigt att den inte var läkt.

Jag grät fortfarande när jag plockade upp en gitarr från golvstället. Jag svalde tjockt medan jag lät fingrarna treva längs halsen. Linda. Jag försökte komma på när vi hade det bra sist. Var det någonsin bra? Jo, det var det väl. I omgångar. Men aldrig så där bra som...före allt. Allt det här.

Jag vaknade till av att cigarrettglöden brände mina fingrar. Jag höll fortfarande gitarren i händerna där i soffan. Det började mörkna utanför. Skuggorna genom de fördragna gardinerna var hotfullt långa och sträckte sig över det smutsiga golvet. Jag frös trots den tilltagande kaliforniska hettan. Mina händer skakade igen och jag var torr i munnen. Jag orkade inte mer.

Mina föräldrar var bortresta, det skulle bli första helgen helt ensam med Linda. Det var strax efter Kolingsborg. Sensommaren samma år. Det måste varit augusti, men innan skolan började. Vi hade bestämt att vi var ett par. Fast lite i hemlighet. David visste inget ännu. Jag hade försökt avskärma mig från honom så gott det gick, jag klarade inte av att se honom i ögonen längre.

Vi träffades på ställen som trodde vi var trygga på. Egentligen var det löjligt, David var inte direkt Don Corleone. Det var klart att han skulle bli alldeles jävla bananas om han fick reda på att jag var ihop med hans syrra. Men ärligt talat skulle han knappast mörda mig. Möjligtvis börja härja om att slåss, men det hade jag väl bara fått ta. Jag tror att vi båda i grund och botten tyckte det var lite spännande att hålla det hemligt, och det var därför vi smög med det. Samtidigt kändes det så fel att han inte skulle få veta.

Men nu var hon hemma hos mig. Jag var helt själv med henne. Och njöt fullständigt av att bara se på henne. Allt hon företog sig såg bara förtrollande ut. Som när hon på skoj låtsades ta fel jacka och krängde på sig min. Där stod hon med ett flin och tyckte hon såg fånig ut när jackan bara hängde runt henne. När hon i själva verket såg ut som en jävla filmstjärna. Eller när hon omedvetet bet på sitt lillfinger när hon grubblade. Hela hon var som en film jag hade kunnat titta på i all oändlighet. Och det var charmigt att hon liksom inte förstod det själv.

Det gjorde skönt ont inne i bröstet varje gång hon log mot mig. Jag var så förälskad och nerkärad att jag inte fattade det själv. När man befinner sig i orkanens öga så ser man inte stormen själv. Att vara tonåring är både en förbannelse men också en välsignelse. Världen är liksom aldrig större än en själv på gott och ont. Om man träffar en helt fantastisk tjej är det vad hela världen handlar om. Ingenting är större än det. Inget.

Linda letade igenom min vinylsamling medan jag betraktade henne. Jag önskar jag kunde säga att jag hade en gedigen samling, men med en sjuttonårings ekonomi så blir den inte så spännande. Jag hade liksom inga obskyra verk att skryta med. Tonåringar är inte alltid jättesmarta, men jag hade åtminstone haft den goda smaken att plocka ner mina posters med Samantha Fox. Utöver det var väggarna i mitt rum tapetserade med posters från OKEJ.

För er kids var OKEJ i praktiken den enda tidningen som dåtida ungdomar läste. På sätt och vis var tidningen en samlingsplats som motsvarar Facebook numera. Alla, verkligen alla, läste OKEJ. Ibland kunde det vara flera sidor insändare som avhandlade kärleksproblem, eller hur mycket bättre synth var än hårdrock. Eller tvärtom. I varje nummer fanns också alltid ett par utvikningsposters. Ofta med något lite farligare band på ena sidan, typ WASP. Och någonting lite snällare på andra sidan. T ex Lili & Sussie.

Linda la på Toys in the attic av Aerosmith. Strax efter hamnade vi i min säng och hånglade. I vad som kändes som timmar. De enda avbrotten var när någon av oss gick upp för att vända på vinylskivan. Erfaren som jag var så var jag mer avslappnad och hängiven den här gången. Och andra sidan blev jag hård så fort Linda så mycket som petade på mig. Det var liksom inte ett problem med henne. Så jag låg bredvid henne i sängen med världens största (nåja) stånd. Men våra händer cirkulerade fortfarande runt överkroppen som katter kring het gröt.

Vi hade en märklig förmåga att kunna kommunicera tyst, det var som att vi kände varandra redan trots att vi bara sporadiskt träffats under några veckors tid. Jag la min hand prövande över hennes gylf medan jag kysste henne. Mest för att det kändes som att hon velat det. Hon särade på benen och lät mig glida ner med handen, utanpå jeansen. Hon var alldeles varm mellan benen. Försiktigt började jag då knäppa upp gylfen på hennes jeans, och hon protesterade inte. Hon t om lyfte på rumpan så att jag skulle kunna dra av henne jeansen och trosorna. Jag själv lyckades lirka av mig jeansen med en hand lite smidigt. Sedan låg vi båda där, nakna på underkroppen.

Hon suckade djupt när jag provade att stoppa in ett finger i henne. Hon var fullständigt genomblöt, och jag kände hur slidmusklerna kramade mitt finger. Jag kröp ovanpå henne och sjönk långsamt in i henne. Hon var så mycket trängre än jag någonsin hade kunnat simulerat med min egen hand. Aerosmith förgyllde vår stund medan jag insöp varenda molekyl av Linda. Jag minns svettpärlorna i hennes koncentrerade ansikte, och de mjuka gnyende ljuden från hennes strupe som efter åtminstone många fler sekunder än fyra till slut fick mig över gränsen.

Efteråt låg vi utmattade och flämtade till tonerna av Sweet Emotion. Hon log mot mig igen där i sängen, fortfarande dimmig i ansiktet. Hon var förtrollande vacker med sina mörka ögon under hennes rufsiga platinablonda lugg. Hennes hy doftade vanilj igen. Vi bara nickade mot varandra innan vi gjorde det igen. Och igen.

Vi drack fulgroggar på langad sprit och Vira Blåtira halva natten. I efterhand kan jag nog tycka att det var dumt. Det var bara början på någonting väldigt mörkt och otäckt.

"Det var Peter som höll på och fånade sig med att vår relation skulle vara lite hemlig. Det var lite småspännande i början men jag ledsnade på det. Jag ville skrika över hela världen att vi var tillsammans. Det irriterade mig att inte kunna få berätta vem jag var med. För att få slut på den där dumma teatern sa jag till David som det var. Han tog det rätt bra även om han inte var överförtjust kanske. Men ja, det var jag som skvallrade till David. Där, nu är det sagt."

Linda

HAMMERSMITH
LONDON
Tidigt nittiotal

Jag satt i green room och drack Snakebite. Det var skitpoppis bland goths i England, en slags mystisk blandning av cider och öl. Och det blev festligt lila när man spydde upp dom efter för många på raken. Spike såg ut som en karikatyr på en brittisk rockstjärna när han klev in i rummet, men det hade han nog förtjänat. Han bar långrandiga vita tighta byxor, eller om det var spandex. Och en tjock dampäls i svart. Jack Sparrow var inte uppfunnen ännu, men Spikes mannerism påminde mycket om just den karaktären. I synnerhet eftersom han alltid bar en bandana runt huvudet. T om när han sov. I ena handen bar han en bisarr, helt osannolikt stor konjakskupa. Den måste ha rymt fem liter, även om det bara var någon liter som skvalpade omkring.

– *Flytta på er, fittor!* Bräkte han medan han försökte buffla ner sig i soffan bredvid oss.
– *Men för i helvete!!* Fräste jag när hans jävla konjak spillde över mig och halva soffan.
– *Oj. Jag ber så hemskt mycket om ursäkt*, sa han på sitt utpräglade brittiska sätt.

Spike var lite lustig på det viset att han var väldigt brittiskt ödmjuk och välartad, för att i andra andetaget plötsligt börja skrika om fittor. Lite irriterat noterade jag att han i huvudsak riktade den annars genuina ursäkten till Fiona bredvid mig. Jag hade visserligen skinnbyxor, så det var väl inte hela världen med lite konjak.

Linda gjorde mest ont att tänka på. Det var en lättnad att åka iväg själv och komma till ett nytt land. Dessutom kändes det lite coolt att faktiskt bo i England. Eller, boende är väl en definitionsfråga. Jag hyrde en lägenhet i ett renoverat mentalsjukhus från artonhundratalet som låg i utkanten av Bethnal Green. Hela byggnaden var med andra ord som tagen ur en skräckfilm men tjänade numera som budgetbostäder åt studenter, musiker och annat pack. Det var dock mitt allra första egna boende så jag kunde inte klaga.

Jag hade utan vidare skrivit på ett ockerkontrakt med EMI, vilket nätt och jämt räckte till ett rum i ett mentalsjukhus. Det säger allt. Jag drack illavarslande mängder rödvin och Snakebites som för att döva smärtan efter Linda. Vilket jag till min förvåning upptäckte fungerade hur bra som helst. Det var inte en jävel som någonsin var nykter i replokalen i vilket fall. Turnerandet lirade sedan i en helt egen liga för sig. Jag hoppade på turnébussen i London, i höjd med Birmingham var jag knallgul och uttorkad som en öken. Jag bestämde mig för att försöka hålla min egen takt, och att jag i jämförelse inte hade någonting alls att oroa mig för med mitt drickande.

Fiona bodde granne med mig. I mentalsjukhuset. Hon var konststudent från Irland. Hon hade galet långt korpsvart hår vilket matchade hennes ständigt svarta klädsel. Som en tvättäkta irländare var hennes hy nära nog helt kritvit. Hon såg lite läskig ut i början med alla hennes silversmycken och sitt mörka läppstift. Hon bar även en distinkt silverpiercing i ena näsborren. Men direkt när hon började prata med sin porlande irländska ville man bara krama om henne och ha henne som ett husdjur. För pratglad var hon.

Yttergården på mentalsjukhuset fungerade som en slags rökruta där boende kunde samlas och surra. Jag hade växlat några ord med Fiona. Hon hade en intensiv blick med isblåa ögon som tyckes se genom själen. Vi frågade nyfiket varandra vad vi sysslade med om dagarna. Jag njöt i långa drag av att få säga att jag minsann var musiker. För det var fan sant. Hon hade visserligen lite nyfikna frågor om hur det var att jobba med musik, men sen var det inget mer med det. En kväll knackade hon på min dörr. Jag öppnade, och där stod hon och tittade förläget på mig med sina intensiva ögon. Hon höll en flaska cider i handen.

– *Hej. Vi sitter ett gäng och har typ lite allsång på gården, haha.*
– *Haha, okej?*
– *Ja. Jag tänkte om du vill ta med en gitarr och komma ner?*
– *Eh...men vaddå allsång?*
– *Äh, ta med flaskan och gitarren och kom nu!* Avbröt hon mig, och nickade finurligt mot vinglaset i min hand.
– *Öh. Jag hade inte riktigt planerat för allsång.*
– *Tänker du alltså överge en flicka alldeles så här, utanför din dörr?* Sa hon och låtsades se sårad ut.

Hon lutade sig nonchalant mot min dörrkarm medan hon tittade bedjande på mig. Jag tog min gitarr och en flaska vin och följde med. Det var en fantastisk kväll i London med vin, kvinnor och sång. Bokstavligen. Kvällen avslutades med att Fiona somnade på min arm bredvid mig i sängen. Jag visste inte hur mycket jag behövde det.

Jag låg bakom henne, medan hon sov med djupa andetag på min arm. Jag begravde mitt ansikte i hennes blanka svarta hår. Det var en helt ny sagolik doftresa som för ett ögonblick totalt pulvriserade alla minnen av Linda. Hennes hår doftade honung, höst och nektar.

Det var alltså henne som Spike spillde konjak över. Men hon rullade bara med ögonen med ett vänt leende och torkade bort det så gott det gick. Hon vände ansiktet mot mig, skakade på huvudet innan hon förde ciderflaskan mot hennes målade läppar. Hon satt där i sina svarta jeans och ännu svartare cowboyboots. Komplett med en nattsvartast kortärmad skjorta som framhävde hennes figur. Jag hade varit tillsammans med Fiona i flera månader, så det blev naturligt att hon började hänga med på gigen när hon fick tillfälle. Om inte annat var hon barnsligt mallig över att ha en All Access-badge runt halsen. Det var behagligt att ha henne i närheten. Jag hade inte träffat Linda på sådär ett helt år. Jag inte haft en tanke på henne sedan Fiona ersatte henne på tronen i mitt huvud.

Adrenalinpådraget var påtagligt när det närmade sig showtime. Någonting man botar hjälpligt med en shot eller två. Sen börjar man stämma gitarren för tolfte gången fast man vet att den är helt perfekt. Fiona böjde sig vant fram och bättrade på min kajal medan jag satt orörlig.

— *Titta upp!* Beordrade hon koncentrerat medan hon putsade med pennan.

— *Du, kan du hälla upp en shot till?*

— *Ska du verkligen ha en till?*

— *Jadå.*

— *Jaha. Om du säger det så.*

Jag svepte snabbt en shot till innan vi klev på. Det är som en annan dimension när man står mitt i zonen som vi kallade det för. Det går inte att avgöra om det gått tio minuter eller två timmar. Man går helt upp i musiken. Man är bara helt jävla slut när man är klar. Kläderna var helt genomblöta efter spelningen. Mitt långa hår hängde i svettiga stripor. Fiona kramade mig ändå med ett varm leende när jag kom tillbaka till green room.

— *Förlåt.* Ursäktade jag mig och mina ångande kläder.

— *Hey, det är mysigt.* Fnissade hon.

— *Jag behöver en shot.*

— *Borde du inte dricka vatten istället?*

— *Nej. Vet du, det borde jag inte.* Sa jag irriterat.

— *Nä. Okej.* Svarade hon bistert.

– *Vafan är det här nu då? Ge mig inte massa skit nu när jag precis klivit av.* Fräste jag.

Det var liksom inte första gången Fiona kommenterat på vad jag dricker, eller när jag dricker. Hon kunde dricka några cider, sedan var hon nöjd. Dessutom hände det mest vid helger. Medan jag hade för vana att dricka så fort jag höll i ett instrument. Vilket hon tyckte var lite härligt exotiskt så länge vi inte var ett par. Men ju närmare vi växte varandra, desto mer började hon bekymra sig för mina vanor. Vilket jag ansåg var min och ingen annans ensak.

Jag orkade inte tjafsa om en jävla shot med henne ikväll. Jag tyckte jag kompromissade genom att korka upp en vinflaska istället. Fiona tittade misstroget på mig. Det uppstod någon slags status med att agree to disagree. Fiona föll istället in i samtal med någon av de andra närvarande flickvännerna. Jag bytte tröja, och fortsatte dricka vin. Vakten la en arm på min axel.

– *Hörrö, det är nått fan som vill träffa dig.*

– *Mig?!* Alla ville träffa Spike. Men Spike ville aldrig träffa någon. Jag var tydligen något sorts andrahandsval. Charmigt.

– *Ja, du får väl ställa upp på lite bilder och se glad ut som fan.*

– *Nej, vafan. Inte nu. Jag är inte på humör. Det är nån grej med Fiona.*

– *Linda heter hon. Hon säger att hon känner dig.*

DAVID

David blängde på mig med helt döda ögon. Det fanns inte ett spår av känslor i hans stenansikte trots att han var ursinnig. Han lyckades ta passiv aggressivitet till nya höjder. Jag kanske hade underskattat honom helt. Han kanske var en fullblodspsykopat när allt kom omkring.

– *Jag ställde en fråga.* Bara den formuleringen lät psykotisk. Lite för vuxen. Lite för formell.
– *Men vad vill du att jag ska säga då?*
– *Jag vill veta varför du ljuger för mig.*

Det visste han ju redan. Det där var som om en polis skulle vara förvirrad över varför en misstänkt tjuv sitter och ljuger i förhör. Det hade varit lite spännande att smyga med min och Lindas relation. De där pirriga mötena bakom skolan. Nu när jag stod där, påkommen, med båda fötterna i rävsaxen var det inte ett dugg roligt längre. Jag kände mig som en turboidiot. Jag satte en cigarett i munnen. David slet ut den och slängde den på marken.

– *Jag ville inte bli ovän med dig. Jag visste att du skulle bränna en säkring.*
– *Jaha, du visste det. Men ändå kunde du inte ge fan i det va?*
– *Du vafan. Kan du lugna ner dig så jag får förklara eller?*
– *Jag är lugn.* Sa han iskallt medan hans näsborrar pulserade.
– *Nej, det är du fan inte. Snälla, kan du bara försöka lyssna? David? För i helvete? Sen kan du bryta alla ben i kroppen på mig om du vill.*

David drog långsamt efter andan, som om han gjorde ett genuint försök att lugna ner sig. Han drog handflatan i luften framför mig som en signal för att jag hade ordet. Jag höll avväpnande mina händer framför mig medan jag långsamt sträckte mig efter cigaretten på marken. Vi släppte inte blicken vilket fick det att se ut som i filmer när någon tvingas lägga ner sitt vapen på marken.

– *Så här va. Du känner mig. Inte fan började jag strula med Linda för att jävlas med dig. Det vet du egentligen. Kom igen? Jag blev kär i henne, David. Förlåt, men det var vad som hände. Jag vill vara med henne hela jävla tiden. Jag är helt ärlig nu. Vet du, jag tror jag älskar henne mer än jag älskar dig, David.*

Det sista bara kom helt spontant ur munnen på mig. Antagligen för att det var sant. Det lät alldeles åt helvete för bögigt för att förekomma i en diskussion mellan två tonåriga killar. Men det träffade helt rätt, det funkade. David såg ut som han precis blivit träffad av en pil i bröstet. Han flackade med blicken medan han tänkte efter.

– *Så vaddå, jag är typ din svärbrorsa nu eller?*
– *Jag tror det heter svåger.*
– *Svåger.* Repeterade han som om han smakade på ordet.
– *Ja. Men svärbrorsa låter bättre faktiskt.*
– *Svåger, det låter som en sjukdom. Typ som i "Hej doktorn, jag tror jag fått lite svåger i röven".*

Det avväpnade situationen. Vi började skratta. David såg faktiskt ut att slappna av i kroppen. Hans ansikte såg ut att få liv igen. Det kändes som att ett berg föll från mina axlar över att vi faktiskt rett ut saken en gång för alla. Jag var därför helt oförberedd när David så tog kraft och måttade en ordentlig spark som träffade helt klockrent mellan mina ben. Ordentligt. Mina fötter måste t om ha lättat från marken. Det tar typ två sekunder innan hjärnan registrerar smärtan. Just innan är det som att nervsystemet registrerar vad som just inträffat och viker ihop kroppen. Jag landade stönande på marken med knäna. Med händerna runt mitt skrev sjönk jag som ett fällt djur mot marken. Jag låg där och kippade efter andan medan David betraktade mig.

– *Okej,* sa han helt lugnt. *Jag tror vi är kvitt. Och jag tänker inte kalla dig svåger, svärbrorsa eller någonting annat bögigt. Och om du sårar Linda kommer jag göra illa dig på riktigt. Och sluta ljug, för i helvete din lilla bög. Deal?*

Han sjönk ner på huk framför min jämrande kropp på marken och höll fram handen. Jag lyckades lirka loss handen från skrevet och tog hans hand. Han skakade handen åt mig. Jag kunde fortfarande inte prata.

– *Kom igen, upp nu. Du skämmer fan ut mig.* Fortsatte han medan han hjälpsamt försökte dra upp mig på fötter.

Jag lyckades sega mig upp på knä. Till sist kom jag upp på fötterna igen. Det är skönt att män kan lösa konflikter snabbt och smärtfritt. Samma kväll blev jag full tillsammans med Linda igen. Vi var så berusade av varandra att alkoholen byggde en bubbla runt oss. När vi låg där bredvid varandra och hela världen bara snurrade så fanns inget annat.

"Jag överväger att tro att Peter hittat på hela den här episoden faktiskt. Jag har mycket svårt att tro att David skulle göra någonting sånt där. De hade varit väldigt nära kompisar i flera år. Jag begriper att David blev sur för att hans kompis gått bakom ryggen på honom. Men det låter inte alls som honom att faktiskt misshandla någon. Dessutom ägde han inte mig på något sätt. Det här får det ju att låta som att min familj sysslade med hederskultur. Det här är bara machoprat."

Linda

BRUTALLICA

Mitt första band hette Brutallica. Ja, det är sant. Man glömmer liksom inte sitt första band, precis som att man inte glömmer sitt första ligg. Första bandet brukar också vara ungefär lika genomuselt som första sexet. Vi tänkte att om vi låter typ som ett känt band, och tar ett liknande namn så kommer vi slå igenom på en kvart. För det första var vi så att säga inte lika bra som sagda kända band. För det andra satt vi mest i replokalen och snackade strunt. Bandet splittrades senare utan att det stod något om det i Aftonbladet. Allt detta innan mina testiklar knappt återhämtat sig från Davids spark någon månad tidigare. Dödsmetallscenen växte under tiden till en egen kultur i Stockholm. Det var hårt, mörkt och mystiskt. Till skillnad från den svulstiga och glättiga pudelrocken som dominerat åttiotalet. Dödsmetallen gjorde mig nyfiken.

Jag hamnade i ett band som hette Salamander. Vi spelade hardcore. På den tiden var begreppet hardcore bland den mest extrema metal som gick att tänka sig. Det var ett embryo till det som numera kallas metal core. Salamander var inga muntra killar. Alla låtar handlade om döden, självmord och gravar. Salamander var fantastiskt för en ung gitarrist att bygga upp sin teknik med. Det var också ett bra band för en ung gitarrist att börja med massa konstigheter. Som att röka tjära. Rökheroin även kallat. En slags brunaktig deg som är tredjeklassens fulheroin. Man lägger en klump på lite metallfolie, eldar med en tändare under och försöker suga i sig ångorna så gott det går. Jag hade dock ingen aning om att det var heroin. Det hette ju tjära, så vitt jag visste var det någon sörja man blev bäng på bara.

Rille visade hur man gjorde. Jag och Linda satt i replokalen med Rille och hans flickvän. Rille höll fram foliet med sina silverprydda fingrar framför sin flickväns ansikte. Hon drog girigt i sig röken och sjönk ihop på golvet i replokalen. Hon satt hopkurad med armarna runt sina uppdragna knän och liksom vaggade. Hennes ögon var blanka och frånvarande. Hon såg helt berusad och lycklig ut. Rille nickade åt mig, men jag vågade inte så jag skakade på huvudet höjde min ölflaska som i en tyst skål. Istället gav han foliet till sin tjej. Jag betraktade fascinerat medan Rilles brud långsamt kröp som en katt på alla fyra fram till Linda som log förvirrat. Det såg porrigt ut. Rille och jag utbytte gillande blickar till scenen som utspelade sig.

Hon höll upp foliet framför Lindas ansikte. De satt på knä mot varandra där på golvet med bara ett par decimeter mellan deras ansikten. Linda såg förtrollad ut med halvöppen mun som fastnat i ett förvirrat leende. Hon eldade med sin tändare under foliet framför Linda och en rökslinga bildades när tjäran började bubbla. Sedan blåste hon försiktigt röken in i Lindas ansikte. Hon fortsatte elda foliet och blåsa, tills Lindas ögon såg ut som smältande isbitar.

Linda nickade långsamt mot henne som att hon just förstått hur allt hänger ihop. Rilles flickvän nickade tillbaka innan hon föll in i en kyss med Linda, som inte protesterade. Jag stirrade hypnotiserat och undrade om det jag såg verkligen hände. Jag kanske borde ha blivit svartsjuk över kyssen, men det var liksom rätt obetydligt i den surrealistiska scenen framför mig. Rilles brud lutade sig sedan tillbaka medan Linda satt kvar i samma position med blanka ögon.

– *Igen!* Sa Linda. Och hon menade tyvärr inte kyssen.

"Åh, jag minns Brutallica! Ni repade hemma hos trummisens föräldrar, i deras vardagsrum. Ni kunde ju fan inte enas om vilken sorts musik ni skulle spela. Det lät absolut helt sämst! Men visst, jag kunde åtminstone skryta med att min kille spelade i band. Fantastiskt roligt minne!

Salamander var mer spännande. Jag gillade den mörka ådran i musiken, det var både fängslande och häftigt. Dom där stunderna när vi rökte på i replokalen kändes mest rebelliskt och som att det hörde till. Vi var bara barn då, vi förstod inte bättre. Jag tror inte på ödet eller något sånt där trams. Men eftersom vi var vilka vi var så hade vi ändå börjat med rökandet förr eller senare. Bandet hade nog inte så mycket med det att göra.

Men ja, jag kysste henne. Och det var trevligt faktiskt. Men röken var trevligare."

Linda

HAMMERSMITH
LONDON
Fortsättning

Jag blev rädd av tanken på att träffa Linda igen. Jag hade jobbat så hårt för att tvätta bort henne ur huvudet. Fast om hon nu åkt till London för att prata med mig kunde jag ju inte gärna bara strunta i att träffa henne. Om hon nu inte bara var här i något helt annat ärende, och bara passat på att kika förbi för att säga hej när hon ändå var i stan. Egentligen ville jag nog hälsa på henne. Se hur hon mådde och så. Jag bad vakten hämta Linda, och visa henne omklädningsrummet. Jag satte mig på en bänk i rummet, jag märkte hur jag fick puls av nervositet. Utan att komma på varför jag blev skärrad. Av ren reflex reste jag på mig när vakten öppnade dörren och visade in Linda.

Hon såg förlägen ut. Så liten. Så skör. Så sagolikt vacker att jag blev yr. Hon flackade med blicken när jag tittade på henne. Efter en evighet av tystnad ryckte hon på axlarna som i att hon inte riktigt heller visste vad hon gjorde där. Hon var klädd i en kort svart klänning, med hennes välbekanta svarta läderjacka på överkroppen. Hon bar Dr Martens vilket jag aldrig sett henne i tidigare. Jag fick en klump i halsen när hon omedvetet bet sig i lillfingret sådär som hon alltid gjort när hon grubblade. Jag var tvungen att bryta tystnaden för att inte börja gråta.

— *Jahapp. Vad gör du här då?* Frågade jag och försökte låta mer nyfiken än bitter.
— *Jag ville träffa dig.*
— *Du kunde ju ha ringt annars.*
— *Jag vet inte ens vart du bor. Din pappa ville inte berätta.*
— *Så hur fan hittade du mig då?*
— *Konserter står liksom i tidningen, idiot.*

– Så, vaddå, du köpte biljetter och åkte till London för att träffa mig?

– Du är liksom inte lätt att få tag på annars.

Halsen tjocknade och mina ögon blev helt fuktiga. Det var fan inte rättvist av henne. Fan också. Att bara se henne var som att dra en tryckluftsborr genom hjärtat. Att höra hennes röst igen, som varit ledmotivet till mitt liv var så välbekant. Och smärtsamt. Det var som om någon drog ner naglarna i ett skrubbsår som just läkt.

– Så vad är det du vill nu när du är här? Suckade jag.

– Säga förlåt.

– Nej. Nej nej. Jag vill inte höra dina jävla ursäkter. Vet du, du kan...

– Jag låg aldrig med honom. Avbröt hon mig.

– Va?

– Vi hade inte sex. Jag har inte ens sett honom naken.

– Vafan är det för skitsnack?! Du sa ju...

– Fattar du inte att jag bara sa så? Jag var tvungen. Jag kunde inte vara med dig.

– Du bara sa så?!

– Alltså, alla såg att det inte fanns ett skit mellan oss. Men du är så jävla korkad att du trodde på det. Och jag visste det.

– Korkad?! Det är väl för i helvete klart att jag tror på vad du säger?!

– Jag är så jävla ledsen för det som hände. För...det jag gjorde. Rösten på henne bröts sönder, och hon torkade en tår på kinden.

– **Du** är ledsen?! Hur i helvete tror du jag har känt?! Väste jag medan mina egna tårar började välla.

– Förlåt.

– Kan du ens föreställa dig hur sårad jag blev?

– Jag sårade inte **dig**. Jag sårade ditt...jävla...manliga ego. Jag ljög för dig, det var vad jag gjorde. Hulkade hon.

Mitt manliga ego. Vi snackar alltså om en snubbe i långt hår och kajal, med fler smycken än henne och som stod med tårar i ögonen. Det var ungefär då Fiona klev in i rummet. Hon korsade armarna över bröstet och tittade misstänksamt på oss. Jag suckade. Det här var precis vad jag inte behövde just nu. Jag kan inte ens föreställa mig vad hon trodde att hon såg. Hennes pojkvän torkade tårarna medan han står och snackar med en gråtande blondin.

– *Hej, Fiona.* Sa jag med en djup suck.

– *Vem är du?* Sa hon med en kall röst riktad mot Linda, medan hon helt ignorerade mitt hej.

– *Fiona, det här Linda.* Svarade jag.

– *Jag frågade inte dig. Och Ralph har redan berättat att en Linda letade efter dig. Så, vem är du, Linda?* Hon släppte inte Linda med blicken.

Linda blinkade ett par gånger och stirrade först argt på Fiona, och vände sedan blicken mot mig. Hon pekade mot Fiona medan hon frågade mig på svenska.

– *Vem fan är det här?*

– *Det är Fiona.* Förklarade jag sakligt medan jag gnuggade min tinning.

– *Peka inte på mig med ditt jävla finger, din fitta.* Fräste Fiona. *Jag ställde en fråga, vem fan är du?* Fortsatte hon.

– *Kallade du mig precis just nu för en fitta?* Väste Linda och höjde ena ögonbrynet.

Jag ställde mig upp innan det skulle hända en olycka. Jag försökte höja rösten och styra upp situationen.

– *Stopp! Ingen kallar någon för fitta. Det är bara något de säger i England. Fiona, får jag förklara...*

– *Jag är inte från jävla England. Om jag kallar någon fitta så menar jag det. Så vem är den här fittan?* Avbröt Fiona.

– *Men för i...Peter, vem fan är den här idioten? Är hon...din...tjej?* Frågade Linda upprört på svenska.

– *Jag känner igen ordet idiot när jag hör det. Du ska fan ut. Fitta!* Fiona verkligen bankade på alla knappar hon kunde hitta på Linda.

Fiona lyckades få ett grepp på Lindas jacka. Linda svarade med att knuffa Fiona rakt i bröstet. Nog för att Spike tidvis ropade fitta, men jag tror inte jag hört ordet fitta ropas så många gånger i följd som under tumultet som följde. Jag visste inte riktigt vem av dom jag skulle försöka dra i och stoppa, jag försökte komma in mellan dem istället.

Lyckligtvis kom vakten in och hjälpte mig. Han lyfte helt enkelt Fiona runt midjan medan hon vägrade släppa jackan på Linda. Jag greppade Lindas knytnäve och försökte dra bort henne. Ralphs teknik såg dock mer effektiv ut varpå jag tog ett grepp runt Lindas midja och lyfte henne, och fick henne ur Fionas klor. Att lägga armen runt Lindas midja kändes som att komma hem.

"Det här var jobbigt att läsa och minnas. Jag trodde nog att det bara var att dyka upp på spelningen och så skulle allting bara ordna sig. Typ. Jag blev helt förkrossad av att behöva upptäcka att han var med en annan. Det gick knappt att ta in. Men jag var ung och så naiv. Jag har sällan känt mig så liten och dum. Fiona var mörk och mystisk, och från Irland till råga på allt. Hur skulle jag tävla med det? Jag var en dum blondin från Sverige.

Det stämmer inte att jag pratade med Ralph och låtsades vara ett fan. Jag hade ingen plan med att åka och titta på spelningen. Jag stod i baren efteråt och blev hög. Det gjorde ondare än vad jag hade räknat med att se Peter. Då dök han upp. Bara sådär. Och tog typ två flaskor från baren som om han ägde stället. Han blev nog lite chockad av att se mig tror jag, men det var han som bjöd mig med backstage. Men det stämmer att vi sedan pratade avsides innan hon Fiona avbröt oss.

Jag slog henne. Hårt. Hon fick ordentligt med spö. Till mitt försvar så hade hon tagit ett hårt strypgrepp på mig. Men det gjorde nog mer ont i stoltheten än i halsen. Jag var förtvivlat arg och ledsen. Peter gjorde inte ett dugg för att stoppa bråket. Han stod där med sin cigarett som ett fån och tittade på. Han var inte alls den där hjälten som hoppade in mellan oss som han vill ge sken av. Det var först när Ralph kom in för att skydda Fiona som allting slutade. Vilket var tur för henne."

Linda

EN DOFT AV TJÄRA

Jag har ingen riktig koll på hur narkotikaupplysningen funkar i skolorna nuförtiden. På åttiotalet gick den emellertid ut på ren och skär skräckpropaganda. Det kom alltid någon pensionerad polis till skolan som skulle föreläsa om droger. Förmodligen från trafikenheten som försökte minnas vad som sagts om narkotika på polishögskolan. De sa alltid massa bisarra konstigheter som typ "Om man dricker ett glas hasch så går det inte ur kroppen på flera dagar. Och sen blir man beroende". Jag påstår inte att det är fel metod, det hindrade nog rätt många att ge fan i att prova någonting starkare än alkohol. Men samtidigt fick det totalt motsatt effekt för de som faktiskt provade. Man dog inte i en överdos av att röka en joint, och man tog för givet att det mesta man fått lära sig var rent skitsnack.

När det gäller alkohol och ungdomar råder det däremot en konsensus om att alla dricker, oavsett vad man säger till kidsen. Och man försöker istället ha en mer nyanserad upplysning om att ge fan i att köpa hembränt från främlingar, inte ut och vingla i trafiken, inte somna i snödrivor etc. Det är underförstått att det kan vara farligt att dricka, men att man ändå mår rätt bra av alkohol. Till skillnad från hur narkotikamissbruk ofta beskrevs, "Man tar knark. Och så mår man jättejättedåligt. Och sen måste man ta mer knark för att må bra igen". Det finns ingen logik i det. Vem fan skulle börja knarka om man mådde dåligt av det? En mer nyanserad beskrivning är väl att man faktiskt mår jättejättebra av knark, men att det inte är värt det.

Jag hade provat att röka gräs. Det var inte min grej. Det bara kändes som att få ett kvarnhjul runt halsen, varpå jag fick massa ångest och trodde jag skulle dö. Därför var jag lite skeptisk till det här med att röka tjära. Jag var rädd för att det skulle vara samma konstiga rus som på gräs. Däremot var det ju rätt tydligt att jag inte hamnat på en pundarparkbänk efter en joint. Så det här med knark kändes rätt ofarligt. Jag antar att det är det de menar med att gräs är en inkörsport till tyngre droger.

Linda satt gränsle över mig. Fullt påklädd. Jag föreställde mig henne naken och hur hennes höfter mjukt vaggade över min hårda kuk. Att knulla verkade roligare än den där stanniolbiten hon höll i händerna.

– *Alltså, hur fick du tag på det där? Har du träffat Rille eller?!*

– *Nä. Hans tjej.*

– *Som du hånglade med.*

– *Äh, lägg av. Vi hånglade inte.*

– *Det luktar ju apa, kan vi inte bara kröka istället?*

– *Bara prova.*

– *Jag kommer fan kräkas om jag ska andas in den där skiten.*

– *Haha, nejdå. Du kommer känna dig helt annorlunda, jag lovar.*

– *Jaha.*

Linda upprepade samma ritual som jag bevittnat i replokalen. Hon värmde foliet med en tändare. Tjäran bubblade och gav ifrån sig en rökslinga. Linda blåste in röken i min mun. Jag var väldigt skeptiskt till det hela och väntade på att magen skulle vända sig ut och in. Istället spred sig en helt sagolik värme i kroppen som tog eld i bröstet. Morfinruset tog mig till en helt annan dimension. Det var som att vara berusad på alkohol men samtidigt vara helt skärpt och närvarande. Jag var helt mållös medan jag satt med öppen mun och bara hängde med i ruset. Ett rus jag aldrig ville skulle ta slut.

Linda kysste mig, och jag svarade med mina läppar som kändes som havet. Jag kände bara kärlek. Sådan enorm och fantastisk kärlek. Linda hade rätt, jag kände mig mycket riktigt helt annorlunda. Ingenting skulle någonsin bli som förut.

"Hmm, jag påstår inte att det här aldrig har hänt. För det har det helt säkert. Jag kunde absolut sätta mig tvärsöver honom medan vi blev höga tillsammans. Och ja, det är klart att jag också associerade det till sex. Jag minns det som ganska fint faktiskt. Men jag köper inte att det var jag som manipulerade honom att börja röka på det sätt han beskriver. Man behöver inte säga åt en missbrukare att missbruka, det gör vi så bra själva utan hjälp.

Jag medger att jag tyckte om att se honom bli hög. Det fanns någon besynnerlig tillfredställelse i det. Att se den där njutningen i hans ansikte. Att känna hur hans kropp blev mjuk och varm. Men det var knappast motvilligt från hans sida. Någonsin."

Linda

NASHVILLE
Årtal okänt, cirka 199x

Robert hade byggt en karriär på temat skräckfilm och metal. Hans scenshower var minst sagt spektakulära, och involverade förutom eld i överflöd också klipp från gamla ostiga skräckfilmer på bioduk. Det såg helt galet ut. Men jag nappade ändå direkt när jag fick höra att han behövde gitarrist mitt i turnén. Jag hade föreställt mig honom som mer nördig, men han gav ett förbluffande knivskarpt intellektuellt intryck. Han kunde ibland uttrycka sig väldigt poetiskt, och det var svårt att avgöra om han menade allvar eller bara fånade sig.

Jag satt i baren på hotellet och botade min baksmälla med whiskey. Jag såg inte mitt tilltagande missbruk som ett problem. Just nu var ett bra exempel, jag drack bara whiskey. Jag blandade aldrig droger med alkohol eftersom herrar Jim Morrison och Hendrix föregått med varnande exempel på vad som kunde hända. Det var just mixen alkohol och droger som var farlig, men var för sig var de inga problem. Det var en allmänt vedertagen tes i musikbranschen. Jag kände mig malplacerad i det snitsiga lyxhotellet med kristallkronor och vita linnedukar på borden. Men det var inte jag som valt platsen.

– *Min agent sa att du behövde en gitarrist, inte basist.* Sa jag snopet.

– *Din agent är säkert en riktig pärla, men det var synnerligen obegåvat av henne att föra dig bakom ljuset på det viset.*

– *Haha. Säkert, men det är inga problem. Är det lugnt om jag kör femsträngat?* Jag skrattade osäkert åt hans formulering.

– *Javisst. Får jag fråga vart du kommer ifrån?*

– *Sverige.*

– *Sverige?! Är du säker på det? Eller har din agent varit i farten igen?*

– *Va?*

— Äh, jag tyckte bara jag hörde Mississippifloden rinna i munnen på dig.

Sådär höll han på. Konstiga formuleringar som gjorde mig osäker på vad konversationen gick ut på. Jag antar att han drev med hur jag såg ut. Jag hade just avslutat ett inhopp hos en countryartist. Det var inte riktigt min pryl, men jag gjorde mitt bästa för att försöka smälta in. Jag bar en svart westernskjorta med broderade döskallar över skuldrorna. Boots hade jag redan innan.

Countryscenen var helt jävla galen. Dom snubbarna festade värre än Van Halen på en nyårsfest. Varje dag. Spriten flödade. Mitt i giget kunde det utan förvarning komma in lättklädda flickor på scenen som dansade line dance. Tidvis tog sångaren upp en DJ som mixade in technobeats i låtarna. Ingenting på scenen var någonsin planerat, det bara hände. Jag hade fått nog av det nu. En festlig anekdot var för övrigt när sångaren dök upp med sin lilla rultiga dotter på axlarna. Hon skulle komma att uppfinna "twerking" knappa två decennium senare.

— Jag använder mycket show när vi jobbar. Fortsatte Robert.
— Ja, jag är medveten om det. Det verkar kul. Påstod jag trots att jag numera var lite ambivalent inför konstigheter på scenen.

Det är helt okej med massa scenshow, så länge det är planerat. Jag vill bara inte att man plötsligt släpper lös en känguru med tomtebloss på scenen utan att jag är förberedd på det. Antagligen hörde han min ambivalens i rösten. Han la armarna i kors medan han lutade sig tillbaka i stolen. Han drog sig sedan fundersamt i en dreadlock som hängde ner medan han förklarade sin tes. Han hade antagligen övat länge på den, jag hörde honom nämligen senare dra samma pryl för andra. Men det lät lika roligt varje gång.

– *Alltså. Jag anser att det inte kan hända för mycket på scenen. Det ska vara så många intryck att framträdandet nästan inte går att titta på. Det är inte bara musik vi sysslar med, vi sysslar med showbiz. Folk betalar för underhållning. Och jag har hittills aldrig hört någon säga "Du, Rob. Jag tyckte jag fick för mycket underhållning på konserten ikväll".*

Jag tackade naturligtvis ja till giget. Det var bara temporärt och rörde sig om några veckor. Dessutom innebar det gratis skjuts tillbaka till Los Angeles. Den här gången skulle jag hitta Linda. Jag kunde inte släppa henne. Jag drömde t om om henne på nätterna ibland. Jag hade inte sett henne sen hon kastade förlovningsringen på mig. Mitt i pannan. Sedan bara drog hon. Det hade jag förtjänat. Men det var månader sedan nu. En hel evighet.

Tillbaka på mitt eget hotell på eftermiddagen hade morgonfyllan till slut lagt sig. Vilket betydde att det nu var lugnt att medicinera. Jag älskade själva proceduren. Det var som att jag blev hög av själva ritualen. Det säger alla missbrukare, och det är helt sant. Halva nöjet är förberedelsen för att bli hög. Vitt pulver på bordet. Som man först försiktigt försöker hacka sönder eventuella klumpar i med ett visitkort. Doseringen sker genom att forma en rak lina i önskad längd. Ju längre lina, desto starkare rus. Sedan rullar man ett papper till ett rör man använder för att snorta härligheten med. En lustig detalj var att jag undvek den klassiska metoden att rulla just en sedel. Jag hade inga problem att dra i mig konstigt pulver jag inte hade en aning om vart det varit. Förmodligen uppe i någons röv på ett flygplan. Men jag ogillade däremot tanken på att stoppa upp en sedel i näsan. Eftersom hur många som helst kladdat med sina händer på sedlar.

Ett litet problem med att inte veta vart ens pulver kommer ifrån är att man inte kan veta hur starkt det är. Det kan vara utbankat gatuheroin. Eller som i det här fallet, tvättäkta rent thaismack. Morfinruset kom sakta men obönhörligt som ett godståg som inte gick att stoppa. Det var för mycket. Knäna blev som till gelé varpå jag sjönk ner i fåtöljen. Huvudet fylldes med varm bomull och jag började torrhulka. Jag nästan rann ur fåtöljen och ner på golvet, och kröp som en idiot på alla fyra in i badrummet.

Jag fick upp locket och torrhulkade över toalettstolen. Ingenting kom upp förutom saliv. Jag hade konstant den där känslan man får precis innan man spyr, hela munnen fylls med saliv. Det var som att jag fick fradga runt munnen som droppade ner i toaletten. Det värsta var att det inte gick att stänga av ruset. Jag skulle bli tvungen att genomleva ruset och komma ut normal på andra sidan.

Eller få i mig kokain. Kokain är ett godståg åt andra hållet som i vanliga fall sabbar ett annars mysigt morfinrus. Det hade varit förbannat bra i det här läget. Men jag hade inget kokain. Jag kravlade tillbaka ut i hotellrummet och lyckades på något sätt hamna framför knapptelefonen. Jag ringde Linda och bad till gud att hon hade kvar mobiltelefonen jag köpt till henne.

Jag stod utanför load-in med Linda. Ralph hade insisterat på att Linda skulle ut. Hade inte jag gått ut med henne hade han gjort det. Jag såg på Linda att hon fortfarande var upprörd. Hon kunde inte riktigt stå still, utan trevade fram och tillbaka på stället medan hon intensivt sög musten ur sin cigarett.

– *Är ni ihop?* Frågade hon medan hon stirrade blankt framför sig.

– *Tycker du att du har med det att göra eller?*

– *Är du kär i henne?* Frågade hon, medan hon prövande såg mig i ögonen.

– *Men vafan...*

– *Är hon kär i dig?*

– *Varför gör du så här mot mig? Va?*

Linda stampade på sin fimp som om hon försökte pressa den genom asfalten. Hon försökte genast tända en ny, men tändaren ville inte. Ursinnigt slängde hon tändaren över axeln. Jag tände min egen cigarett och höll sedan fram lågan framför henne. Hon greppade reflexmässigt min handled och böjde fram ansiktet mot lågan. Hennes beröring kändes välbekant och hemtrevlig. Hon lutade sig mot den smutsiga tegelväggen och blåste ut rök mellan läpparna. Hennes ögon glänste fuktigt i det svaga ljuset från ljusrören.

– *Gör vaddå?* Frågade hon med en ton som lät som en blandning av oskuld och cynism.

– *Kommer hit. Och bara...förstör.* Sa jag med en suck.

– *Du, jag försökte faktiskt be om ursäkt.*

- *Jadu. Det gick ju bra.* Sa jag ironiskt.
- *Åh. Är du ledsen för att jag hade sönder din nya tjej?* Sa hon provokativt.
- *Va? Du hann ju inte ens peta på henne.*
- *Så hon **är** alltså din nya flickvän!* Sa hon triumferande, som om hon inte redan fattat det.

Jag svarade inte. Hon betedde sig som om vi just gjort slut när vi i själva verket inte setts på nära ett år. Dessutom uppträdde hon lite sårat när det var hon som varit otrogen sist vi sågs. Eller om hon inte varit det, som hon nu påstod. Jag undrade om det egentligen spelade någon roll hur det låg till med den saken. Jag hade fortfarande bilden i huvudet av henne med någon annan kille. Det gjorde så ont att tänka på.

- *Heter hon alltså Fiona?*
- *Mm.* Nickade jag.
- *Vem är hon då?*
- *Jag vet inte vad jag ska svara på det. Vi bor grannar.*
- *Hon lät irländsk.*
- *Hon är från Irland.* Bekräftade jag.
- *Bor du på Irland?!* Frågade hon förvånat.
- *Va?! Nej. I London.* Svarade jag lika förvånat.
- *Men...du sa att ni är grannar?*
- *Ja men...vafan, alltså här. Grannar. Här i London.*

Jag skakade på huvudet och fnissade åt hennes missuppfattning. Ett motvilligt leende växte sakta fram i Lindas ansikte. Hon föll in i mitt fnissande, för att sedan boxa mig vänskapligt på axeln. Det kändes som att situationen var avväpnad. Nu skulle jag bara genomlida liknande konfrontation med Fiona. Jag kunde knappast ha vetat eller rå för att Linda dök upp. Men jag kunde samtidigt ge mig fan på att Fiona nog trots allt skulle få det till att det var mitt fel.

- *Du. Jag måste nog tillbaka upp.* Sa jag med en suck.
- *Till Fiona.* Sa hon bittert med blanka ögon. Hennes pupiller var enorma.
- *Till bandet.* Rättade jag henne. *Har du rökt?* Fortsatte jag i samma andetag, och jag menade inte Marlboro.
- *Nej, det här röker man inte.* Sa hon finurligt.
- *Vad är det för något?* Frågade jag nyfiket.
- *Vill du veta? Kom hit.*

Jag tittade mig över axeln för att kolla att inte någon såg oss och klev närmare Linda. Jag stirrade fascinerat när hon satte en kapsel mellan tänderna med särade läppar. Det var nog rätt dumt, på alla möjliga nivåer. Men jag kunde verkligen inte låta bli. Jag lät henne föra sin mjuka hand bakom min nacke och pressa sin mun mot min. Jag fick kapseln i munnen. Hon såg hemlighetsfullt på mig medan hon la pekfingret över mina läppar.

- *Tugga.* Viskade hon.

Jag bet sönder kapseln som spred en kemisk smak i hela munnen. Jag svalde och torkade av munnen med baksidan av min hand.

- *Helvete vad det smakade.* Viskade jag.

Linda tände en cigarett och räckte över den till mig. Hon såg förväntansfullt på mig medan jag långsamt rökte cigaretten. Jag kände igen morfinruset. Det var någon slags opiat. Fast annorlunda än tjära. Mer värme. Och helt jävla genialt. Det här fanns ju på kapsel så att man slapp sitta och elda folie som en tattare.

– *Åh. Jävlar. Vad är det för något?* Frågade jag nyfiket.

– *Jag har mer. Men du måste vänta tills du kan ta en till.* Sa hon med ett snett leende.

– *Hur fan fick du det här på flyget?*

Linda log triumferande. Hon satte ut pekfingret och pekade ner mellan hennes ben. Jag skrattade högt åt tanken. Det var lite porrigt att jag just ätit knark som Linda haft i musen. Det fanns någonting underbart dekadent över det. Jag slogs av tanken på vad Fiona skulle tycka när jag kom tillbaka helt hög. Hon gillade liksom inte ens att jag drack. Med tanke på omständigheterna skulle hon nog inte vara så glad alls. Över någonting.

"Alltså, jag hade absolut inte haft några piller i musen. Jag blev alldeles full i skratt när jag läste det där. Herregud, jag var typ arton år. Det slog mig inte ens att det skulle vara några problem att ta med piller på flyget. Och det var det inte heller. Dom låg i väskan bredvid tandkrämen. Det var inte förrän Peter frågade mig där hur jag fick med det på flyget som det gick upp för mig att det kunde ha slutat illa. Jag hade hört talas om smugglare som transporterade narkotika i alla möjliga kroppsöppningar. Jag chansade på att han skulle tycka det var lite sexigt om jag sa att jag haft piller i musen. Och det verkade ju fungera.

Jag känner mig jättetaskig nu när jag läser sammanhanget. Det var fult av mig att manipulera honom så där. För den här gången gjorde jag det så klart. Jag visste att om han bara fick känna ruset skulle jag få honom igen. Han var min, och så var det bara. Jag struntade helt i den där Fiona och vad hon skulle tycka."

Linda

BETHNAL GREEN
LONDON

Jag visste inte vad jag skulle säga. Vad fanns det att säga? Till och med Ralph var lite sur på mig. Inte så mycket för att Linda hade dykt upp och tvingat honom att brottas med Fiona. Mest för att jag bara försvunnit i natten efter att jag gått utanför med Linda. Hans jobb var att hålla koll på bandet och vi gjorde det inte alltid lätt för honom. Men han sammanfattade sin besvikelse med "Om du försvinner en gång till kommer jag skära kuken av dig och sy fast den på knät". Sen var saken utagerad. Fiona var däremot en helt annan nivå av besvikelse.

När jag kom in i lägenheten satt hon på en stol med armarna i kors över bröstet. Hennes läppar var så spända att hennes mun blev till ett streck. Jag undrade hur länge hon suttit där på stolen och väntat. Timmar? Hela natten? Jag fick en klump i halsen och magen gjorde ont. Efter en evighet av tystnad mellan oss bad hon mig att säga något. Som sagt, vad fanns det att säga?

– *Låg du med henne?* Väste hon
– *Nej, det gjorde jag inte.* Protesterade jag.

Innan jag hade hann reagera flög hon upp från stolen och smällde till mig. Jag uppfattade det som att hon tänkte slå mig med knytnäven, men ändrade sig halvvägs genom slaget. Hennes handflata träffade min kind med en smäll så hård att jag fick blodsmak i munnen. Smällen måste ha hörts i hela huset. Jag blev t om groggy och höll på att trilla omkull. Jag blinkade förvånat några gånger medan jag försökte fatta vad som precis hänt. Jag stirrade på henne med öppen mun medan jag drog med handflatan över kinden för att se om den var kvar.

– *Ljug inte din jävla fitta. Ljug inte!* Skrek hon ursinnigt.

– *Lugna ner dig! Är du helt jävla galen?!* Jämrade jag mig.

– *Galen? Är det jag som är galen?!*

Hon fortsatte mata sin handflata mot min arm. Här näst lärde jag mig en viktig läxa. Nämligen, håll aldrig fast handlederna på en ursinnig kvinna. Under några omständigheter. Aldrig. Men jag visste inte bättre. Jag tror aldrig jag sett ett sånt vansinnigt djuriskt ursinne i någons ögon igen efter den gången. Jag hoppas att jag slipper. Hon stirrade in i min själ med hennes reptilögon. Jag kände hur hennes armar vibrerade av vrede.

– *Om. Du. Inte släpper. Mig. Nu....så vet jag inte vad jag gör.* Sa hon med en behärskad röst som darrade av ilska.

Jag blev faktiskt rädd. Jag släppte henne instinktivt och backade med mina handflator framför mig som i en avväpnande gest. Hon stod kvar och såg ut att pulsera av ilska, men gjorde ingenting. Jag vågade inte röra mig tills reptilögonen försvunnit och hon återfått sin vanliga blick. Hon satte sig ner på stolen igen och började gråta tyst. Jag hade ingen aning om vad jag sysslade med.

– *Förlåt.* Sa jag. Utan att veta vad jag bad om ursäkt för. För allt. För att jag fanns.

– *Vem är hon?* Frågade hon behärskat medan hon torkade kinderna. Jag fick som deja vu från mötet med Linda.

– *Linda. Det är min före detta flickvän.* Svarade jag med en suck.

– *Vad gör hon här?*

– *Hon ville bara prata. Det...slutade inte så bra mellan oss.*

– *Prata? Kunde hon inte skickat ett brev som normalt jävla folk?*

Jag försökte förklara hur det hängde ihop. Att jag inte haft kontakt med Linda på ett år. Att Linda inte ens visste vart jag bodde. Att Linda kommit till giget bara därför. Att jag faktiskt inte hade en aning om att hon skulle dyka upp. Fiona stirrade ner i golvet medan jag förklarade så gott jag kunde. Hon satt sedan tyst och försökte väl samla tankarna på det jag sagt. Hon började sedan prata, med ren förtvivlan och sorg i rösten som fick mitt hjärta att skrynkla ihop sig i bröstet.

– *Har du någon aning om hur dum jag kände mig? Du bara går iväg för att träffa en Linda. Sen var jag tvungen att se er stå där, med varandra. Och prata ert språk. Och du kunde inte ens ställa dig på min sida. Inte ens när Ralph la sig i. Du ställde dig på hennes sida. Du gick iväg. Med henne. Du försvann sedan. Med henne. Jag fick sitta där med de andra, medan alla visste att min pojkvän gått iväg med en annan kvinna. Jag kände mig så ensam. Så dum.*

Jag ville bara sjunka genom golvet. Det fanns liksom inga ord kvar i världen att säga till mitt försvar. Jag ville lyfta upp henne och krama henne, men hon verkade inte riktigt redo för det. Istället reste hon sig upp och torkade kinderna en gång till innan hon tittade på mig.

– *Jag vill be dig om en sak.* Sa hon torrt och sakligt.
– *Vad som helst.* Svarade jag hoppfullt.
– *Följ inte efter mig.*

Hon lämnade lägenheten. Jag blickade tomt ut genom fönstret. Den frostiga yttergården såg karg och ogästvänlig ut med de nakna träden som kämpade mot kylan. Lägenheten kändes ännu kallare och frostigare. Jag stoppade en kapsel i munnen och bet sönder den.

WASHINGTON DC
Cirka 2010

Jag har aldrig riktigt kommit överens med DC. Staden är för europeisk. För normal. Den känns lite som Stockholm fast mycket större. T om kaffet är drickbart i stan, det funkar inte. Den har inte den där nerven av amerikansk galenskap som är så fascinerande med landet. Ibland tänker jag att presidenten i ett av världens knäppaste länder tittar ut genom fönstret från vita huset varje morgon. Och därför tror att han styr och ställer i ett helt normalt land. Så att det är därför allting blir så härligt knasigt i resten av landet.

Jag satt på en restaurang med Linda, ett ställe som var lite för sofistikerat för oss båda egentligen. Men det var neutral mark på något vis. Linda såg frisk ut för första gången på många år. Hennes kinder hade återfått den rosaaktiga hälsosamma tonen jag en gång blivit förälskad i. Hennes axellånga blonda hår var prydligt kammat på ett obekant sätt, som fick henne att se vuxen ut. Vi var båda vuxna sedan länge. Kanske t om gamla. Men vi hade levt ett helt liv som om vi vore tonåringar på en föräldrafri fest. Hon bar en ledig svart klänning med långa ärmar. Det var ovant att se. Hon såg så normal ut. Men det verkade rimligt, hon bodde i DC numera.

Jag kände mig förbluffande harmonisk inför mötet. Jag hade varit helt ren i ett år. I backspegeln kan jag konstatera att min drogfria tillvaro knappt hade börjat, men där och då kändes det som en evighet. Jag hade inte ens några langarkontakter kvar i telefonen. Det som fortfarande kunde hemsöka mig var att jag ofta drömde om nätterna att jag pundade till. Vilket är ungefär som en sån där porrig erotisk dröm där allt är skönt och fantastiskt, och när man vaknar mitt i blir man bara förbannad. Det hände att jag kunde vakna helt kallsvettig över att jag drömt om att rada upp linor på bordet. Och varenda cell i kroppen skrek efter det där ruset. Men det gick alltid över efter en stund. En lång stund.

– *Du ser...snygg ut.* Sa jag, och hörde hur förvånande det lät.

– *Du ser levande ut själv.* Sa hon kallt och studerade mig.

– *Tack.*

– *Du har nästan fått lite surfarfärg. Ute mycket eller?*

– *Jag har flyttat tillbaka till Venice. Jag joggar vid stranden.*

– *Säkert.*

– *Men det är sant. Jag kan fan springa till Santa Monica nu.*

– *Kul.*

Ja, jag ljög. Jag kunde kanske springa till piren, kräkas en stund, och sen hem igen. Jag var bara mån om att övertyga henne om att jag var frisk. Det var ett kyligt samtal som pågick. Som två främlingar som försökte hålla igång en dialog om vad som helst för att undvika pinsam tystnad. För att understryka min nya hälsostil bad jag om mer mineralvatten. En ung servitör som knappt kan ha varit tjugo hällde nästintill ceremoniellt upp ett glas vatten från en flaska omsluten av en linneservett. Jag såg otåligt på när han sakta hällde upp glaset.

– *Du grabben. Det är liksom inget årgångsvin.* Hörde jag mig själv säga.

– *Måste du hålla på så där?* Väste Linda. Servitören var tyst och såg förlägen ut.

– *Vad har jag nu gjort då?* Suckade jag.

– *Du skämmer ju ut mig...oss.* Viskade hon med ett fräsande.

– *Jag fattar. Så nu skäms du alltså för mig?* Undrade jag. Kanske lite för högt.

– *Okej, kan vi kanske ta det här på svenska om det ska vara på det här viset?* Sa hon. På svenska. Och knöt sin näve mot bordet.

Jag kan inte minnas när i tiden vi hade börjat prata engelska med varandra. Det föll sig antagligen naturligt i början. Av ren artighet för man dialogen på engelska om någon engelsktalande är i rummet. Även om man bara diskuterar vädret. Det känns konstigt i början men blir omedvetet en vana. Eller så tyckte vi bara det hade varit häftigt. Men nu var det inte roligt längre.

– *Okej. Då undrar jag vafan vi gör på det här stället?* Sa jag på stockholmska.

– *Jag ville bara ha ett värdigt avslut.* Sa hon sorgset.

Jag fick en klump i magen. Jag hade liksom varit ren i ett år. När Linda ville träffas hade jag nog närt en förhoppning om att det skulle leda till någonting bra. För oss tillsammans. Med varandra. Inte ett avslut. Hennes ord kom som ett slag i bröstet. Jag var inte förberedd på det. Förvirrat och i ren frustration sträckte jag ut en hand över bordet mot Linda.

– *Nej. Snälla. Rör mig inte.* Sa hon vemodigt och drog sig bakåt.

– *Varför? Kom igen, Linda. Kan vi inte...*

– *Du är som kryptonit för mig, Peter. Varje gång vi rör varandra går allt åt helvete. Men det vet du redan. Vi kan inte vara med varandra. Vi borde aldrig ha varit med varandra.*

Jag flackade med blicken när hon levererade orden med en röst som höll på att gå sönder. Det här var inte det försonande samtal jag hade sett framför mig. Jag kände hur det stramade i strupen.

– *Snälla. Säg inte sådär.* Viskade jag med sprucken röst. Hon tystnade innan hon fortsatte.

– *Jag var en tonåring som blev kär i en jävla rockstjärna. Du hör ju själv hur det låter. Det var skithäftigt. Men blev bara katastrof. Åt helvete. Det vet du. Vi tillsammans är som en förbannelse. Det är dags nu. För ett riktigt avslut. Jag måste få någon sorts frid.*

Jag tror aldrig att jag kämpat så hårt mot gråten som i den stunden. Hjärtat värkte. Nej, hela kroppen värkte. Jag bet ihop käkarna så hårt att tinningarna höll på att sprängas för att inte brista ut i gråt. Jag försökte svälja bort klumpen i halsen som höll på att explodera. Jag blev medveten om hur Linda torkade sina rosa kinder med en näsduk. Det var så tragiskt men ändå vackert att se hennes ögon fuktiga av tårar istället för opiater. Hennes underläpp darrade behärskat. Jag kände hur min näsa började rinna tillsammans med ögonen. Diskret försökte jag torka ansiktet med en servett.

– *Jag är ingen jävla rockstjärna. Jag turnerar inte längre. Jag tatuerar nu istället.*

– *Håller du på med musik?*

– *Ja. Men det är en jävla skillnad nuförtiden.*

– *Har du kvar din gitarr?*

– *Inte alla.*

– *Du vet, du är den du är. Även om du förtvivlat försöker bli någon annan.*

Hon hade rätt, det visste jag egentligen. Jag hade försökt plugga psykologi, det gick sådär. Jag hade försökt vara brandman, det höll inte ens ett år. Vad jag än företog mig kom jag alltid tillbaka till fel miljö, musiken. Jag var en jävla sopa på att leva mitt liv som en normal människa. Kanske för att jag helt enkelt inte är normal. Vi satt på varsin sida av bordet och snyftade. Vi bara såg på varandra under flera minuter.

– *Det har varit fantastiskt. Jag vill att du ska veta hur tacksam jag är för att ha fått göra den här resan med dig. Men den tar slut här. Jag är ledsen för det, du måste tro mig. Det här **var** vårt liv. Det är dags att gå* *vidare nu. Utan varandra.*

Hon grät häftigt, utan att bry sig om vad folk vid borden bredvid tyckte. Rösten lät forcerad och våt. Det kändes overkligt, som att jag såg oss på en bioduk. Jag satt som förlamad när hon reste sig och gick ut ur restaurangen och tog mina drömmar och minnen med sig ut i vårsolen. Just där brast fördämningen inom mig. Jag tog upp servetten hon torkat tårarna med. Den doftade vanilj.

"Det här är bland det jobbigaste jag någonsin läst. Eftersom jag aldrig kommer glömma den dagen och ofta tänker på den. Jag blir lika ledsen varje gång, och att läsa din berättelse fick mig att börja gråta. Jag tror och hoppas du är lika smärtsamt medveten som mig att det var nödvändigt för oss båda. Vi behövde komma ifrån varandra för att läka.

Du skriver att jag tog med dina drömmar och minnen. Men jag har aldrig känt mig så tom som när jag gick. Jag lämnade hela mitt liv vid det där bordet. Allt jag hade. Utom min sorg.

Det vi hade var fantastiskt, men också otäckt. Jag ser i det du skriver att du till slut har upptäckt det. Det är en sådan enorm lättnad för mig ändå. Den här texten berör mig så enormt och jag är tacksam att du skrev den. Det är som att jag fick tillbaka en del av mig själv. Och en del av dig. Den bra delen.

Jag hade fel när jag sa att resan tog slut. För det gör den aldrig med dig uppenbarligen. Oavsett om vi är ifrån varandra. Du är alltid med mig.

Love, Baby Bim"

Linda

Jag hade inte ljugit för Fiona. Jag låg inte med Linda den kvällen. Vad det nu spelade för roll i praktiken, vi begav oss ändå till hennes hotell den där natten vid Hammersmith. Vi satt på hennes hotellrum, helt vind för våg i våra morfinrus och grät ömsom skrattade när alla känslor fick fria tyglar. Det var som att vi aldrig varit ifrån varandra. Jag försökte intala mig själv att jag kunde förlåta henne. Jag kan än idag inte veta säkert om hennes otrohetshistoria var uppdiktad som en smärtsam strategi för att bli av med mig. Eller om hon hade varit otrogen, men nu hävdade motsatsen med någon sorts agenda. Lika lite som Fiona kunde veta vad jag gjort den där natten.

Om trafikfaror brukar man säga att det inte är hastigheten som dödar, det är kraschen. Med relationer är det inte otroheten som dödar, det är opålitligheten. Om man känner att man inte kan lita på vad ens partner säger att den varit, så spelar det ingen roll vad som faktiskt hänt. Det blir som en svulst som bara växer.

Jag visste inte om jag drömde eller var vaken. Morfindrömmar kan vara riktigt intensiva och livliga. Jag vet inte om det beror på att man sover djupare än vanligt, eller tvärtom. Jag blinkade flera gånger innan jag kände mig säker på att jag var vaken. Jag såg Fionas ansikte framför mig. Hon såg bekymrad ut, men det var verkligen hon. Hon strök mig försiktigt över håret. Hennes fingertoppar gav mig en elektrisk febrig känsla i nacken. Motljuset från fönstret fick hennes konturer att glöda där hon satt på knä framför mig, hon såg nästan ut som en gammaltestamentlig ärkeängel. Jag trodde aldrig jag skulle få se henne igen efter att hon lämnat lägenheten den där dagen. Jag hade ingen aning om hur länge jag legat på golvet lutad mot väggen. Inte heller visste jag hur länge hon befunnit sig där i lägenheten. Det spelade ingen roll nu när hon var här. Jag kände en bottenlös glädje som nästan fick mig att brista ut i gråt.

– *Peter?* Viskade hon mjukt.

– *Mm.* Jag såg på henne med ett fascinerat leende.

– *Du, vakna nu.*

– *Du är en ängel. Vet du det?* Frågade jag och kände hur mina ögon blev fuktiga.

– *Här. Prova dricka lite vatten.* Sa hon ömt och räckte fram ett glas.

Jag tog glaset i handen och sköljde ner vattnet i ett svep. Tungan kändes sträv och torr. Jag hade ingen aning om hur törstig jag var. Fiona tog glaset ur min hand medan jag flämtade av ansträngningen.

– *Peter, nu måste du vakna. Se på mig.* Viskade hon igen. Jag hade ingen aning om att jag just nickat till igen. Hon höll ett fullt vattenglas i handen.

– *Ängel.*

– *Vad har du tagit?* Hon lät inte arg, mest bekymrad.

– *Förlåt, Fiona.*

– *Jag vill veta vad du fått i dig bara.*

– *Åh. Nej, jag menade för...att jag är dum mot dig.*

– *Du. Kom igen. Vad har du tagit?* Hennes röst var lugn och tålmodigt förtroendeingivande.

– *Medicin bara.* Svarade jag matt.

– *Okej. Var det tabletter alltså? Eller vials? Pulver? Är det någonting du rökt?*

– *Mm.*

– *Du. Baby. Får jag se på din medicin?* Undrade hon tröstande.

- *Vill du ha medicin?*
- *Du. Titta på mig. Det är viktigt att jag får se din medicin, okej?*
- *I cigarettpaketet.*

Jag nickade till igen. Hennes fingrar över mitt hår fick mig att kvickna till igen. Hon höll ett vattenglas framför min mun.

- *Här. Drick mer vatten.*
- *Tack. Du är...underbar.*
- *Du, hur många av dom här kapslarna tog du?*
- *Hmm. Tre.*
- *Är du säker på det?*
- *Kanske fyra. Inte fler. Det är säkert.*
- *Fyra? Det är jätteviktigt att du berättar nu.*
- *Det är sant. Jag ljuger inte. Fiona, jag kommer aldrig mer ljuga för dig.*

Känslorna blev för mycket. Jag började gråta. När det inte längre fanns några murar eller barriärer i morfinhavet kom sorgen som en orkan, jag kunde bara försöka hålla i mig så gott jag kunde. Jag kände hur Fiona greppade min hand. Hon greppade den hårt, nästan moderligt. Hennes hand var så varm och trygg att jag ville somna för alltid där.

- *Shhh. Lugn, jag vet att du inte ljuger, okej?* Hennes tröstande röst var som en livboj i det där havet.
- *Snälla, släpp mig inte.* Viskade jag.
- *Nej, jag släpper inte. Baby, det kommer ordna sig. Jag tar hand om det här. Jag lovar. Vila nu.*

Hon kysste mig på pannan. Hennes mjuka läppar var så tröstande att jag slöt ögonen och slappnade av. Jag fick luft i lungorna igen och kände hennes doft, jag ville andas in hela Fiona. Jag somnade som ett utmattat barn.

"DOGTOWN"
LOS ANGELES, CA90291
Tidigt nittiotal

Jag kom till ett Los Angeles som fortfarande kändes traumatiserat av incidenten med Rodney King och kravallerna som följde på händelsen. Folk ropar än idag namnet Rodney King åt polisen som någon sorts provokation. Polisen var tvungen att reformeras till att bete sig ungefär som svensk polis. De kunde inte längre styra och ställa med milisvåld som i någon bananrepublik. Vilket dels har lett till att folk numera har förtroende och respekt för LAPD, och dels blev det tyvärr ännu lättare att knarka. Jag hyrde en vindpinad våning mitt i Dogtown vid Venice Beach. Den salta havsluften från Stilla havet gav takbjälkarna en skön patina, som ett piratskepp. Jag föreställde mig att Jim Morrison måste ha bott där. Det hade han nog helt säkert inte.

Jag hade kommit till insikt med att jag nog var mer av en flytande musiker som hoppar mellan band till högstbjudande. Jag gillar ombyte och nya människor. Andra gillar en mer fast punkt i tillvaron. Oavsett hur dysfunktionellt det är. För alla band är verkligen dysfunktionella. Hela musikhistorien är full av splittrade band och infekterade konflikter mellan medlemmarna. Band återförenas och splittras, medlemmarna snackar skit om varandra i pressen. Det är inte så konstigt egentligen. Man tvingas bo ihop med människor man inte nödvändigtvis gillar. Alls. I normala yrken börjar man klockan åtta, och åker hem vid fem. På en turné tvingas man umgås med idioter som driver en till vansinne tjugofyra timmar om dygnet. Det tar knäcken på vem som helst. För mig var det en frisk vind att hoppa runt och betrakta nya galenskaper och personligheter hela tiden.

Å ena sidan skulle det innebära att jag nog aldrig kommer få en stjärna på Hollywood Boulevard och vältra mig i miljonroyalties vid Malibu. Å andra sidan tjänade jag hyfsad knegarlön jämfört med andra unga musiker som levde på nudlar och spelade gratis i hopp om att slå igenom. Jag hade nog inte klarat av den hopplösa tillvaron i hopp om ett liv på andra sidan regnbågen.

Jag inredde våningen som världens bästa ungkarlslya. T ex fick jag tag på ett gammalt baksäte till en Cadillac, en sextiotalare, som soffa. Under armstöden hade konstnären monterat baklysen till bilen, som kunde slås på för en extra touch. Bredvid ingången till köket hade jag ett flipperspel. Okej, det funkade inte, och hade inte ens någon kula. Men lamporna lyste. Köket hade gasspis som höll på att ta livet av mig fler gånger än något knark jag provat. På fyllan verkade det ofta som en bra ide att tända ciggen på spisen, vilket inte helt sällan slutade utan ögonbryn och en solbränna som inte såg särskilt cool ut. I huvudsak såg min våning ut som att en förvuxen fjortonåring bodde där. Vilket stämde på alla sätt och vis.

Ana ansåg dock att mitt ställe såg bohemiskt ut. Vilket nog stämde överens med min egen bild. Ana var amerikan med rötter i Mexiko vilket hon var stolt över, hon kallade sig själv ofta och gärna "chicano". Chicano är annars lite av ett öknamn för amerikaner med mexikanskt ursprung. För henne var det däremot en sorts identitet hon närde. Hennes hår var så svart att det nästan såg blått ut i dagsljus. Och hennes ögonfransar var så överväldigande att hon knappast hade behövt makeup, vilket hon i vilket fall använde rikligt. Tillsammans med hennes hy i vag moccaton såg hon ut som en exotisk juvel för vilken svensk kåt snubbe som helst.

– *Hörru gringo, spela något då.* Sa hon uppmanande och la min gitarr i knät på mig.

Jag hade visserligen någon slags fest hemma. Man fick räkna med att kompisars kompisar dök upp, vissa kunde bete sig bättre än andra. Men ingen hade hittills börjat pilla på mina instrument. Det störde mig att hon plockat ner min gitarr utan att fråga mig. Jag blängde misstänksamt på henne. Hon var klädd i typiskt dåtida angelenomode enkel klänning med knähög kjol, boots och jeansjacka. Allt helt i svart. För en bråkdels sekund påminde hon mig om Fiona. Jag svalde min irritation.

– *Vad vill du höra då?* Frågade jag likgiltigt och greppade gitarren.

– *Nånting fint.* Jag spelade Ack värmeland du sköna. Hon lyssnade nyfiket medan hon drack ur en ölflaska.

– *Det var fint, men jag kan nog inte den.*

– *Det är en svensk låt, så det är inte så konstigt.*

– *Svensk? Kommer du från Schweiz eller?* Undrade hon. En fråga jag fått höra oändligt antal gånger efter det.

– *Sverige. Jag kommer från Sverige.* Sa jag roat. Amerikaners oförmåga att kunna skilja på swedish och swiss var lite rolig i början.

– *Häftigt! Kan du tala spanska?* Undrade hon exalterat med uppspärrade ögon.

– *Va? Nej. Vafan, vi pratar svenska i Sverige. Inte schweiziska eller spanska.* Sa jag lite stött.

– *Jo...men jag tänkte att eftersom Spanien också ligger i Europa liksom.*

– *Jaha. Nä, det funkar inte riktigt så.* Jag förstod nu hur hon tänkte. Som många amerikaner föreställde hon sig Europa som USA, en kontinent med delstater där kultur och språk går över gränserna i mångt och mycket.

Det spanska akustiska codat i Guns Roses låt Double Talkin' Jive hade fascinerat mig ordentligt. Jag hade nött spanska skalor och calypsoharmonier bara på kul. Det var inte så användbart men lät rätt fint när man satt och lekte med det. Hennes fråga fick mig att tänka på det, varpå jag började leka med spanska skalor där i soffan. Hon satte sig bredvid mig och betraktade mig med ett leende som sprack upp i hennes ansikte.

Hon kom från Florence, vilket var ett ruffigt område med grov kriminalitet och gängkultur. Hon pluggade däremot på UCLA och bodde på lugna gatan i Santa Monica vilket faktiskt var rätt sällsynt om man kom från den sidan av stan. Jag menar, hon hade typ sjutton bröder eller något i den stilen. Varav cirka alla satt på Pelican Bay Prison för mord på vita töntar. Efter några tramadol verkade det som en bra idé att hångla med henne. Man tar sällan bra beslut på tramadol.

Cree skjutsade ner mig för att hämta Linda. Dels hade jag ingen bil eftersom den var kvaddad och bortforslad av polisen, och dels kändes det jävligt dumt att inte följa polisens råd att ge fan i att köra. Jag satt i passagerarsätet och kände mig åksjuk. Jag svalde konstant för att få bort den fräna smaken av magsyra.

– *Du, hur fan drar man ner fönstret?*
– *Jag kan maxa AC:n om du vill annars.*
– *Nä, jag behöver bara lite frisk luft.*

Cree drog ner mitt fönster när vi stannat vid ett trafikljus. Den varma kvava kvällsluften slog emot mig. Kombinationen av smog och doften av oförbränd bensin och asfalt la sig över mig som en hinna av härsket smör. Det knöt sig i magen på mig. Han hade rätt.

– *Okej. Okej. Maxa AC:n istället.*

Fönstret åkte upp medan fläkten började blåsa iskall luft i kupén. Mitt illamående avtog sakta. Cree tittade tidvis på mig där jag satt ihopsjunken i sätet med svettpärlor i ansiktet.

– *Mannen, hur fan är det med dig egentligen?*
– *Det är som det är.* Suckade jag.
– *Men på riktigt, vad gör du med dig själv?*
– *Äh, jag behöver bara sova.*
– *När åt du sist?*
– *Jag äter, oroa dig inte.*

- *Vet du. Vi hämtar Linda, sen köper vi med oss revbensspjäll och milkshakes. Okej?*
- *Men för fan, Cree!* Tanken på flottiga revben fick min magsäck att dra ihop sig.
- *Vaddå?*
- *Om du bara koncentrerar dig på att köra så koncentrerar jag mig på att inte spy ner din bil.*

Cree grymtade men accepterade utmaningen. Vi satt tysta medan han kryssade fram i trafiken. Månen såg onaturligt stor ut på den lila himlen som inte längre gav ifrån sig några skuggor. Jag måste ha nickat till, för plötsligt var vi framme. Cree tände en cigarett och väntade vid bilen medan jag gick för att hämta Linda. Jag hade så många frågor. Vart skulle hon med bilen? Vad hade hänt den natten? Jag kunde inte minnas någonting. Linda omfamnade min arm och kramade den hårt, nästan panikartat. Hennes hår var stripigt och tovigt. Hon begravde sitt ansikte i min jacka och hyperventilerade. Hon var klädd i sin t-shirt, och häktets blågrå byxor som hade en snörning i midjan. Hon var barfota och bar flipflops på fötterna.

- *Hej, hur är det med dig?* Frågade jag korkat. Jag strök henne över hennes toviga kalufs. Linda svarade inte på tilltal.
- *Hon är okej, men har nog svår abstinens.* Svarade sköterskan som eskorterat henne.
- *Vad har hon tagit?* Undrade jag.
- *Vi vet inte. Hennes advokat förhandlade det till alkoholrelaterat brott. Då får vi inte titta på screening för narkotika.*
- *Vart är hennes kläder?!*
- *Hon kom in barfota utan byxor.*
- *Va?!*
- *Hon hade underkläder på sig. Men hon har fått rena nu.*
- *Vart är min bil?*

– *Jag tror ert minsta problem just nu är din bil. Du behöver ta hand om henne, hon behöver professionell hjälp. Din bil vet jag inget om, jag är sköterska. Det får du ta med polisen.*

Jag ledde ut Linda i kvällsluften medan hon staplade bredvid mig. Fortfarande som klistrad vid min arm med pannan begravd i min jacka. Hon hade fortfarande inte sagt ett ord. Själv kände jag mig om möjligt ännu mer förvirrad och overklig. Cree stod lutad mot förardörren på bilen med en cigarett i handen, och stirrade med halvöppen mun på oss när vi staplade fram. Han öppnade bakdörren. På något sätt fick jag med henne in i baksätet. Linda la sig i fosterställning med huvudet i mitt knä. Cree startade bilen och började färden hem. Man skulle kunnat tro att han borde ha gett upp hoppet om sina revbensspjäll där och då.

– *Hej, Linda?* Sa han prövande från förarsätet. Jag såg hur han tittade på oss oroligt i backspegeln.

– *Jag tror inte hon är på prathumör.* Svarade jag.

– *Okej. Men, jag menar, vad ända in i glödheta helvete?!* Svamlade han.

– *Jag vet. Snälla, kör bara.* Svarade jag.

Jag trevade med handen nere innanför min strumpa och fick upp en oxykontin. Jag lyckades få in tabletten i Lindas mun utan att hon bet av mig fingrarna.

– *Seriöst?!* Spottade Cree upprört. *Hade du det där på dig inne hos snuten?!*

– *Kom igen, jag kunde ha lämnat det i din bil istället.*

– *Är det där verkligen en skitbra idé tycker du?*

– *Har du någon bättre idé eller?*

– *Vad sägs om ett jävla sjukhus?!*

– *Hon har legat hela dagen på tillnyktringsenhet. Hon har inte träffat annat än läkare och sköterskor.*

Vi gled fram i den tilltagande kvällstrafiken utan ett ord mellan oss. Linda började äntligen kvickna till, det var sådan enorm lättnad att höra hennes sköra röst igen.

– *Får jag en till, snälla?* Jämrade hon sig. Jag höll fram en tablett åt henne, den här gången kunde hon ta den själv med händerna.

– *Hur fan mår du?* Undrade Cree med varm röst.

– *Hej, Cree.* Svarade hon matt från mitt knä.

– *Är du hungrig? Vi kan plocka upp något på vägen om du vill?* Undrade han vänligt.

Linda reste på sig när hon hörde orden. Jag fick se hennes ansikte ordentligt. Jag kände knappt igen henne, hennes läppar såg torra och nötta ut. Hon var fullkomligen askgrå i ansiktet. Det fanns ingen glöd kvar i ögonen. Som att hennes själ lämnat kroppen och lämnat ett ynkligt skal kvar. Hon höll sin skakande handflata framför munnen. Hennes överkropp skälvde när hon försökte kväva en kväljning.

– *Stanna bilen!* Ropade hon hest.

"Den där tillnyktringsenheten var inget annat än en vanlig arrest med betongceller och gallerdörrar. Det var alltså en del av det arresten eller häktet där man placerar inkomna med uppenbar missbrukarproblematik. Som en slags avgiftning då de inte klarar av att följa rutinerna som vanliga intagna. Så jag var alltså inlåst i en cell med galonmadrass och en toalett i rostfritt stål utan ring. Jag var livrädd och ensam, och låg där och bara skakade och grät. Någon gång i timmen kom en sköterska och mätte mitt blodtryck och såg till att jag fick i mig vätska.

Ångesten går inte att beskriva. Det var hemskt. Det var som att vara fast i en mardröm. När de slutligen kom för att släppa ut mig fick jag en surrealistisk känsla av att det bara var någonting jag drömde. Jag var skräckslagen inför att vakna upp och fortfarande befinna mig i den där cellen."

Linda

Jag knuffade lekfullt ner Ana i sängen. Hon bet sig i läppen med ett leende, högg tag i mitt skärp och drog mig över henne. Hon t om doftade exotiskt. Som en regnskog fylld med böljande fruktträd. Jag blev vimmelkantig av doftupplevelsen. Hon greppade min hand och placerade den på hennes uppdragna lår, medan hon långsamt förde den upp under hennes kjol. Jag kramade om hennes tydliga höftben.

— *Du har inga trosor på dig.* Konstaterade jag förvånat. Som om hon inte visste om det.

Jag fick inget svar på min uppenbara upptäckt, hon fnös roat som svar medan hon vräkte över mig på rygg. Hon gränslade mig och greppade min hand igen. Den här gången sträckte hon ut tungan och lät tungspetsen vandra över mitt långfinger. Hon lekte passionerat med tungan innan hon sög in mitt finger i munnen. Hela vägen. Det kändes som att jag var med i en porrfilm.

Jag slet av mig min tröja medan hon fick av sin svarta klänning. Hon såg nästan ut som en grekisk gudinna när hon satt över mig med sin bara kropp i hennes bronsaktiga hudton. Hennes bröst var sagolika med de pepparkaksfärgade vårtgårdarna, jag hade aldrig sett något liknande. På höften hade hon texten "Califas" tatuerat. Det var den första tatuering jag någonsin sett på en kvinna. Vilket bara fick henne att se ännu mer spännande ut. Det var fortfarande rätt ovanligt med tatueringar på den tiden.

Hon fullkomligen slet upp mitt bälte och knappgylf i jeansen. Vilket bekymrade mig lite. Tramadol är som alla opiater en mycket effektiv smärtstillare. Men effekten trubbar också av hela nervsystemet. Det går att knulla som en stenad sengångare i timmar tills man får skavsår om man vill. Om man nu ens lyckas få stånd, vill säga. Vilket var det jag tampades med just nu. Hon greppade min trötta kuk som inte riktigt ville. Hennes hand kändes ljuvlig, och jag var mentalt helt brinnande kåt och absorberad av hennes erotiska uppenbarelse. Men det funkade ändå inte ordentligt där nere.

- *Du. Jag har nog kanske druckit lite väl mycket...det har inget med dig att göra.* Jag hade inte druckit en droppe, men ville inte riktigt berätta att jag knarkat istället.
- *Det var väl jävligt dumt.* Sa hon med en suck och rullade med ögonen.
- *Jo. Men jag visste väl inte att du skulle komma hit.*
- *Amatör. Ligg kvar, våga inte ens röra dig.* Befallde hon med ett varnande pekfinger mot mig.
- *Jag bor här, jag går ingenstans.* Svarade jag uppgivet.

Jag såg uppslukat på henne när hon gick för att hämta sin jeansjacka på golvet. Hon var naken men hade fortfarande bootsen på sig. Det såg löjligt porrigt ut. Hon kom tillbaka med en liten glasbehållare i handen. Hon återtog sin gränslade sits över mina höfter. Jag tittade nyfiket på medan hon knep ihop tummen och pekfingret på ena handen, och hällde ett vitt pulver från behållaren i diket som bildades mellan fingrarna.

- *Jamen sätt dig upp, idiot.* Sa hon som att det var självklart vad vi sysslade med.
- *Vad är det för något?*
- *Bara snorta. Kom igen.* Sa hon nästan mästrande.

Jag gjorde som hon sa. Jag var kåt och nyfiken. Och dum i huvudet. Det sved till i näsan när kokainet frätte mot slemhinnorna.

Ruset kom nästan genast och kittlade ända ner i tandköttet. Jag drabbades av en plötslig klarhet. Kristallklart. Det var som att hjärnan plötsligt arbetade på hundra procent, på alla nivåer. Som att jag fått ett extra sinne, nästan som att jag plötsligt var övermänsklig. Jag hade aldrig varit så nykter, så närvarande, i hela mitt liv förut. Hennes doft av regnskog fullkomligen exploderade i mig. Jag insöp min nya insikt med en fascinerad blick på hennes ansikte, medan Ana greppade min stenhårda kuk som bultade mellan benen.

– *Mm-hm.* Hummade hon triumferande och lyfte ena ögonbrynet.

– *Jesus jävlar...vad i...* Väste jag omtöcknat.

– *Svär inte, gringo. Jag är katolik för i helvete.*

Hon gled ner över min kropp och sög in mig i munnen. Det kändes utomjordiskt. Jag satt och försökte känna efter vad som var mest underbart, Anas läppar runt mig eller den där majestätiska elektriciteten i mitt huvud. Jag kände Ana i varenda fiber av min kropp. Och jag ville ha hela henne. Överallt. I hela lägenheten. Jag sträckte ner min hand och la den mot hennes kind.

– *Kom hit. Och bootsen stannar på.* Sa jag med girig stämma.

Jag sov inte på två dygn efter den natten. Jag behövde verkligen inte ytterligare ett preparat på min lista över konstigheter att peta i mig. Som många andra betraktade jag inte kokainet som en drog, det var mest ett magiskt pulver för att balansera fyllor med. I Sverige hade kokain på den tiden betraktats som dödsknarkets sista utpost. Medan det åtminstone i LA på den tiden fanns en barnsligt naiv syn på kokain som ett sorts partypulver man kunde leka med. Som svensk borde jag ha vetat bättre. Och det gjorde jag nog egentligen, men jag brydde mig inte.

RAINBOW BAR & GRILL
LOS ANGELES CA90069

Det går knappast att prata om rockscenen i Los Angeles utan att nämna Rainbow. Det är kanske det mest legendariska rockhacket i världen. Stället öppnade portarna mitt på Sunset Strip någon gång på sjuttiotalet och har haft alla tyngre namn i branschen som stammisar. Än idag är Rainbow den oas där rockers samlas för efterfester eller bakispizza. Det sista decenniet av hans liv tjänade dessutom Rainbow som andrahem åt Lemmy, där han kunde sitta i timmar med en jack & coke och spela enarmad bandit. Numera har man rest en staty av honom bredvid stolen han brukade sitta. Men låt oss inte prata om det nu. Inte för att det gör mig gråtmild, jag skulle aldrig gråta. Händelsen inträffade i vilket fall när Lemmy fortfarande levde och vi alla trodde vi var odödliga.

Hon var i vilket fall strippa. Och hette typ Candy, Misty eller Bambi. Något smärtsamt fånigt i den stilen. Jag vet inte varför hon insisterade på det istället för vad hon nu kan ha hetat på riktigt. Men jag medger att jag tyckte det lät porrigt. Hon var förvånansvärt sobert klädd för att vara strippa. Den lilla svarta var kanske lite kortare än vanligt, eller så var det mest en placeboeffekt. Hon bar höga svarta mockaskor med kilklack, men det var långt ifrån två decimeter plåtåpumps i plexiglas. Hennes långa blonda hår var stylat på ett dyrt sätt. Hon bar makeup som var smakfullt balanserad mellan slampa och klass. Hon var helt enkelt riktigt snygg.

Jag hade druckit alldeles för mycket, och var rätt trött efter en avslutad turné. Ligga lät bara jävligt omständligt och jobbigt. Jag ville bara hem och sova i min egen säng. Så egentligen vet jag inte varför jag stod där och småhånglade med henne på Rainbows uteservering. Eller, det vet jag väl. Kom igen, hon var strippa. Bara tanken på det väckte en pubertal pojkaktig våt dröm till liv.

- *Jag kan vara din "private dancer" ikväll.* Det lät alldeles för ostigt, men det funkade ändå.
- *Det tvivlar jag inte ett dugg på.*
- *Jag menar allvar. Min pappa äger Hustler store.*
- *Oj. Okej. Så...häftigt?* Sa jag förvånat. Jag var inte säker på vad jag skulle göra med den informationen.
- *Jag får rabatt där. Vill du gå och shoppa?*
- *Vänta här nu, din pappa äger butiken? Och du vill gå dit och shoppa?!* Det lät lite för bisarrt för min del.
- *Äh, han äger butiken. Men han jobbar liksom inte i själva butiken.*
- *Okej, men det låter ändå lite, typ...konstigt?*
- *Du får välja ut vad du vill. Jag tar på mig det.*

Det avgjorde saken. Hustler store låg nästan tvärs över gatan från Rainbow. Tills butiken tyvärr revs för bara något år sedan var den mer eller mindre ett landmärke på Sunset Strip. En slags porrbutik som sålde allt från filmer och sexleksaker till alla möjliga kläder. Eller ursäkter för kläder då. De var garanterat det viktigaste varuhuset för alla samlade strippor i Los Angeles. De hade dessutom öppet dygnet runt. Att hennes pappa ägde butiken var en sak. Att hon därmed hade rabatt och ogenerat shoppade där utan vidare lät så fullkomligt vrickat. Helt galet för att vara ärlig. Men det kändes som en petitess i sammanhanget. Jag skulle få designa min egen strippa.

Själv skulle jag bara se till att vara vaken hela natten. Toaletten på Rainbow ser ut som krig. Toalettstolen saknar ring, och är regelmässigt igenproppad med papper och andra otrevligheter. Själva porslinet skulle jag inte peta på med ett kvastskaft. Rännan är dock användbar som tur är. Men ingenting man helst snortar kokain från. Eftersom det var lite av en kris bestämde jag mig för att snorta direkt ur handen istället. Jag hällde upp en lagom stor hög i handflatan och sög i mig.

Vad jag inte visste var att kokainet jag fått tag på kom från östkusten. Där man hade en ful ovana att blanda ut kokain med laxermedel. Det är sant. Det cirkulerade nämligen någon skröna om att man blev skitnödig av riktigt rent kokain. Typ att om du testade en lina innan köp, och kände att du genast måste lägga en kabel så var det bra grejer. Sagt och gjort bankade säljarna ut pulvret med laxermedel. Tyvärr hann jag väl komma ut från Rainbow innan jag upptäckte att något var jävligt fel.

Hustler store låg som sagt i princip tvärs över gatan, och vi kom väl knappt över till andra trottoaren innan jag kände hur det mullrade oroväckande i magen. När vi kom in i butiken var jag tvungen att förlika mig med att jag skulle behöva en toalett. Ganska snart till och med. Hon tittade på mig med en förväntansfull blick där i strippornas paradis. Jag gav henne ett matt leende medan jag febrilt funderade på hur jag skulle lösa situationen. Jag övervägde att hitta på att jag glömt något på Rainbow, för att kunna springa tillbaka och använda toaletten. Fast nä, det skulle bli genant att lämna henne i butiken bara sådär. Dessutom hade jag nog hellre satt mig på ruinerna av Tjernobyls personaltoalett än använt Rainbows bombnedslag. Hustlers butik hade ingen toalett.

Jag försökte gå igenom alternativen i huvudet, och de blev bara färre och färre. Alltså, man kan inte komma hem till ett krogragg och skita sönder hennes toalett. Nej. I synnerhet inte om det är en strippa från Sunset som kanske tänkt använda toaletten för att byta om till alla festliga plagg vi stod i Hustler store för att införskaffa. Jag gick helt askgrå i ansiktet med svettpärlor i pannan medan vi tittade runt i godisbutiken. Det fanns alla möjliga exotiska klänningar i latex och bodies i rosa fuskpäls. Himmelriket var öppet, jag kunde välja och vraka. T om säkert spela in min egen porrfilm om hon var på det humöret. Hon plockade ner något raffset i svart och rosa. Jag kunde inte ha brytt mig mindre.

    — *Vad tror du?* Frågade hon med ett leende medan hon höll plagget retsamt framför sig.

    — *Mm.*

Hon såg lite besviken ut över mitt till synes bristande engagemang. Till mitt försvar hade jag aldrig varit så skitnödig i hela mitt liv förut. Det fanns liksom inget jag kunde säga för att den här kvällen skulle sluta som jag hade velat. Så varför säga någonting alls, resonerade jag. Utan ett ord vände jag mig om och halvsprang mot utgången. Det var på Sunset Strip, så det var bara att ropa in en taxi. Jag hoppade in taxin och vrålade åt chauffören att trycka gasen i botten.

Jag sprang ut ur taxin och försökte knäppa upp jeansen i farten på väg upp mot min ytterdörr. Att sätta sig på toaletten var så nära en religiös upplevelse man kan komma. Jag försöker än idag trösta mig med att det nog var bättre än sex i vilket fall. Och jag hoppas min berättelse kan statuera exempel på varför man inte bör ta droger.

På sätt och vis var jag lite som Forrest Gump i skolan. Jag var inte bra på någonting, förutom att springa. Vilket är lite konstigt eftersom jag rökte rätt duktigt. Men jag gillade ju musik, och fann någon slags terapi i att maxa volymen på min freestyle och bara springa. För er ungdomar var alltså freestyle den svenska benämningen på det som i resten av världen hette Walkman. En bärbar kassettspelare man kopplade till hörlurar. Om du är för ung för att veta vad en kassett är så kan man säga att freestyle var som en smartphone med Spotify, men det gick inte att ringa. Hur som helst uppmärksammades min förmåga att springa när jag så skulle mönstra till militärtjänstgöring.

På den tiden var det helt obligatoriskt. Dom skämtade inte, man åkte in på kåken om man vägrade. Det var inget tomt hot. Själv var jag väl inte så bekymrad. I Vietnamkrigsfilmer såg allting så otroligt chill ut. Folk gled runt med ett ciggpaket fäst på hjälmen och lyssnade på Jimi Hendrix. Att bli torterad av viet cong i ett fångläger såg väl däremot inte så coolt ut, men just den biten behövde jag nog kanske inte oroa mig för. När de då föreslog att jag skulle bli någon slags jägare uppe vid nordpolen så lät det rimligt.

K4 kändes dock som en mardrömslik snedtändning på shrooms. Jag blev pressad till den absolut fysiska gränsen av vad jag klarade av. Till skillnad från mina kamrater fann jag ingenting häftigt eller utmanande i det hela. Resten av gänget var för övrigt en historia för sig. Klientelet bestod i huvudsak av gapiga skinheads som var öppet nynazistiska och läste Guns & Ammo. De möttes i en gemensam kultur av att lyssna på vit makt-musik och dricka öl, samt att de alla blivit ratade av mer seriösa jägarförband. Kustjägarna ville liksom inte ha instabila knäppgökar som snackade om att gå runt med eldkastare i Rinkeby. K4 var papperskorgen för psykopater och missanpassade vapenbögar. Jag grät mig själv till sömns de första veckorna, sen orkade jag inte ens bry mig. Det var som att jag gled fram i fältcoma resten av lumpartiden.

Jag slets mellan Linda och tillvaron i militärtjänstgöringen. De få gånger jag hade permission var jag så utmattad att jag ville komma hem och sova i två dygn. Jag orkade inte sitta uppe hela nätterna och dricka sprit eller bli hög på tjära. Missförstå mig inte, jag älskade det. Men det gick inte. Jag hatade att behöva befinna mig uppe i Norrland medan Linda levde ett normalt (nåja) liv hemma i Stockholm. Jag hatade att jag inte kunde älska och festa när jag väl fick träffa henne. I backspegeln inser jag att jag led av någon sorts lättare depression. Linda blev som en svart klump i bröstet som bara växte sig större och större.

Jag var ung och visste inte bättre. Jag blev den där snubben. Den där snubben som desperat försöker få kontroll på saker på helt fel sätt. Jag bestämde sålunda att Linda inte fick hålla på och dricka längre. Och den där tjäran skulle hon ge fan i. Så var det bara. Och den där jävla Anders skulle hon definitivt ge fan i att hänga med. Så det så. Den där metoden har inte fungerat för någon, någonsin.

Anders var någon lallare från södra sidan av stan. Han rökte gräs men försåg Linda med tjära lite då och då, och dök upp allt som oftast på fester och tillställningar. Jag hade sett honom. Han var kär i Linda, det kunde vem som helst se från en mils avstånd. Linda hävdade dock envetet att hon inte alls kände något för honom. Det spelade ingen roll, röt jag. Hon fick inte träffa honom. Och definitivt inte röka hans skit. Faktum var att hon i princip skulle sitta hemma på sitt flickrum tills jag muckat från lumpen. Men där var vi nog inte riktigt överens. Min desperation växte till en svart sten i bröstet. När jag fick tid ringde jag från kasernen till Linda, och försökte styra och ställa som någon jävla stropp. Det hela slutade naturligtvis i katastrof. Jag hade legat inne i sex månader när Linda skrek i telefonen att hon minsann hade knullat med Anders.

Jag hade lätt tagit tortyr från viet cong jämfört med det samtalet. Det var som att jag slängdes ut på ett oändligt fält av hopplöshet. Jag var fast i den här hålan, hundra mil från Linda. Jag kunde inte göra någonting. Ingenting. Jag släppte luren och sjönk ner på golvet. Det var den sista gnuttan av liv och hopp som försvann ur min kropp. Idag kan jag konstatera att jag bara hade mig själv att skylla, men jag såg det inte på det viset då. Det var bara så fruktansvärt orättvist och hopplöst. Jag var fast i vad som kändes som ett fängelse av sorg och vrede. Ett tag övervägde jag att smuggla ut bössan på någon permission, hitta den där jävla Anders och trycka ner pipan i halsen på honom. Och tvinga honom att välja mellan en kula i käften eller en handgranat i byxorna. Det hade jag naturligtvis aldrig gjort, men att jag fullkomligen njöt av tanken skrämmer mig.

Det samtalet var det sista jag hörde från Linda. Jag muckade ett par månader senare och svor på att aldrig sätta min fot norr om Uppsala igen. Det har väl gått sådär, men det är ju tanken som räknas. Väl hemma föll jag rätt snabbt in i gamla destruktiva vanor att dricka för mycket fulsprit och röka tjärbollar. Jag var fortfarande uppriven och ledsen över Linda. Jag intalade mig själv att jag nog kommit över henne. I själva verket tillät jag mig nog inte mig själv att sörja uppbrottet och gå vidare. Det var lättare att fly. Jag fick bara ont i magen när folk berättade att Linda sett mitt band spela på Kolingsborg. Och jag kunde bara vara tacksam att jag inte sett henne i publiken. Jag hade helt garanterat gått sönder där på scenen.

När vi då fick erbjudande att vara förband i till något brittiskt band i London var det för första gången på väldigt länge som jag kände mig glad och hoppfull igen. Jag bestämde mig för att stanna i England, musikscenen var som en helt annan galax där. Det som beseglade mitt öde var antagligen när det där brittiska bandet hörde av sig, deras gitarrist hade hoppat av. Och de kom ihåg mig i förbandet. Jag hade tydligen försökt lära Spike att sjunga snapsvisor.

"Du återkommer ofta till Anders i ditt berättande. Och din osäkerhet över om vi hade sex eller inte. Det är mitt fel och jag förtjänar det tvivlet. Men vi hade aldrig sex. Han var kär i mig, det kunde vem som helst se. Vem som helst kunde också se att jag var helt ointresserad av honom. Men du låg inne och var inte där och kunde se någonting.

Det var en konstig tid som var plågsam för oss båda. Jag kunde nog inte förstå vad du gick igenom. Istället tyckte jag synd om mig själv för att jag aldrig fick träffa dig. Och när vi väl träffades var du utmattad och frånvarande. Du blev konstig. Numera förstår jag att du led och försökte ta dig igenom en påtvingad plåga med de verktyg du hade till buds. Istället för att vara där för dig så vände jag mig emot dig. Jag visste inte bättre och jag är ledsen för det.

Jag ljög om att jag låg med Anders. För att komma bort från dig. Du får tro vad du vill om det, men det är sanningen."

"DOGTOWN"
LOS ANGELES CA90291
Linda

Linda skulle egentligen bara hälsa på. Eftersom jag bara kortvarigt tänkt bo i Los Angeles. Inget av det skulle visa sig stämma. Och ingen av oss hade någon plan med någonting i livet. Det mesta bara hände från dag till dag. Det var en bekymmerslös tid där vi inte tycktes ta ansvar för någonting. Allra minst oss själva. Vi visste att vi inte levde ett normalt liv som de flesta andra, och vi satte ett värde vid det. Det gav oss en tillhörighet till varandra. Som att vi var en elit av utanförskap.

Jag väntade vid den ankommande terminalen. När Linda fick syn på mig släppte hon väskorna och rusade mot mig. Det här var mycket långt före 9/11 och hennes uppförande verkade därför inte bekomma säkerhetspersonalen. Vi möttes i en intensiv kram där hon lutade sitt huvud mot mitt bröst. Jag blev så otroligt lycklig av att känna hennes kropp andas. Vi stod så länge utan att behöva säga något till varandra, vi behövde inte. Vi bara lyssnade på varandras andning. Jag visste att jag hade saknat henne, men inte hur mycket. Det var så fantastiskt att hålla om henne att det nästan gjorde ont.

Hennes kompis Viktoria hade fått samla upp Lindas tillhörigheter, och kom svärandes med en bagagevagn som såg ut som ett berg av resväskor. Jag kände igen henne, hon tillhörde kretsen runt Kolingsborg. Hon var lite av en goth med sitt svarta tuperade hår, kort kavaj i svart och röd sammet och silversmycken.

— *Jaha, här står du och hånglar medan jag får städa upp dina väskor, va!* Sa hon med ett flin och låtsades låta stött.
— *Åh, men..du förlåt! Det här är Peter!* Svarade Linda glatt.

– *Vet du, jag listade nästan ut det när du började springa. Hej, Viktoria.* Presenterade hon sig och höll fram handen.

– *Hej, Peter. Fan va kul att ni kunde komma!* Sa jag och tog hennes hand.

– *Vi har träffats förut väl?* Sa hon eftertänksamt.

– *Eller hur? Jag tyckte jag kände igen dig.*

Det var en lättnad att Viktoria verkade okej. Jag var lite rädd att Linda skulle dra med sig någon stel kuf. Just det där tillfället, där och då, är ett av de minnen jag vårdar ömt. Jag trivdes utmärkt i Venice, men det här kändes som att komma hem. Det var så fantastiskt att höra folk tala svenska. Att hålla Linda tätt mot mig var som en pusselbit sattes på plats. En bit av mig själv som jag inte ens visste om hur mycket jag saknat. Jag satt tyst medan jag körde oss hem till Venice, jag bara njöt när tjejerna tjattrade svenska och stojade i bilen. Just då var det bättre än musik att lyssna på. Det *var* musik.

Vi blev hejdlöst berusade på stranden den kvällen. Lyckligtvis var vattnet för kallt för att bada i, det finns en bra anledning till att surfarna har våtdräkt på sig. Antagligen hade vi drunknat om vi försökt bada i det tillståndet. På ett eller annat sätt kom vi åtminstone tillbaka hem till min våning helt oskadda.

Jag vaknade med öken i munnen. I sängen åtminstone, det var bra. Det som inte riktigt stämde var att Linda låg på min vänstra sida, medan Viktoria låg på högra sidan. Båda låg i underkläderna. Jag satte mig rakt upp i sängen förvirrat och blinkade hårt. Jag slet ner täcket för att kolla om jag hade kalsonger på mig. Det hade jag. Mitt stökande fick Linda att vakna till.

– *Nä, vad sysslar du med?* Jämrade hon sig nyvaket medan hon kisade mot mig.

– *Viktoria.* Sa jag oroligt, och pekade mot min högra sida.

– *Ja? Vaddå?* Undrade Linda.

– *Alltså, gick vi och la oss alla tre i sängen? Hade vi....?* Undrade jag förvirrat.

– *Åh, jasså. You wish.* Fnös Linda nästan lite förargat.

– *Okej. Vilken tur.* Sa jag och kände mig lite besviken.

Linda smög iväg till toaletten medan jag betraktade Victoria som låg på sidan och sov. Hon hade rätt fin rumpa. Jag blev ännu lite mer besviken. Men jag kravlade upp ur sängen och fick på mig jeans och en t-shirt. Rummet snurrade och jag kände mig illamående. Jag var bakis som få, och det skulle bara bli värre. Jag tog fram den aspirinburk jag förvarade kodein i. Linda kom ut i köket och hann se mig svälja ner två tabletter tillsammans med ljummen coca cola. Hon greppade genast burken och öppnade den.

– *Vad är det för något?* Frågade hon nyfiket.

– *Kodein.*

– *Hur många ska man ta?*

– *Börja med en, vafan.*

Linda tittade busigt på mig medan hon stoppade två tabletter i munnen. Jag fnissade och skakade på huvudet. Kroppen började fyllas med den där behagliga värmen. Bakisångesten och illamåendet började samtidigt krypa tillbaka under sin sten. Jag blev alldeles känslosam när jag såg på Linda. Hon var så sagolikt söt i sitt morgonrufsiga blonda hår. Hon hade dragit på sig min tröja som var alldeles för stor. Jag fick minnesbilder av hur hon brukade ta på sig min jacka och fåna sig med hur stor den var.

– *Du, alltså, vafan hände igår egentligen?* Undrade jag.

– *Äh, vi drack bara massa. Inget hände.*

– *Hur fan hamnade Viktoria i min säng?*

- *Tror du på allvar att hon skulle sova i din soffa eller vad du nu vill kalla det?*
- *Vafan är det för fel på min soffa?!*
- *Det är ett jävla bilsäte!*
- *Ja...men...det är snyggt.* Protesterade jag.
- *Jösses.* Linda rullade med ögonen.
- *Nähä. Men för mig är det okej om ni vill "sova" med mig i sängen.* Jag gjorde citationstecken med fingrarna.
- *Din lilla...våga inte ens peta på henne!* Fnissade Linda.
- *Ska du ha henne för dig själv eller?* Flinade jag.
- *Nä. Jag vill ha dig för mig själv.*

Jag visste inte riktigt vart vi var med varandra. Vi hade umgåtts fram och tillbaka efter England utan att bestämma oss för vad vi ville göra. Men det var rätt uppenbart vad hon ville här och nu. Och jag visste vad jag ville. Vi såg på varandra med blanka ögon som badade i ett morfinrus. Jag drog henne intill mig och kysste henne. Det var passionerat och genuint på ett sätt jag inte upplevt sen vi var i Stockholm. Jag blev än mer berusad av hennes dofter av vanilj och frukter om våren. Utan att behöva säga det visste vi båda att vi var tillsammans igen. Hon var min.

"Tönt. Vi hade visst trekant. Hon bodde liksom med oss i nästan två månader. Hon och jag planerade till och med hela grejen för att du skulle bli mer medgörlig. Och du är så jävla lättlurad. Och kille. Jag fick ju flytta in direkt. Och sen försöker du få det att låta som att du knappt visste vem Vicky var. Jag vet att du var intresserad av henne strax innan du åkte till England. Du åkte till och med till Sverige, hälsade på henne och skröt om att du minsann bodde i London och hade dig.

För övrigt så ja, din så kallade soffa var ett gammalt bilsäte. Så otroligt trashigt. Jag vet att jag sa att jag sålde den. Men vet du, jag slängde den. Hör du det va, slängde!"

Linda

Det var kärlek vid första ögonkastet med opiater. Opiater är alltså samlingsnamnet för alla morfinliknande preparat i varierande styrka. Man brukar ju säga att det finns en partner för alla någonstans ute i världen, det gäller bara att hitta den personen. Jag när en egen teori om att alla på samma sätt har ett vilande missbruk som väntar på att upptäckas. Vare sig det gäller narkotika, porr, spel eller alkohol. Många alkoholister menar att de i backspegeln kan konstatera att de var fast redan efter första drinken. Det är liksom något som klickar direkt. Andra kan vara välsignade med att inte vara så förtjusta i alkohol alls under ett helt liv, men en dag råkar de prova ett nätcasino. Jag har provat alla möjliga preparat och konstigheter, men de var alla bara älskarinnor och tillfälliga förbindelser. Opiater och morfinruset var obönhörligen min sanna kärlek.

Jag tror jag var fast det där ögonblicket när Linda blåste rök i mitt ansikte för första gången. Det var som att det väckte ett väsen inom mig som legat i dvala och bara väntat på morfindoften.

Fiona var där när jag vaknade på riktigt. Man får ingen direkt baksmälla av opiater, tyvärr. Jag hade vaga minnesbilder av att hon försökt prata med mig när jag var halvt väck. Ralph hade försökt få tag på mig. När det inte gick hade han fått tag på Fiona som blev orolig. Hon hade nyckel till min egen lägenhet och hittade mig medvetslös. Trots att jag var i hennes onåd blev hon livrädd och lyckades på något sätt få ur mig vad det var jag hade petat i mig. Hon hittade kapslarna i mitt cigarettpaket. Eftersom det var kapslar hade hon ringt en kompis som var sjuksköterska. Tillsammans hade de listat ut att det var tramadol. Hon ville inte ringa ambulans eftersom hon misstänkte att det kunde bli problem med polisen. Lyckligtvis hade hennes kompis lyckats lugna ner henne. Jag andades normalt och det gick att få kontakt med mig. Alltså kunde det nog inte vara någon större fara. Men Fiona vakade över mig medan jag sov.

– *Du är ju fan helt dum i huvudet! Förstår du hur rädd jag blev?* Sa hon dramatiskt.

– *Du bara lämnade mig, jag är väl inte ditt problem.*

– *Det går ju fan inte att lämna dig! Du är ju som ett barn! Kolla vad som händer!*

– *Okej, det blev lite mycket. Du har druckit för mycket nån gång, det är samma sak. Sluta nu.*

– *Vart fick du kapslarna ifrån?*

– *Jag...köpte dom.* Ljög jag.

– *Vart då? Av vem då?*

– *Av en snubbe.*

Jag svalde hårt. Fiona betraktade mig misstänksamt. Jag ville inte riktigt se henne i ögonen.

– *Vet du vad du sa där i sömnen, Peter?*

– *Vaddå?*

– *Du sa att du aldrig mer skulle ljuga för mig.*

– *Men jag...ljuger inte.* Ljög jag. Vad spelade det för roll vart jag fått tag på grejerna, resonerade jag.

– *Aldrig **mer**, vad var du sa. Alltså **har** du ljugit?*

– *Alltså, nej det var inte så jag menade!*

– *Säg sanningen då. Låg du med den där Linda?! Är du kär i henne?* Frågade hon med en röst som gick sönder.

Jag kände mig som en elefant i en porslinsaffär. Vad jag än sa eller gjorde så var det någonting som gick sönder. Jag hade sårat Fiona ordentligt, men det var aldrig min mening. Hon ville verkligen bara mitt eget bästa men jag hade lyckats ha sönder det också. I mitt pojkaktige sinne tyckte jag nog lite synd om mig själv för att det här bara "hände" mig.

> — *Nej! Jag låg inte med henne. Det gjorde jag verkligen inte. Men vet du, vi gick till hennes hotellrum. Ja. Vi var helt påklädda, men vi knarkade hela natten. Det var vad vi gjorde! Vi hade kul. Hon fick mig att känna mig fri. Fan, jag får ju knappt dricka för dig. Om vi två kunde ha lika kul ibland hade det här aldrig hänt!*

I mitt huvud lät det som en rimlig förklaring. Tills jag hörde vad jag just sagt. Fiona såg på mig med avsmak i blicken. Jag öppnade munnen för att säga något, vad som helst. Men det kändes som att jag bara grävde ett hål som bara blev djupare ju mer jag pratade. Tystnaden mellan oss blev total. Fiona såg ner i golvet.

> — *Du fick kapslarna av henne.* Konstaterade hon kallt med darrande röst. Men det visste vi egentligen båda innan samtalet började.
> — *Ja.* Bekräftade jag medan jag gnuggade tinningarna i hopp om att jag skulle försvinna av mig själv.
> — *Vem är jag för dig?* Frågade hon medan hon plötsligt såg mig i ansiktet med fuktiga ögon.
> — *Vad menar du?*
> — *Vem är jag? Vad betyder jag för dig?*
> — *Du...är min flickvän!* Sa jag upprört.
> — *Det här gör för ont för att vara din flickvän.*
> — *Nej, du...sluta. Säg inte sådär!*
> — *Här. Ta dom.*

Hon grävde i fickan och höll fram kapslarna hon hittat i mitt cigarettpaket. Under bråkdelen av en sekund blev jag arg över att hon bara tagit dom från mig, men känslan la sig lika snabbt som den dykt upp. Kapslarna såg helt användbara ut trots att hon haft dom i fickan. Hon hällde över dom i min handflata.

– *Om du älskar mig så spolar du ner dom. Jag menar allvar.*

ETT REGNIGT CHICAGO

Det var natten innan konsert och jag befann mig på ett hotellrum. Jag jobbade för en av de artister som gärna gjorde en pryl av att flyga första klass medan bandet tragglade runt på en buss. Det kunde vara frustrerande att ibland anlända ett halvt dygn senare och hitta honom på hotellet tillbucklad på maja och vicodin. Och andra sidan hände ibland det omvända. Som nu. Fick vi en knapp dag ledigt tänkte vi fan inte sitta nyktra på rummen och kolla på Ricki Lake. Jag var dessutom på gott humör eftersom Linda var på väg med flyg för att träffa mig.

Alla har säkert hört anekdoter om hur managers till stjärnor nådigt pekar ut en handfull lyckliga tjejer bland väntande skrikande fans, som får chansen att följa med upp på hotellet och träffa sin idol. De flesta drar sedan massa slutsatser om vad som händer på rummet. Låt mig avslöja den trista verkligheten. Fotomodeller knarkar. Ordentligt. Det är en tragisk men trots allt extremt effektiv metod att hålla sig trådsmal på. Är man på jakt efter första klassens högoktanigt knark bör man alltså snacka med brudar som ser ut som fotomodeller. De har alltid kemiskt rent heroin eller kokain. Man känner igen dom direkt på deras stylade utseende. Pupillerna bekräftar resten. Det är bara därför de blir utvalda av superstjärnor. De går oftast hem med oskulden i behåll men med nått hekto knark fattigare.

I tron om att de skulle få träffa bandets huvudperson om han nu behagade, följde de villigt med till vårt hotell. Vi mörkade effektivt att han inte ens var i stan ännu. Dom var tre tunna kvinnor som man utan problem hade fått plats att stuva in i en garderob. De såg nästan artificiella ut med sina löjligt perfekta sminkningar och lösögonfransar. Tjejerna hade mycket riktigt halva Peru i sina handväskor. Det var helt sjukt. Tillsammans hade de allt från gräs till heroin till kokain när de började tömma sina väskor på bordet framför oss. Till och med ett par kartor koffeinpiller och aspirin. Jag blev helt kallsvettig. Hade polisen sparkat in dörren där och då hade vi typ fått livstid i elektriska stolen.

– *Herrejävlar, det här var nog en dålig jävla idé.* Viskade jag.

– *Skärp dig, vi ansvarar fan inte för vad dom har i väskan. Eller hur?* Flinade Chris.

– *Du, vi är i mitt hotellrum. Det är inte bra.*

– *Äh, kom igen. Det här är ju julafton.*

Jag hade lobbat för att vi skulle hänga i just mitt hotellrum eftersom jag ville vara tillgänglig när Linda när som helst skulle anlända till hotellet. Tanken var som sagt att försöka lura av tjejerna några feta linor och lite färdkost för några dollar. Så länge de tog emot pengar skulle det bli väldigt jobbigt för dem att ringa polisen när de väl upptäckte att de aldrig skulle få ligga med någon kändis. Vi hade dock inte räknat med att de var ett vandrande jävla apotek. Det här kändes verkligen inte bra. Jag kunde inte riktigt släppa den där mardrömstanken på att polisen skulle sparka in dörren sådär som på film. Dörren till ett hotellrum som stod i mitt namn till råga på allt. Men å andra sidan hade Chris rätt. Det var rena rama julafton.

Efter en trådsmal lina av helt kritvitt smack som var tunnare än florsocker så försvann alla obehagliga tankar om poliser och dörrar i flisor. Heroinkicken sköljde över mig som en sommarvarm flodvåg, som sedan ebbade ut i ett svallvågor av ett morfinrus. Jag satt i sängen och lutade ryggen mot väggen och bara njöt. Vi var en märklig skara som befann oss i ett rum och koncentrerat skickade runt pulver och preparat mellan oss som om det vore något slags frukostbord. Chris rörde sig som vatten och sjönk ner bredvid mig. Han lutade vänskapligt sitt huvud mot min axel.

– *Hähä. Jag känner inte mina läppar.* Fnissade han.

– *Baby, jag känner inte min tunga.* Fnissade jag tillbaka.

Vi såg nog rätt bögiga ut där, lutandes mot varandra i sängen med något smygerotiskt samtal pågående om läppar och tungor. Och vi larvade oss med det. Tillräckligt för att ena heroinmodellen skulle krypa upp i sängen bredvid oss också.

– *Åh. Gud så fina ni är tillsammans. Ska ni gosa?* Frågade hon skämtsamt med släpig berusad röst.
– *Ja, såklart.* Svarade jag och klämde teatraliskt Chris över hans knä.
– *Åhå. Får jag se på?!* Undrade hon med ett fnitter och lutade sitt huvud mot min andra axel.

Alltså, jag fattar hur det såg ut. Men det var bara morfinvärme mellan oss som pratade. Man älskar allt och alla i det där ruset. Ingen av oss visste riktigt vad vi sa eller ens menade lite av det. Med det sagt inser jag att det hela kan ha sett mycket märkligt ut när Linda öppnade dörren. Hon sa inte ett ord när hon stod där i dörröppningen och blängde på oss. Jag harklade mig och försökte resa på mig ur sängen.

– *Åh, hej! Linda, äntligen!* Utbrast jag.
– *Fan heller. Du sitter snällt kvar där.* Fräste hon.

Okej, hon var arg. Hon trodde så klart vi hade någon orgie eller något. Men kom igen, alla i rummet var fullt påklädda. Det fanns ingen anledning att brusa upp sådär. Men jag sjönk lydigt tillbaka mot väggen. Jag började inse att någonting var alldeles fel när Linda utan vidare drog av sin topp, och sedan tog av sig jeansen. Mitt i hotellrummet. Hela rummet som frös till is när hon sedan stod där i underkläderna. Jag blev helt kall och fattade inte om jag skulle tro på det jag såg. Bandet stirrade. Pundarmodellerna stirrade.

– *Men du, baby, kom igen för fan!? Kan vi inte...* Protesterade jag men blev avbruten.

– *Håll käften.* Sa hon kallt med en mycket behärskad röst när hon stod där halvnaken.

Dave satt på en stol i hörnet med halvöppen mun. Hans blick flackade mellan mig och Linda med ett förväntansfullt flin. Det såg ut som han gjorde sig beredd på att hoppa upp ur stolen om nånting knäppt skulle hända. Hans grej var mer kokain varpå hans tankar måste ha gått på högvarv. Jag försökte diskret hålla upp en handflata som signal att bara ta det lugnt. Samtidigt hörde jag hur Chris svalde hårt bredvid mig.

– *Du!* Väste Linda uppmanande till pundarbruden som tills nyligen suttit lutad mot min axel, men nu satt spikrak upp i sängen som en skolelev på kvartsamtal.

– *Yes, ma'am.* Svarade hon ynkligt. Den frasen kommer inte till sin fulla rätt översatt på svenska.

– *Vart är heroinet?*

– *På bordet! Det silvriga etuiet!* Svarade hon nervöst och pekade för säkerhets skull ivrigt mot det enda bordet i rummet.

Alla stirrade fascinerat medan Linda satte sig på knäna framför bordet, och sedan ilsket sög i sig det vita pulvret i ena näsborren. Hon blinkade kraftigt ett par gånger och drog en djup suck. Jag hade ingen aning om vad hon sysslade med. Kvällen började helt galet. Men det här var helt vansinnigt. Jag fattade att hon fått helt fel uppfattning om vad som pågick i rummet. Och jag hade spelat med för att inte göra henne ännu argare. Nu började jag fundera på om jag skulle tvingas brotta ner henne om hon försökte göra någonting riktigt dumt.

– *Du och dina slampor måste vara helt dumma i huvudet om ni tror att dom här töntarna kommer släppa in er backstage.*

Hon sa det lugnt med värme i rösten till bruden i sängen. Nästan ömkande. Heroinet måste ha börjat verka i hennes hjärna. Hennes nertonade attityd fick mig att slappna av. Hon gick fram till sängen med kaxiga steg medan ett segervisst leende växte i hennes ansikte. Jag andades ut, alla andades ut. Inget galet hände. Hon satte sig i sina underkläder på sängen. Framför mig, Chris och pundartjejen. Linda sträckte ut sin hand mot mig. Jag tog den och kramade den kärleksfullt. Hon hade visat tjejerna vem som bestämde, med råge. Det verkligen kändes hur hela rummet fick luft. Till och med Dave hade lutat sig tillbaka i sin stol i hörnet medan han skakade på huvudet med ett fnitter.

— *För det andra, och det gäller dig också Chris, så är han min och ingen annans.*

Hon knäppte upp min gylf till ett sorl och fniss som gick genom hela rummet. Vi knullade i sängen inför publik. Det var ju trevligt för all del, men kändes mer konstigt än någonting annat. Jag tvivlar på att hon tyckte det var det häftigaste sexet någonsin heller. Men hon fick fram en poäng och det var kristallklart. Jag skulle helt enkelt ge blanka fan i att hålla på och smågosa med andra kvinnor. Eller med Chris för den delen. Det senare lyckades jag utan problem att hålla mig ifrån.

"Jag var mer än väl medveten om att ni brukade lura tjejer på droger. Ibland pekade jag till och med ut dom åt er. Och ni i bandet var mycket riktigt påklädda när jag kom dit. Men nu var det så att tjejerna på rummet var nakna. Helt nakna. Klart som fan jag blev förbannad. Två av dem höll till och med på och skulle låtsashångla med varandra för att få er uppmärksamhet. Ni var i och för sig alldeles för väcka för att märka det. Men jag blev sur på riktigt. Jag vill minnas att Corey tog foton och att det någonstans kan finnas bevis för att jag har rätt.

För övrigt har jag alltid undrat över din och Chris relation. Ni var nära varandra på ett sätt jag nog aldrig sett män vara förut. Jag undrar om jag kanske hade all anledning att vara lite svartsjuk på honom. Det var nog mer än vänskap som pågick där."

Linda

FAIR OAKS
LOS ANGELES, CA91103

Amy kom från de ljusskygga kvarteren i New Jersey. Med sitt italienska påbrå både lät och förde hon sig som ett avsnitt av The Sopranos. Vilket gav ett stenhårt intryck, och hon älskade det. Hennes tatuerade armar och sexuellt provocerande attityd skrämde fullkomligen skiten ur svennebanan. Med en trasslig bakgrund och uppväxt i hårda kvarter var det en överlevnadsstrategi hon perfektionerat till en livsstil. Hon var inte typen som skällde ut folk när någon jävlades. Hon var den typ av brud som istället drog fram en rakkniv och förklarade hur Jesus led på korset. På alla sätt var det helt logiskt att hon var tatuerare. Dessutom var hon duktig, och figurerade till och med i en realityshow om tatueringsscenen i Los Angeles.

Hennes pladder var som musik, jag älskade att sitta och lyssna på henne när hon svamlade. Hon kunde verkligen inte hålla tyst. Vissa trummar med fingrarna eller bygger ett piano om de blir rastlösa. Amy pratade istället. Med sin klingande Tri-state som inte går att härma var det som att sitta och lyssna på någon gangsterfilm från fyrtiotalet. Det var besynnerligt avslappnande att lyssna på.

— *Vet du vart papegojorna kommer ifrån? Jag kan berätta om du vill. Eller, jag kommer berätta det ändå. Även om du inte vill, menar jag. Bara så att du vet. På trettiotalet, eller om det var tjugotalet kanske, så låg det en djuraffär precis granne här. Som sålde papegojor. Alltså, dom sålde givetvis andra djur också. Du vet, hundar och katter och grejer. Kanske inte ormar då, men papegojor i alla fall. Ja. Hörru, lyssnar du?*

— *Jaja, jag lyssnar.* Svarade jag roat.

— *Avbryt mig inte då! I vilket fall så började djuraffären brinna. Fattar du? Så vad gjorde stackarn tror du? Alltså ägaren menar jag. I ren panik*

*släppte han ut alla djur. Bara sådär på gatan. Vind för våg. Papegojorna
också. Det var som ett jävla zoo längs hela gatan! Helt sjukt, tänk dig
krokodiler och fiskar och minkar överallt.*

– Jag tvivlar på att djuraffären sålde krokodiler. Konstaterade jag matt.

– *Jamen käften, idiot. Lyssna nu, alltså papegojorna började föröka sig.
Som fan. Här i skogen. Det ser ju ut som rena rama Amazonas. Häftigt
va?*

Vi satt på hennes veranda i morgonskuggan och tittade mot
skogspartiet som gränsade till hennes gräsmatta. Hundratals färgglada
papegojor dekorerade den kaliforniska växtligheten så långt man
kunde se. Med de distinkta palmträden såg det faktiskt ut lite som en
exotisk djungel i Amazonas med alla papegojor. Det var fantastiskt
vackert i den gyllenskimrande stigande solen. Och jag behövde allt
vackert jag kunde få. Jag var skör som en istapp efter avgiftningen.
Amy körde upp mig på morgnarna för att få ut mig i friska luften.
Kroppen värkte inte längre, men i huvudet lät det som när någon drar
naglarna mot en griffeltavla. Amy hade hämtat mig från kliniken och
kört mig hela vägen från San Diego. En plågsam bilresa där hennes
lugnande röst var som en fyr i ett stormande hav.

Jag hade sett den vykortsliknande naturen varje morgon utan att
förstå hur vackert livet ändå kan vara ibland. Anblicken av de fria
vilda exotiska fåglarna fick mig att börja snyfta hjälplöst. Amy kysste
mig ömt på pannan och la armen om mig. Jag lutade mitt huvud mot
hennes böljande hår som doftade persika och mango. Hon strök mig
över håret och gav mig en tröstande blick.

– *Du, vi måste få i dig nånting sött. Du behöver socker.* Sa hon varmt.

– *Nej, snälla. Du tack, men inte socker.* Svarade jag matt.

– *Jodu. Det sa läkaren. Och då är det sant. Han var läkare väl? Eller var
han mer typ som en medicinman? Han kan säkert ha varit indian i vilket
fall.*

114

– *Jamen...*

– *Vill du ha choklad? Eller en frappe? Alltså, var han indian eller inte? Du vet väl att det bodde indianer här förr i tiden?*

– *Jösses. En frappe då.*

Hon tillverkade en gudomlig frappuccino med italiensk kärlek och mörk choklad. Jag fick lite mer energi i kroppen och kände mig bättre. Amy lyfte upp sina solglasögon i pannan och betraktade mig nyfiket från sin stol.

– *Vill du tatuera?* Kvittrade hon förvånansvärt kort.

– *Va?*

– *Ja, vi behöver sysselsätta dig med något. En ny hobby. Istället för att peta i dig skit. För det får du inte längre. Varken för mig eller indianen.*

– *Jag tror han var samoan.*

– *Alltså, du verkar ju inte ha en jävla aning om vart han kommer ifrån. Jag vet däremot att du borde prova att tatuera. Du kan ju rita.*

– *Jag? Tatuera?* Svarade jag skeptiskt och smakade på min frappuccino.

Amy visade hur man monterade en tatueringsmaskin. Det första jag någonsin tatuerade var skalet på en banan. Alla möjliga frukter är faktiskt rätt bra övning att ta de första staplande stegen med. Jag fastnade direkt. Det fanns så många olika tekniker och variationer att jobba utifrån. Jag fångades av att det faktiskt kändes som ett hantverk mer än bara att rita. Det var både intressant och kul att lära sig. Amy förevisade allt jag frågade om. Hon kunde prata i timtal om skuggning eller vilka nålar som passade bäst till olika ställen på huden. Jag uppgraderade frukterna till grishud efter ett tag. Spill från slakterier gick att få tag på kilovis till billigt pris. Efter några månader började jag få in rätta knycken. Det är bara det att det är stor skillnad på att tatuera död och levande hud. Jag vägrade dock hårdnackat länge att faktiskt prova att tatuera någon. Det verkade för läskigt. För permanent.

- *Bara gör det. Gör det då! Bara sätt ner nålen och kör som vanligt. Sluta tramsa nu.* Klagade hon när hon satt framför mig.
- *Men tänk om det blir fel?!*
- *Alltså, måste du vara en sån tönt ibland? Jag har för fan tatuerat dig, nu får du fan tatuera mig. Bara gör det nu! Gööööör det!*

Och ja, jag gjorde det. Jag tatuerade ett streck. På en livs levande människa. Det var helt galet. Galet roligt. Det var det där första strecket som tog mig över på andra sidan. Det var bara ett centimeterlångt streck först. Men blev en hyfsad förstatatuering till slut. Jag kände direkt att det här kunde vara en mer meningsfull hobby än att peta i mig narkotika.

"DOGTOWN"
LOS ANGELES, CA90291
Ångest

Jag hade lovat att vara hemma för flera timmar sedan. Jag hade inte träffat Linda på nära två veckor. Problemet var att jag befann mig i Phoenix istället för hemma. Det faktiska problemet på riktigt var kanske snarare att jag var på en bar, full som en tok. Alkohol bedövade den där törsten efter morfinruset. Jag kände mig inte skitcool när jag ringde från en telefonautomat utanför toaletterna. Som en skitunge i skolan som skulle försöka lura i läraren att hunden ätit upp min läxa. Det började bara bli pinsamt med samma charad varje gång.

– *Alltså, det blev något fel på planet. Dom var tvungna att vända och landa i Phoenix igen.* Ljög jag.

– *Mm.* Svarade Linda ihåligt.

– *Något tekniskt fel tror jag. Vad skulle dom göra liksom?*

– *Okej.*

– *Kom igen, är det mitt fel att flyget strular?* Klagade jag när jag hörde hennes misstrogna röst.

– *Givetvis inte. Ingenting är någonsin ditt fel.* Svarade hon ironiskt.

Jag suckade och tände en cigarett. På alla sätt var jag avundsjuk på att Linda alltid var så ärlig. Egentligen är det rätt enkelt, hur illa sanningen än är så är det alltid bättre att bara säga som det är. Problemet var nog att jag ännu inte slagit i väggen ordentligt där man tvingas inse det. Linda hade däremot behövt tampas med det rätt tidigt. Som i England när hon försökte övertyga mig om att hon bara ljugit om att hon varit otrogen. Det blev naturligtvis omöjligt för mig att veta vad jag skulle tro på. Och omöjligt att veta om jag någonsin skulle kunna lita på henne igen. Det var frustrerande för henne även om det var självförvållat. Jag antar att hon efter det försökte förhålla sig religiöst till sanningen för att sakta bygga upp ett förtroende igen. Det fungerade. Jag själv var dock inte riktigt där än så att säga.

– *Men alltså, jag hoppar på nästa plan. Det går ett...om några timmar.*

– *Okej.*

– *Jag tar bara en öl medan jag väntar.*

– *Visst.*

– *Men fan, håll inte på sådär nu. Vi syns ju snart.* Gnällde jag.

– *Då så.*

Jag kände mig uppgiven när jag la på luren. Sån här skit bara hände mig. Varje gång. Jag hade bara tagit en öl med grabbarna innan flyget. En öl blev till tolv och flyget kändes inte lika viktigt längre. Det fanns alltid nästa flyg. Jag höll på att sabotera både min trovärdighet och relation för rena rama skitsaker. Det var inte värt det, någonstans. På något bisarrt vis hade det nästan känts mer värt om jag hade haft en otrohetsaffär som jag smög med och hittade på dåliga ursäkter för. Men nu var jag bara helt enkelt vårdslös med löften och sanningar.

Grundproblemet var att jag aldrig prioriterade mina förhållanden. Vem jag än var tillsammans med för tillfället. Flickvänner hamnade alltid på andra plats. Mina egna förehavanden för stunden var alltid första prioritet. En flickvän var någon som dök upp och var lite mysig, men i praktiken mest en statist i mitt liv. Sen stod jag där som en förvånad fåntratt när hela skiten kraschade. Inte sällan utan att på köpet att tycka synd om mig själv för att jag blev dumpad. Som Linda så ironiskt påpekat, ingenting var ju någonsin mitt fel.

Jag var fortfarande full när jag vaknade. Och jag hade ingen aning om vart jag var. Det såg ut som ett vardagsrum åtminstone. Hela bandet låg utspritt på soffor och fåtöljer som i en tvättäkta knarkarkvart. Vaga diffusa minnen om efterfest började dyka upp i bakhuvudet. Det var fullständigt dagsljus utanför. Jag försökte orientera mig medan jag letade efter en cigarett. Paniken och ångesten grep klorna i min rygg när det sakta gick upp för mig att jag återigen helt krökat bort ytterligare ett löfte till Linda. Jag fick bara en tanke i huvudet - jag måste hem. Linda skulle vara fullständigt rasande och bindgalen. I bästa fall alltså.

Yr och illamående röjde jag runt som en galning tills jag hittat och samlat ihop mina saker. Jag bokstavligen sprang ut på gatan. Utan en aning om vart jag befann mig. Lyckligtvis förirrade jag mig strax ut på vad som såg ut som en större huvudled varpå jag kunde få tag på en taxi.

– *Till flygplatsen, tack.* Sa jag med hes röst till taxichauffören.

– *Det ordnar vi.*

– *Hur långt är det?*

– *Sådär femtio minuter i den här trafiken.*

– *Okej. Vad är klockan förresten?*

– *Kvart över ett.*

Jag blev helt kall. Jag hade hoppats och trott att klockan kanske var sex på morgonen. Min redan urusla plan hade varit att åka till flygplatsen från baren och vara hemma strax efter midnatt. Och försöka släta över min sena ankomst med goja om flygplan med tekniska fel. Tänk om Linda trodde jag var död nu. Det hade i och för sig varit bra, då kanske hon åtminstone skulle bli lite glad att se mig. Men förmodligen hoppades hon vid det här laget nog istället på att jag faktiskt var död. Själv önskade jag att jag var stendöd.

Det var en plågsam väntan på flygplatsen. Nästa flyg gick om fyra timmar. Jag vågade inte riktigt ringa till Linda. Man känner sig så maktlös när man sitter och ska försöka förklara sig över en telefon. Man ser inte personens ansiktsuttryck eller kan läsa av den andre. Dessutom vore det riktigt korkat att försöka påstå att jag nu faktiskt var på flygplatsen. Även om det ju var helt sant den här gången. Jag botade min ångest med för dyr whiskey på flygplatsbaren medan jag räknade minuter.

Lägenheten hemma i Venice var kall och tom när jag äntligen klev innanför dörren. Den såg lite för städad ut vilket bara betydde att Linda måste varit arg. Hennes skor och jacka var borta. Linda var borta. Jag försökte samla ihop mig själv och landa i att jag åtminstone nu var hemma. Ångesten tog återigen tag i mig när jag satte mig med en suck på sängen. Jag kände mig så jävla dum. Som en komplett idiot. Vilket bara var helt sant. Jag saknade henne så det gjorde ont i bröstet men hade ingen aning om vart hon var någonstans. Inte heller visste jag om hon ens tänkte komma tillbaka. Någonsin. Det här var exakt det jag utsatt henne för. Men nu satt jag där själv. Det var bara rätt åt mig, men det var outhärdligt att inte veta var hon var.

Jag satt där på sängen helt orörlig i mörkret och lyssnade på det tilltagande nattsorlet av människor i en avlägsen värld utanför. Ensamheten var som en ocean av vatten som pressade ner mig i djupet. Visst älskade jag Linda, men jag hade nog inte förstått riktigt hur mycket förrän nu.

"Jag undrar helt ärligt varför du ens bemödade dig med att ringa dom där samtalen och bara svamla struntprat. Hade det inte bara varit bättre att inte ringa alls?"

Linda

LOS ANGELES
Nutid, cirka 2017

Staden har inte förändrats nämnvärt sedan kravallerna under nittiotalet. Det enda som är lite tråkigt är att stora delar av Sunset strip är rivet och ombyggt. Landmärken som House Of Blues och Hustler store existerar inte längre. Men världen förändras, allt annat är nostalgi. Det är en surrealistisk känsla av minnenas allé varje gång jag kör genom West Hollywood och betraktar människorna och miljön. Det slår mig att den stora skillnaden nu från då är att alla jävlar går omkring med mobiltelefoner.

Jag hyrde en lägenhet i Pasadena. Ett lite vuxnare område, lite mer "burbs", lite fler fotbollsmammor och knegare. Men jag slås av hur liten världen egentligen är. Hemma i Sverige, som faktiskt till slut börjar kännas som hemma igen, hade jag dejtat en amerikansk kvinna. Hennes bakgrund är en spegelbild av min. Hon kom till Sverige som ung vuxen för att jobba för ett större skivbolag. En miljö som är lika galen överallt i alla länder. Hon förälskade sig i landet och kulturen och har nu bott hela sitt vuxna liv i Sverige.

Det var hennes son som satt i mitt baksäte. Alex, döpt till ett namn som klingar lika bra på engelska som på svenska. Han var sexton år gammal, född och uppvuxen i Stockholm, men var även amerikansk medborgare sedan födseln. Han hade mirakulöst lyckats övertala sin mamma att få följa med mig på jobb i LA. Vi kom förvånansvärt bra överens trots att han var en tonåring som var smärtsamt medveten om att jag är en snubbe som ligger med hans morsa. Det berodde sannolikt på att han var aspirerande ung musiker med drömmar och förhoppningar att viga sitt liv till intresset. Han var en skitmysig ung grabb som jag trivdes med att ta hand om. Det var trots hans arv första gången han befann sig i USA, och han var som uppslukad av den nerv av galenskap som går genom kontinenten.

I korsningen av Vine och Hollywood stod ett gäng unga kvinnor och poserade i underkläder framför en väggmålning till vad som föreföll vara någon sorts arrangerad reklamfotografering. Min jämnårige musikerkollega John satt i passagerarsätet. Vi utväxlade en snabb blick och båda flinade när vi insåg att vi tänkte samma sak. Dom där brudarna lär ha riktigt bra grejer i handväskan. En reflektion från en svunnen tid som vi båda lämnat bakom oss. Alex reflektion av synen var dock lite annorlunda.

– *Åh jävlar i hela helvete! Stanna bilen, jag har aldrig sett så många tuttar i hela mitt liv!* Bräkte han i baksätet på engelska.

Alex var dubbelspråkig. Han pratade perfekt engelska med klingande Arkansas-accent, och svenska med hörbar stockholmska. Jag tänker att det måste kännas udda att växa upp med ett modersmål man sällan kan använda i det land man bor i. Och att plötsligt komma till ett konstigt land där alla pratar modersmålet hela tiden. Det måste ha varit både konstigt och fascinerande. Och för all del är det säkert också fascinerande att få se massa tuttar när man är sexton. Men det är ingenting jag tänker stanna bilen för.

– *Aldrig sett tuttar? Och jag som trodde ni ungjävlar praktiskt taget bodde på Internet.* Skrockade jag från förarsätet.
– *Lyssna här nu, jag är ingen ungjävel längre. Jag är typ vuxen.* Svarade han trumpet.

Både John och jag föll helt hjälplöst in i ett gapskratt. Grabben hade sett tuttar och ansåg att han var vuxen. Det var egentligen en rimlig tanke. Jag var ju också vuxen när jag rökte tjära och sprithånglade med Linda i tonåren. På gott och ont var det en fantastisk tid, men också en tillvaro som bara ledde ner i helvetet och tillbaka. På alla sätt är jag glad och tacksam att det Alex såg var tuttar och inte kemiskt rent heroin. Jag var nästintill avundsjuk på Alex fullkomliga oskuldsfullhet och naivitet. Han var som en främling i ett främmande land trots att han kanske egentligen befann sig där han hör hemma.

- *Alltså...ni båda är så jävla bögiga. Tittade ni ens?* Mumlade han från baksätet.
- *Fan. Ska vi kanske släppa av honom vid en strippklubb och hämta upp honom imorgon?* Undrade John skämtsamt.
- *Strippklubb?!* Utbrast Alex förväntansfullt och satte sig spikrakt upp i baksätet.
- *Det var ett skämt!* Ropade både John och jag i kör, vilket fick oss att skratta igen till Alex förtret.

Nere på Fairfax fastnade vi i en bilkö. En mörkhyad mager man i slitna kläder stod på trottoaren med en tummad pappersmugg och gestikulerade mot bilarna. Tiggarna i LA är ofta lite mer fysiskt engagerade än tiggare i Sverige som oftast sitter still. Den här mannen var synbart påtänd av någonting garanterat olagligt och gjorde spattiga, spretiga rörelser med armarna. Han sysslade med någon sorts breakdance-balett eller liknande fuffens. De flesta angelenos bara ignorerar den här typen av knasbollar, men det ser onekligen iögonfallande märkligt ut för någon som aldrig sett det förut.

Till min förvåning hörde jag plötsligt fönsterhissen i baksätet åka ner. Alex hade dragit ner sidorutan utan förvarning.

- *What in the fuck do you want, my niggah?* Hörde jag honom säga till knäppskallen.

Här hade vi alltså resultatet av en ung kille som fullständigt behärskar sitt modersmål i ett land han inte har en aning om hur det fungerar. John och jag hann stirra på varandra i bråkdelen av en sekund medan vi båda undrade om vi just hört rätt. Knäppskallen på trottoaren stannade upp i sitt elektriska dansande och stirrade mot bilen. Hans lika mörkhyade kamrater som satt bredvid på gatan började resa på sig. Förmodligen undrade de nog också om de just hört rätt.

– *Kör för helvete!! Kör!!* Vrålade John medan han vräkte sig bak för att dra upp sidorutan.

– *Vad...händer?* Undrade Alex stillsamt.

Jag hann se hur knäppskallen och hans polare ilsket började peka och gå mot bilen medan jag pressade ner gasen för att tvinga upp hjulen på trottoaren. Helt lagvidrigt körde jag med halva hjulparen på trottoaren ner till korsningen. Lyckligtvis får man av någon bisarr anledning i Kalifornien alltid svänga höger när det är rött. Däcken skrek när bilen krängde in på Melrose. När vi var på tryggt avstånd kunde vi pusta ut.

– *Vad i hela helvete sysslar du med?!* Undrade jag upprört.

– *Jag såg mitt liv passera revy framför ögonen.* Klagade John.

– *Vaddå? Han stod och pekade och hade sig mot oss?!* Hävdade Alex.

– *Man kan inte säga 'nigger' till folk begriper du väl?! Det är fan farligt.* Sa jag strängt.

– *Alltså, jag sa 'niggah', inte 'nigger'. Det är skillnad. Man kan säga 'niggah' till en svart kompis.*

– *Var han din svarta kompis?* Frågade John retoriskt.

– *Nä, men...vaddå?*

– *Bara använd inte det ordet. Någonsin. Aldrig. Okej?*

– *Jaja. Okej.* Svarade Alex misstroget.

På sätt och vis var det charmigt med Alex fullständiga barnslighet. Alex var så harmlös att det var svårt att vara arg på honom någon längre stund. Efter bara några minuter kunde både John och jag skratta lite åt tilltaget. Han visste ju liksom inte bättre. Det stod emellertid helt klart att Alex trots allt var långt ifrån vuxen varje gång han öppnade käften. Och det var kanske just i det ögonblicket jag själv insåg att jag är gammal. Vuxen rentav. Jag tänker åtminstone lite mer innan jag gör eller säger saker.

— *Du John. Varför fick du sparken från Mötley Crüe egentligen?* Hörde jag till min fasa Alex fråga från baksätet.

Jag stirrade på kapslarna i handen. Den kärleken och värmen man känner på opiater sviker aldrig. Morfinruset är en vän som alltid står där hur hårt det än blåser. Framför mig stod Fiona och betraktade mig och det val jag stod inför.

– *Sluta nu. Vet du ens vad dom här kostar?* Protesterade jag.
– *Det är ditt val. Helt ditt.* Insisterade hon.

Återigen stirrade jag på kapslarna. Jag kände mig som en högstadieunge som just hittat tio liter smuggelvodka i skogen, och fått ett ultimatum att hälla ut alla flaskor på marken. Liksom, det var inte ens säkert att jag tänkt trycka i mig kapslarna. Men jag kunde inte bara spola ner dom utan vidare. Det vore vansinne. I värsta fall skulle man kunna sälja dom till någon. Eller till och med ge bort dom, så dyra var dom inte egentligen. Men spola ner dom?!

– *Du kan inte. Eller hur?* Konstaterade hon.
– *Jag gillar inte att få massa ultimatum.* Försökte jag med.
– *Gillar? Tror du på allvar att jag gillade att ta hand om dig när du var helt väck?!* Frågade hon frustrerat.

I vanlig ordning började tycka synd om mig själv igen, och känna mig som offret i diskussionen. Jag la kapslarna i en hög på bordet med en suck och satte mig ner. Jag slog ut med armarna medan min egen frustration vällde ut.

– *Jag är fan ledsen att det blev så. Förlåt. Jag menar det. Men jag fattar inte varför du härjar om att jag ska spola ner mina grejer. Det är mina prylar. Du är för fan på mig hela tiden om både det ena och det andra. Jag får inte dricka hur många shots jag vill. Inte dricka hur mycket vin jag vill. Och nu ger du mig skit när jag inte dricker. Får jag ens göra någonting för dig va?!*

Fiona svarade inte. Hon bara blängde argt på mig med armarna korsade över bröstet. Det var så många lager av sorg och vrede över henne att jag inte kunde tränga igenom skalet.

– *Snälla! Kan vi prata om det?!* Bad jag ynkligt.
– *Jag kommer från Irland. Alla jag känner, och alla jag någonsin har känt, är alkoholister. Min pappa är ett stort fyllo som gör sitt bästa för att supa ihjäl sig. Alla jag någonsin älskat har försökt dricka ihjäl sig. Jag klarar inte av att se dig försöka med det också.*

Jag satt tyst och försökte ta in det hon sagt. Jag var nära att börja argumentera för att mina piller inte hade med alkohol att göra. Lyckligtvis insåg jag snabbt att det inte spelar någon roll för någon med hennes erfarenhet om det är en flaska eller en liten kapsel det handlar om. Antagligen var jag med andra ord inte den första idiot hon försökt väcka till liv efter en överförfriskning. Och jag kunde förstå att hon var obekväm med de mängder alkohol jag kunde bälga i mig på repen och spelningar.

– *Du, förlåt. Jag...visste inget av det där.* Sa jag skamset.

Fiona drog efter andan och torkade sina fuktiga ögon med fingrarna. Hon tog en stol och satte sig framför mig medan hon såg mig i ögonen en lång stund. Jag bröt tystnaden.

– *Alltså, det är klart jag kan spola ner dom om det är så.*

– *Vet du, det spelar ingen roll. Förstår du inte det?* Viskade hon.

– *Jag kan göra det för din skull.*

– *Det är det som är problemet.*

– *Hur då?*

– *Jag tänker inte vara den där personen som måste hålla koll på dig hela tiden för att du inte ska trilla överbord.*

Vi kom från helt olika håll i den här röran. Från varsin planet. Hon sökte en trygg person hon kunde luta sig emot utan att behöva oroa sig för att han skulle försvinna i en dimma av alkohol eller droger. Själv sökte jag en person som gav mig friheten att slappna av med hur mycket alkohol eller piller jag ville. Ingen av oss hade mer rätt än den andra. Ingen av oss hade någon rätt att kräva något sådant från den andra. Hon hade rätt. Visserligen kunde jag ge fan i att peta i mig piller eller alkohol om hon var i närheten. Men i praktiken skulle jag bara dölja det för henne. Jag skulle fortfarande dricka skallen i småbitar på turné om hon inte var där. Jag skulle fortfarande svälja piller om hon inte var hemma.

Jag har ingen aning om hur länge vi satt där och höll händer mitt emot varandra. Det kan ha varit en timme. Eller två. Det var så mycket som sas i tystnad mellan oss som inte behövde uttalas. Så till den milda grad att vi slutligen mjukt klädde av varandra och hade sex. En sista gång. Det var fruktansvärt vemodigt men vackert på samma gång. Utan ord klädde hon sedan på sig och lämnade mig där i lägenheten. För gott.

Jag spolade inte ner kapslarna. Och det skulle dröja över två decennier innan jag hörde av henne igen.

Uppenbarelsen

När Linda kom hem var hon så hög att hon knappt fattade att jag var i lägenheten. Jag hade gått runt som en zombie där hemma och fått ont i magen av oro. Som en slags ritual där jag skyllde mig själv och tyckte det var rätt åt mig att jag inte visste vart hon var, eller om hon ens någonsin skulle komma hem. Det var bara ett dygn men ovissheten var olidlig. Outhärdlig. Rent intellektuellt förstod jag att hon bara dragit för att hon var arg. Hon hade garanterat inte blivit bortrövad eller kidnappad. Men att inte veta vart hon befann sig eller hur hon mådde var mental tortyr. Ett dygn. Jag kan inte ens drömma om hur det känns för de personer vars familjemedlemmar eller vänner faktiskt försvinner spårlöst. Åratal av sökande efter svar eller ledtrådar som aldrig dyker upp. Den jämförelsen var naturligtvis resultatet av en överreaktion orsakad av ett kemiskt rus. Alla känslor förstärks flera gånger om. Till slut somnade jag på sängen av ren utmattning.

Jag vaknade av att hon segnade ner i sängen bredvid mig. En oändlig känsla av lättnad drog som en vind genom kroppen på mig. Jag stålsatte mig för en utskällning och utläggningar om hur värdelös jag var på att hålla löften och skitsnack om trasiga flygplan. Istället la hon en varm hand på min kind och gav mig ett matt leende med glasartade ögon.

– *Jag kommer lämna dig någon dag.* Sa hon efter en stund med släpig röst.

Jag svalde hårt med torr hals. Att bli utskälld av någon är en sak. Det exploderar och sen var det bra med det. Hennes röst lät istället behärskad som om hon redan varit så arg som hon orkat, för att nu ha övergått till en djupare sorg. Jag kände ångesten tynga ner mitt bröst.

Det lät så obönhörligt.

– *Du, jag blir rädd när du säger så där. Jag ångrar verkligen att jag ställde till det men...*

– *Shhh.* Avbröt hon mig med ett sorgset leende medan hennes ögon fuktades.

Mitt hjärta snörpte ihop sig till en svart klump. Hon smekte mig tröstande med handen över min kind. Hon ville inte höra fler ursäkter, det kunde jag visserligen förstå. Men det hade alltid gått att släta över allt mitt strul med billiga undanflykter och pinsamma lögner. Det här var första gången, förmodligen i mitt hela liv, som jag faktiskt fick känna av en iskall konsekvens av mitt handlande. Att se förlägen ut och skylla på att hunden ätit upp min läxa skulle inte rädda mig den här gången. Jag kände mig plötsligt som att jag låg fastklämd under ett ton av is.

– *Försöker du säga att...du vill lämna mig?* Frågade jag sorgset.

– *Någon dag. Jag orkar inte.* Viskade hon med tårar i ögonen.

– *Har du träffat någon annan?* Undrade jag oroligt. En fråga ställd av en snubbe som inte verkade ha en aning om något.

– *Vet du, det som kommer ta slut på oss kommer inte vara en annan person.* Svarade hon medlidsamt.

Hon föll in i en djup sömn. Och lämnade mig med mina tankar som snurrade i huvudet. Det här var en svår krasch att resa sig ifrån. Som jag förstått det var hon inte på väg ifrån mig just nu. Men det kändes som hon klivit ett steg bort från mig även om hon inte försvunnit. Det är sant det som sägs, man fattar inte värdet på det man har förrän det är borta. Eller åtminstone förrän det håller på att tas ifrån dig. Jag satt spikrak i sängen och betraktade Linda när hon sov i sitt djupa morfinrus och funderade på hur jag skulle försöka ordna det här.

Om jag analyserade mig själv så var jag för konflikträdd för att säga sanningen när jag gjort bort mig. Det kom alltid massa pinsamma lögner om försenade plan, turnébussar som gått sönder eller andra dumheter jag hittat på. När jag satt där i den karga verkligheten och stirrade resultatet i vitögat var det rätt självklart att min strategi inte fungerade för någon av oss. Hur jobbigt det än är att ringa och säga att man är för full för att komma hem är det ingenting jämfört med det här. Jag bestämde mig helhjärtat för att alltid hålla mig till sanningen med henne. Hur jobbig den än må vara.

För det andra behöver ens partner alltid känna att hon kommer först. Ingen köper att komma på andra plats i en relation. Som så många andra frustrerade snubbar före mig tyckte jag mig inse vad det enda rätta var. Jag åkte upp till Beverly för att köpa en ring till Linda. En förlovningsring. Jag var t om tillräckligt duktig för att lämna en lapp på sängen åt Linda om hon mot förmodan skulle vakna under tiden jag var borta.

HOUSTON, TX
Cirka 2008

Festivalområdet var öppet och saknade samlingsbyggnader. Logi löstes genom bussar och vagnar eller närliggande hotell. Området blev lite av en fritidsgård för rastlösa musiker som gled omkring i den klibbiga höstluften. Automatkaffet smakade fan men höll mig varm trots att temperaturen var snäppet varmare än en dålig svensk sommar. Jag kunde inte riktigt minnas om jag ens ätit något på hela dagen. De sura uppstötningarna och halsbrännan gjorde sig påminda. Det kunde bero på tom mage eller dåligt kaffe. Eller en kombination. Opiatklådan brann i mina armar. Jag rev ständigt runt knogarna på händerna där klådan nästan kunde driva mig till vansinne. Det var ett mindre helvete att spela gitarr med den klådan, men vanlig allergimedicin kunde lindra det lite. Problemet var att man blev så däckat trött av allergimedicinen.

Scott måste ha känt igen mitt beteende där jag rev på armarna och händerna. Han såg tanig och skör ut. Hans kindben stod ut som knotor under hans mörka solglasögon. Han hade inte brytt sig om att kamma sig vilket gav honom något av ett vildvuxet utseende med det yviga håret. Runt halsen bar han en lång scarf med paisleymönster.

– *Läget?* Frågade han hest.
– *Bra. Själv?*
– *Funkar. Du, ursäkta om jag frågar, men har du nån som...säljer?*

Det var första gången jag träffade honom. Och det var ett rätt tragiskt möte på det viset att vi kände igen varandras problem och fann en gnutta gemenskap i det. Vi dolde våra pupiller bakom tjocka solglasögon i ett bisarrt försök att dölja våra vanor. Jag trodde ända in i det längsta att jag som anonym skulle komma undan med det. Scotts missbruk hade dock fått honom sparkad från två namnkunniga band vid det här laget. Det fanns egentligen inget kvar för honom att dölja. Ändå smög vi som två spöken kring hörnen bort mot min turnébuss.

Han hade svårt att hitta vener trots att hans armar var tunna och seniga som på en överlevande från ett koncentrationsläger. Jag tittade fascinerat på medan han försökte hitta en ådra att injicera i. Till slut hittade han en slingrande ven mellan tummen och pekfingret på handen. Han blev inte ens hög på skiten. Han såg bara mest...avslappnad ut efteråt. I mitt stilla sinne tänkte jag att jag åtminstone inte injicerar ännu. Jag var ok. Det var lugnt. Jag drog i mig resten av det elfenbensvita pulvret i ena näsborren. Det kittlade skönt.

Han såg rätt okej ut efter sin fix. Som att han var hel igen. Vi betraktade varandras rus med varsitt hemlighetsfullt leende där i bussen. Höstsolen passerade över dalen och skuggorna blev långa för att till sist försvinna helt. Vi hade pratat oavbrutet hela dagen som om vi hade känt varandra i evigheter. Han såg ut som ett skelett där i mörkret på sätet. Med sin benvita hy och knotiga kindben. Jag tänkte att så länge någon på Scotts nivå av missbruk ändå verkar okej så är nog jag själv mer än okej. Jag ville tro att vi var kompisar. Med ordets rätta innebörd. Det var vi verkligen inte. Det enda vi hade gemensamt var ett missbruk vi kände oss ensamma i. Att under årens lopp mötas i mörka turnébussar, toaletter, greenrooms och loger i ett heroinrus var det enda som gjorde att vi ens hade någon sorts kontakt att tala om. På så sätt var han min livlina på ett mycket surrealistiskt vis. Om Scott kunde injicera och hålla sig vid liv så var jag själv utom fara.

Jag träffade honom för sista gången vid Long Beach. Vi hade då båda påbörjat ett nyktert och rent liv. Vilket var tydligt eftersom vi plötsligt var främlingar inför varandra. Vi hälsade torrt men det blev inte ens en grabbig kram. Det var en artig hälsning med en snabb handskakning. Vi hade absolut ingenting att prata om längre vilket kändes vemodigt. Jag fick samma obekväma känsla som när man träffar ett gammalt ex på stan.

– *Läget?* Frågade han. Inte lika hest som vanligt.
– *Det är okej.* Ljög jag.

Han såg mer välartad ut. Med bakåtkammat hår och nyrakat ansikte. Hans kinder hade fått mer liv och stack inte ut som knotor under solglasögonen längre. Han såg frisk ut. Det kommer ordna sig tänkte jag. För min egen del alltså. Om den där snubben kan överleva sitt missbruk så kan vem som helst göra det. Vi tittade förläget på varandra en stund innan han bröt tystnaden.

– *Du, kör så det ryker ikväll.*
– *Det vet du.* Svarade jag.

Han försvann bort till sitt band. Jag stämde gitarren och tände en Lucky Strike. De enda skitcigaretterna jag hade fått tag på. Han försvann som ett spöke ut ur mitt liv på samma sätt han dykt upp den där höstdagen för flera år sedan. Jag blev mer än förvånad när hans exfru kontaktade mig och frågade om jag ville närvara vid hans begravning. Hon hade hittat mitt nummer i hans telefon och antog att vi var nära vänner. Jag visste inte vad jag skulle säga. Jag förklarade att vi var ytligt bekanta som bäst, och att vår gemenskap bottnade i missbruk. En relation som kanske inte borde få plats vid hans minnesstund.

– *Jag förstår vad du menar. Men vet du, jag tror att ni ändå möttes i något som betydde något för er. Även om det inte var under de bästa av omständigheter. Ni kanske inte kände varandra som de personer ni egentligen var. Men ni hade något gemensamt som han trots allt gav sitt liv för. Vad man än tycker om det äger det sin plats vid hans minne. Snälla kom?*

Han var min påminnelse om min egen dödlighet. Eller, memento mori om man får vara poetisk. Och vill man vara ännu mer poetisk försöker jag leva upp till hans sista ord till mig. Jag kör fortfarande. Så det ryker.

In Loving Memory of Scott Weiland
1967 – 2015

Lest forgive

But not forget

The path we trod

I bless the hours I had with you

And leave the rest to God

Linda sov i ett djupt opiatrus. Den begynnande förmiddagshettan fick hennes hals att glimma i försiktiga svettpärlor. Jag öppnade fönstret. Luften som kom in från havet doftade salt och tång. Det kändes friskt men inte så svalt som jag hoppats på. Jag är inte säker på hur snubbar vars flickvänner inte är missbrukare lyckas köpa en ring i hemlighet. Själv hade jag klippt av en pappersremsa, noggrant lagt den runt Lindas finger och markerat med ett streck för att få en uppfattning om storleken. Allt medan hon sov djupt.

Tanken på att köpa blommor hade slagit mig. Tro mig, jag hade gått igenom alla alternativ i huvudet. Men Linda hade aldrig varit den typen som uppskattade blommor eller choklad. Hon var inte den romantiska typen på det flickaktiga sättet. Därför kändes det heller inte direkt helt klockrent att köpa en ring. Och jag hade inga planer på att göra det ännu mer obekvämt genom att köpa blommor och ha mig. Jag stirrade på ringen i sitt etui. Skulle jag verkligen göra det här? Ja, det skulle jag nog. Jag var bara tvungen att vänta tills hon skulle vakna.

Jag klev in i duschen. Vattnet var en välkommen svalka och ljudet från det strömmande vattnet var hypnotiserande fridfullt. Jag var fortfarande utmattad, det kändes som jag inte sovit på flera dygn. Jag lutade mig mot kakelväggen medan svalkan överöste sig med sitt lugnande brus.

– *Vakna! Kom igen, vakna!* Nästan ropade hon med orolig röst. Linda skakade om min arm hårt.

Jag satt naken på golvet i duschen. Vattnet var avstängt. Linda stod på huk, barfota med sina jeans och ett linne. Båda med stora mörka vattenfläckar. Det tog några förvirrade sekunder att orientera mig. Jag insåg jag att jag måste ha somnat i duschen.

– *Åh. Hej. Du är vaken?* Konstaterade jag yrvaket.
– *Är du okej? Hur är det med dig?* Frågade hon oroligt med vidöppna ögon.
– *Va? Ja..jo..jag är okej. Jag måste ha somnat bara.*
– *I duschen?!* Utbrast hon gällt.
– *Öh. Ja. Tydligen. Det var inte meningen.*

Jag reste på mig medan Linda satt kvar på huk och skräckslaget strök handflatorna över sina kinder med en djup suck. Innan jag hann sträcka mig efter en handduk reste hon på sig och omfamnade min våta kropp och kramade mig hårt. Det kändes obekvämt att stå helt naken medan hon nästan hysteriskt klamrade sig fast vid min överkropp. Jag hade förväntat mig en kvinnas heliga vrede. Det var en lättnad men samtidigt förvirrande att istället bli kramad.

– *Oj. Men, du kommer bli blöt. Vad är det frågan om?* Undrade jag, medan jag tafatt tittade suktande efter handduken på väggen.
– *Herregud! Jag trodde att du var...alltså, du såg helt livlös ut. I duschen. Åh gud.* Jämrade hon sig medan hon pressade sig mot mig.
– *Okej, men kan jag få en handduk kanske?*
– *Jävlar i helvete så du skräms.* Suckade hon och gav mig en handduk.

När jag tänker efter så skulle skräcken förmodligen krossat mitt förstånd med en råsop om jag hade sett Linda till synes livlös i duschen. Det var inte så konstigt att hon blev rädd. På sätt och vis var det positivt. Med tanke på omständigheterna hade jag inte blivit förvånad om hon istället firat i två dagar om jag hade varit död. Nu verkade hon åtminstone glad över att jag levde. Hon tog till och med min hand och ledde mig ut i sovrummet.

– *Hörru idiot. Borde du inte lägga dig och sova en stund?* Frågade hon
mjukt.

– *Nä. Inte än. Jag tror vi måste prata.* Svarade jag allvarligt.

Hon stannade till eftertänksamt och såg ner i golvet. Hon visste
mycket väl att jag ville prata om oss. Om mig. Att jag skulle be om
ursäkt och komma med bortförklaringar. Efter en djup suck svarade
hon utan att släppa min hand.

– *Jag orkar inte hålla på och prata om det. Det är som det är.*

– *Men jag vill fråga dig om någonting.*

– *Jaha. Fråga då.* Svarade hon med en suck.

– *Jag tänker inte fråga dig såhär. Låt mig bara dra på mig jeansen.*

Hon tittade misstänksamt på mig medan jag drog på mina jeans.
Hennes kläder hade fortfarande stora mörka våta fläckar efter hennes
räddningsaktion i duschen. Jag tror aldrig jag någonsin sett sådan
förvåning i hennes ansikte som när jag drog upp etuiet ur fickan.

– *Nä. Nej! Du, snälla sluta. Gör inte så här!* Protesterade hon när hon
såg vad jag hade i handen.

– *Men du, kan jag inte bara få säga en sak innan du börjar bråka?*
Frågade jag mjukt.

– *Men alltså, det här är inte rätt. Du kan inte bara...vafan tror du
egentligen?* Fortsatte hon sorgset.

– *Snälla? Kan jag inte bara få säga en sak. Snälla?!*

– *Men...alltså...jaha. Visst. Säg det då.* Svarade hon trumpet och
korsade armarna över bröstet.

Jag hade inte en aning om vad jag skulle säga egentligen. Jag ville förmedla en känsla. En övertygelse som nyligen kommit över mig. Om jag visste hur jag kunde förmedla detta till henne hade jag sagt det. Jag svalde hårt.

– *Vet du. Jag inser att jag egentligen inte förstått någonting av vad vi är. Jag är för jävla dum i huvudet för att veta hur man behandlar dig med den respekt du förtjänar. Du är det bästa som någonsin hänt mig. Du är det bästa jag har. Det finns ett mig, och det finns ett dig. Men så finns det ett oss också. Jag vet att jag kom på det sent, men jag inser först nu att det är oss det handlar om. Dig. Och oss.*

– *Jasså.* Svarade hon misstänksamt, men det fanns en ton av intresse i svaret.

– *Jag fattar ju att jag inte har prioriterat varken dig eller oss. Det har bara handlat om mig. Som om du är en statist i mitt liv. När jag egentligen älskar dig så jäva intensivt. Jag älskar tanken på oss. Tillsammans.*

– *Det...verkar inte så. Ibland. Ofta.* Svarade hon utan att titta på mig.

– *Jag vet. Jag visste nog inte bättre. Det först när jag var på väg hem som jag liksom bara fattade hur det hängde ihop. Att för mig så börjar och slutar allting med dig. Att vi gör det här tillsammans. Allt skit jag gör utan dig är bara helt meningslöst.*

– *Vart var du? Vart i helvete var du någonstans?* Frågade hon anklagande med behärskat darrande röst.

– *Jag var med bandet. På en jävla bar. Sen hamnade vi på någon efterfest. Ärligt talat minns jag inte hur vi kom dit. Jag vaknade på en soffa, vid lunchtid typ, och fick panik. Jag bara sprang ut till en taxi och åkte till flygplatsen. När jag kom hem var du bara borta. Jag höll på att gå under.*

– *Jag tyckte du sa att flygplanet var trasigt.* Svarade hon torrt och torkade sig under ögonen.

Jag blev torr i halsen och kände en tilltagande klump växa i svalget. Linda blundade medan hon strök sina fuktiga ögonvrår med fingrarna. Hon snörpte ihop munnen som för att dölja sina darrande läppar.

– *Jag ljög. Så klart. Jag ljög för dig. Så jävla dumt, jag gjorde det för att jag var rädd att du skulle bli arg annars. Men titta på oss nu. Jag orkar inte hålla på och snacka skit längre. Du, vi, är så mycket viktigare för mig än så här.*

Jag höll på att gå sönder när jag såg tårarna börja rinna ner för hennes kinder. Jag kämpade för att hålla ihop mig själv. Jag drog efter andan medan jag försökte tänka efter hur jag skulle få fram hur genuint jag kände inför henne. Hur jävla dumt jag hade betett mig. Hon avbröt mig med sin röst som höll på att spricka upp.

– *Menar du det du säger?* Snyftade hon så att mitt hjärta höll på att implodera.
– *Ja. Ja det gör jag. Som fan.*

Hon såg på mig med våta ögon. Jag svalde hårt. Jag visste inte riktigt vad den där blicken betydde. Om den var bra eller dålig. Men det här fick gå hur det nu än ville. Jag hade ingen bättre plan än det här. Det enda jag visste var vad jag ville, men jag visste nog inte riktigt vad jag egentligen sysslade med.

– *Vad har du i den där jävla asken då?* Frågade hon med en utmattad suck och strök hela handflatan över sin våta kind.

Jag öppnade asken och visade henne ringen. En ring i sterlingsilver. Det fanns inte chans att Linda skulle bära guld. Inte ens om det vore vitt guld. Ringen var slät och diskret sånär som ett utstansat mönster med runor över ena halvan. Hon tittade på den länge.

- *Vem har du köpt den till?* Frågade hon retoriskt.
- *Till...dig. Såklart.* Svarade jag osäkert på en rätt uppenbar fråga.
- *Till mig.* Repeterade hon och såg på mig med sina blanka ögon.
- *Alltså...om du vill ha den.*
- *Du får väl fråga ordentligt då.* Sa hon med något som såg ut som ett begynnande leende trots att hon grät.

Jag drog efter andan medan jag såg på henne. Det här var inget jag behövde tänka över. Även om hon kanske tyckte det lät knäppt. Det fick som sagt gå som det ville. Bära eller brista.

- *Linda. Vill du typ förlova dig? Med mig alltså.* Hörde jag mig själv fråga vilset.

Hon tittade på mig och torkade sina kinder. Hon snyftade häftigt och drog långsamt in luft i lungorna och släppte ut den med en suck. Jag tänkte att jag bara hade en chans att fråga. Det fanns ett före och ett efter den frågan var ställd. För en sekund sedan befann jag mig före den frågan. Nu befann jag mig efter. Jag satt inte vid rodret längre. Det här skeppet befann sig nu i Lindas hav och jag fick finna mig i vart hon valde att föra skutan.

- *Kom typ hit då din jävla galning. Du, alltså. Du får väl se om den passar på fingret.* Svarade hon retsamt som svar på min bortkomna fråga.

Hon höll ut sin hand mot mig med handflatan uppåt. Jag trädde på henne ringen på hennes ringfinger. Den passade.

"Det vore kanske lite dramatiskt att påstå att jag gett upp med vårt förhållande. För så var det inte. Men det kändes inte seriöst. Det som var jobbigt var alla ständiga bortförklaringar och genomskinligt struntprat. Som att han inte tog mig på allvar. Om man lever med en turnerande musiker får man nog vara medveten om att det är annorlunda. Jag var okej med att han ofta var borta och med alla efterfester hit och dit. Det var inte det som det handlade om. Det var att han inte kunde säga som det var när han inte tänkte komma hem, eller ljög om vart han var.

Egentligen struntade jag nog i vad ringen och förlovningen handlade om. Det var inget jag hade gått runt och väntat på. Men han lät så fruktansvärt genuin. Jag ville verkligen tro på att han tänkt igenom vad jag betydde för honom. Jag tog emot den där ringen av hela mitt hjärta om det faktiskt betydde något för honom."

Linda

THE VIPER ROOM
LOS ANGELES

Jag vet inte riktigt varför vi var på modevisning egentligen. Mest för att det var gratis alkohol och fullt med droger antar jag. Jag kan inte ens minnas namnet på designern, men det var någon som var hyfsad välkänd för att ha sytt upp kläder till David Bowie. Alla möjliga hel- och halvkändisar var på efterfesten. Som till exempel Sebastian. Eller Baz som han kallades. Han hade nyligen lämnat ett av åttiotalsrockens sista pelarband under stor uppmärksammad dramatik. För att understryka att han klarade sig alldeles utmärkt på egen hand visade han ofta och gärna upp sig med sitt soloband. Det var nästan en del av vår arbetsbeskrivning att hänga med honom som hans husdjur. Jag hade sällan några problem med det eftersom, som sagt, alkohol och droger.

Sebastian är lång. Lätt över 190 cm. Det föll sig naturligt att han helst tog in långa musiker i bandet. Det hade lätt kunnat se lite dråpligt ut på scenen med ett band som hade varit ett par huvuden kortare än honom. Trots detta vill jag gärna tro att han valt mig i huvudsak för mina färdigheter på gitarr, och inte på grund av min längd. Vi var åtminstone iögonfallande i folksamlingar. Vi var Baz och gänget, typ två decimeter längre än alla andra.

Baz kan vara lite av en skitstövel. Rätt ofta egentligen. Han är rätt högljutt vulgär och spännig mot allt och alla. På sätt och vis en bråkstake utan att han är våldsam på något sätt alls. Men det kunde ibland verka som att han nästan gjort det till en sport att få folk irriterade och obekväma. För mig kvittade det väl även om jag kunde tycka det var genant. Jag bara jobbade där liksom.

När så Prince plötsligt dök upp anade jag genast att det kunde bli problem. Jag var aldrig något större fan av Prince, men hans närvaro var en av få gånger jag kände mig lite starstruck. Han hade verkligen en aura av superstjärna runt sig. Han hade en outfit värdig en hallick, men han fick det att se pampigt coolt ut på något vis. Han bar en figursydd vit kostym med utsvängda ärmar och ben. Komplett med en vit hatt med gult band i siden. Till råga på allt bar han högklackade skor. På riktigt högklackat. Jag vågar påstå att det var tvättäkta damskor, med långa smala stilettklackar. Hade han bara haft lite mindre mustasch hade jag nästan blivit lite kåt.

Han och hans kortege på en handfull snubbar hade ställt sig framför oss. Prince ögnade oss långsamt, uppifrån och ner. Och sedan tillbaka. Han måste ha använt samma strategi som Baz när det gäller anställda. Hela gänget såg knappt ut att vara längre än en och en halv meter. Det var visserligen välkänt att Prince var kort, men jag hade nog inte kunnat föreställa mig hur jävla kort han faktiskt var förrän han stod där. Det kändes bisarrt. Som att två cirkusakter stirrade på varandra. En akt med skitlånga groteska jättar i läder framför en akt med superdesignade dvärgar i siden.

– *Gick ni vilse på väg till basketplanen eller? Ni vet att det här är en modevisning va?*

Det var ett tråkigt skämt. Det var allt. Man kan tycka att de flesta borde kunna ta ett dåligt skämt från Prince av alla jävlar, men inte Baz. Jag kunde se hur elden tog fart inom honom.

– *Vad i helvete? Är den här jävla snubben på riktigt?!* Frågade han upprört.
– *Baz, hörru. Kom igen.* Sa jag med ett skratt som var tänkt att låta avväpnande.
– *Men kolla på den här pissmyran. Seriöst? Det är ju för i helvete han som behöver modetips.*

Jag gnuggade mina tinningar medan resten av bandet förläget tittade på varandra. Prince såg road ut över att han lyckats slå an någon öm punkt. Antagligen visste han nog inte att det sällan var någon konst att reta upp Sebastian. Baz bara malde på som en ångvält.

- *Lyssna här nu din jävla cirkusdvärg. Om du inte packar ihop dina grabbar och drar kommer vi använda dig som basketboll.*
- *Jag sa ju det. Ett basketlag, som sagt.* Svarade Prince roat.
- *Din lilla jävla...*
- *Hey, släpp det.* Avbröt jag honom och la en hand på hans bröstkorg. *Han jävlas bara lite. Det är Prince för fan. Ta det lugnt.*

Prince med följe gick vidare i lokalen och lämnade oss med en uppretad Baz att ta hand om.

- *Helt seriöst? Vafan? Kommer fram och jävlas som en jävla jävel?* Svamlade Baz.
- *Jaja, men vad ska du göra? Hamna på framsidan av morgontidningarna för att ha spöat Prince?* Frågade jag lugnande.
- *Jävla cirkusdvärg. Han ser ut som någon som fått sparken från Liberaces band!*

Han lugnade ner sig efter att få ha snackat av sig om dvärgar och fjollor. Läget började däremot kännas kritiskt igen när en servitör kom fram till oss med en bricka. På brickan stod exotiskt lila drinkar i cocktailglas.

- *Mina herrar. Herr Prince vill gärna framföra sin ursäkt om ni blev upprörda. Han menade inget illa.* Sa han välartat.
- *Vafan är det här för jävla bögdrinkar?!* Utbrast Baz.
- *Dom heter Purple Rain.* Svarade servitören.

Jag höll andan. Sebastian var som sagt inte våldsam, men en ordentlig bråkstake. Det fanns alla möjligheter att han hade kunnat ta brickan och slängt den i golvet. Eller gjort något annat knäppt för att ställa till med en scen. Det var nämligen inte helt säkert att Baz ego skulle tolerera att bli serverad något med samma namn som någon annan stjärnas hit-album. Lyckligtvis gick inte situationen helt åt söder. Baz svepte ett glas rakt upp och ner, och stirrade tomt framför sig medan han såg ut att försöka bestämma sig för om han gillade det.

– *Inte illa. Inte illa alls. Vet du, säg åt "herr Prince" att om han beställer in en bricka var till mina grabbar så är det lugnt.*

– *Självklart!* Svarade servitören och försvann.

Kvar stod vi med varsin Purple Rain i handen. Den smakade helt okej faktiskt. Strax efter kom servitören tillbaka med en ny bricka.

– *Herr Prince låter hälsa att jag ska servera brickor tills baren är tom om det behövs.*

– *Va? Kan baren bli tom?!* Undrade Baz oroligt.

– *Inte så länge Prince beställer.* Svarade han.

– *Grabbar. Drick för helvete! Vi ska dricka Prince hela vägen till fattighuset!* Skrattade Baz.

Jag vet inte hur många brickor vi lyckades dricka upp. Men många brickor blev det. Fast förmodligen inte tillräckligt många för att skicka Prince till fattighuset. Vi drog till och med i oss kokain bara för att hålla oss tillräckligt nyktra för att kunna dricka fler Purple Rains. Lite för många promille senare kom jag hem på morgonen och staplade ner i sängen bredvid Linda som vaknade till.

– *Vad håller du på med?!* Undrade hon yrvaket.

– *Baby, vet du, vi blev bjudna på drinkar av Prince!* Sluddrade jag glatt.

– *Va?*

– *Ja. Prince kom till modevisningen. Och han bjöd Baz och oss på drinkar!*

– *Prince bjöd er på drinkar.* Repeterade hon sömndrucket.

– *Ja. Vi drack Purple Rain hela kvällen.*

– *Purple Rain?*

– *Ja. Dom var helt lila.* Sluddrade jag.

– *Gå och lägg dig istället för att snacka skit. Vet du hur jag vet att du ljuger?*

– *Eh...va?*

– *Det finns fan ingen drink som heter Purple Rain.*

Linda vände sig om och somnade.

"Samma kväll som Prince gick bort befann jag mig på Hard Rock Cafe som anordnat en slags minneskväll. Det var otroligt sorgligt. Men jag kunde inte hjälpa att bli lite full i skratt över att de serverade en drink som hette Purple Rain. Som mycket riktigt och inte helt förvånande var helt lila.

Visserligen kan de ha uppfunnit drinken samma kväll. Men det skulle inte vara lika kul som den här berättelsen. Jag ber härmed helt om ursäkt för mina anklagelser om skitsnack den där gången."

Linda

Cree stirrade tomt framför sig och höll kvar händerna på ratten trots att bilen var parkerad. Jag ville inte ens veta vilka tankar som for genom hans huvud. Det var nog inte förrän där och då det till slut gick upp för mig att jag nog hade problem. Att folk använde alkohol och droger i den här branschen var helt jävla normalt. Men det fanns inget normalt med det här. Jag satt i baksätet i min kompis bil med en flickvän iförd häkteskläder. Varken jag eller Linda kunde fungera som människor utan kemiska preparat. Ingen av oss fungerade normalt med preparat heller. Cree var inte helt ovan vid att använda droger, men det här var en helt annan liga.

Jag skämdes. Det fanns ingen hejd på galna prylar jag gjort på fyllan eller när jag varit halvt väck på heroin. Det var ingenting jag någonsin skämts för även om jag kanske borde. Men det här var jobbigt. Cree satt med två knarkare i baksätet, vilket antagligen just höll på att sjunka in i honom där han satt och stirrade framför sig. Knarkare. Pundare. Det var vad jag var. Smutsig jävla pundare.

– *Tack för skjutsen, Cree. Jag är skyldig dig en gentjänst.* Mumlade jag.
– *Ingen fara.* Svarade han torrt.

Linda hade redan öppnat dörren och skyndat in. Jag satt kvar ett ögonblick för att komma på något att säga. Vad som helst. Kanske be om ursäkt. Eller försöka få honom att förstå. Men det fanns inget att förstå. Det fanns inget att säga. Jag harklade mig innan jag öppnade dörren.

– *Du, vi hörs då. Jag borde nog följa efter och ta hand om henne.* Var det enda jag kom på att säga.

– *Gör det. Ring om det är något.*

Huset luktade fortfarande unket och ångest. Nätterna var värst. Man blir väldigt sömnig av opiatruset. I kombination med normal trötthet som infaller på kvällen hamnar man i ett märkligt tillstånd som kan liknas vid vakendröm. Man blir helt enkelt så övertrött att hjärnan inte riktigt fattar om man sover eller är vaken när man gått för att lägga sig att sova. I den där glidande fasen mellan vakenhet och sömn vävs påbörjade drömmar och flyktiga tankar ihop med verkligheten. De som någon gång tvingats vara vakna sådär ett par dygn i sträck brukar uppleva samma fenomen när de till slut går och lägger sig. Det kan vara obehagligt när man tycker sig höra röster eller inbillar sig att rummet är fullt av råttor.

Det försvinner genast när man sätter sig upp i sängen och gnuggar ögonen. Men så kan man hålla på i timmar. Man håller på att somna in, men sätter sig upp i panik över en påtaglig känsla av att demoner krälar som spindeldjur i taket. Eller för att man tycker sig höra röster eller ljud i rummet. Till skillnad mot en psykos vet man rent rationellt att det bara är hjärnan som spelar spratt, vilket ofta gör det än mer obehagligt. Psykospatienter kan ju tvärtom rentav känna sig lugna och harmoniska över att Jesus eller Elvis pratar med dem.

Till slut somnar man av ren utmattning i sängen. Det var som att den där ångesten fått ett eget vansinnigt liv och bodde i väggarna. Likt mögel som grodde i stommarna och gav ifrån sig en unken stank. Jag kände mig illa till mods av att komma innanför min egen dörr. Linda låg ihopkrupen på sängen. Det var som att vi båda var galärslavar vid huset och bara existerade för att hålla maskineriet av missbruk igång.

– *Vart fan skulle du med bilen?* Frågade jag anklagande.

– *Bort.* Svarade hon med tom röst.

– *Bort?* Repeterade jag. Hennes barnsliga svar gjorde mig irriterad.

Linda låg kvar orörlig och stirrade in i väggen. Hon svarade inte på frågan, vilken jag tyckte jag hade ställt. Jag fortsatte.

– *Vad menar du med bort? Någonstans skulle du väl?*
– *Bort. Bort från det här. Bort från dig.*
– *Från mig? Vad i helvete har jag gjort nu då?* Fräste jag irriterat.
– *Du är så jävla dum i huvudet som tror att det har med dig att göra.*

Jag vet inte vad det var för intellektuellt svar jag letade efter. Från en kvinna som blivit utdragen ur en kraschad bil. Som kört bilen i underkläder, påtänd som djävulen själv. Jag var inte ens säker på att hon själv visste eller ens minns vad som hänt under natten. Själv försökte jag febrilt dra mig till minnes om vi hade bråkat under kvällen, eller om någonting annat konstigt skulle ha hänt.

– *Jaha. Men nu var det du som nyss sa att det handlade om mig.*
– *Jag mår inte så himla bra.*
– *Nej, det är jävligt tydligt. Jag mår inte heller så jävla bra ska du veta.*
– *Det är det jag menar. När mådde du bra sist? När mådde vi bra?*

Jag tänkte efter. Ordentligt. Ett varmt minne sköljde över mig. När vi var på konsert som tonåringar. Lindas blick och leende som kunde ha fått betong att smälta den där sommarnatten. Slash som gick ner på knä där på scenen, och vår eufori var total. Vi var så unga och bekymmerslösa. Vi var vilda och fria utan ett moln på himlen. Den kvällen mådde jag bra. Nära tjugo år senare var just det nog det senaste lyckliga minne jag hade av oss. När Lindas hand på min arm kunde ge mig ett rus helt utan konkurrens av heroin.

– *Vi, tillsammans, är inte bra för varandra.* Fortsatte hon raspigt.

– *Men...vaddå? Håller du på och ska göra slut igen?* Undrade jag
oroligt.

– *Nej. Inte så. Men vi kan inte ha det så här. Jag orkar inte längre.*

Mina skakningar i händerna började tillta igen. Ångesten började
krypa ut från väggarna. Som vägglöss om natten på jakt på blod. Jag
kände hur den började krypa in under huden. Det var inte det här jag
hade velat den där sommarnatten när jag bestämde mig för att bli
musiker. Jag blev yr och illamående över alla tankar som snurrade i
huvudet. Jag föll ner på knäna och försökte ta emot mig med händerna
mot sängen. Linda la sin kalla hand på min arm. Den kändes tröstande
och ömkande. Hon hade rätt. Vi kunde inte ha det så här längre. Jag
orkade inte längre. Jag visste egentligen allt det där redan.

– *Du. Spela någonting för mig?* Frågade hon mjukt och slöt ögonen.

– *Va?*

– *Spela gitarr för mig. Så där som du brukade göra förr.*

– *Vad vill du höra då?*

– *Vad som helst. Nånting fint bara.*

Jag lyckades komma upp på fötter. Det fanns gitarrer lite överallt
bland flaskor och bråte. Jag greppade en akustisk Gibson från ett ställ.
Linda kände mig bättre än jag kände mig själv. Det fanns någonting
lugnade och välbekant med att hålla en gitarr i händerna. Den enda
sak i hela universum som jag någonsin förstått mig på. Det tog udden
av ångesten att känna strängarna under fingrarna. Med mina skakande
händer över instrumentet försvann vi för ett ögonblick in i en
låtsasvärld där allting var bra igen.

"Jag undrar också vart jag skulle den där natten. Det kan säkert stämma att jag kan ha fått för mig att jag bara ville fly någonstans. Vart som helst. Jag har inget minne av att jag ens satte mig i bilen. Jag har vaga minnesbilder av airbags och att det gjorde ont, sen hamnade jag i en cell. Ibland måste man slå i botten innan man inser att någonting är fel. Det där var min botten.

Vad Peter aldrig ville förstå var att vi tillsammans var grundproblemet. Vi var som eld och bensin. Det hade inget med hur vi kände för varandra att göra. Det blev alltid så fel när jag försökte ta upp det, och han kände sig anklagad. Det var aldrig min mening. När jag läser hans reflektioner känner jag sådan enorm tacksamhet över att han numera också förstår vad jag menade.

Jag vill minnas den här kvällen som att jag mest låg på sängen och grät, och ville bli lämnad i fred. Den där konversationen måste inträffat flera dagar senare. Om han var stressad eller upprörd gick det oftast att ge honom en gitarr att spela på. Det var lite som en snuttefilt för honom. Men man var tvungen att göra det åt honom, han begrep det sällan själv."

Jag satt på Hard Rock Cafe med en bandkollega efter ett gig. Han var fullständigt fascinerad av baseballmatchen som visades på tv. Själv är jag synnerligen ointresserad av sport över huvud taget. Jag har nog aldrig sett en vm-match i hockey i hela mitt liv trots att jag är svensk. Är man dessutom inte uppväxt med baseball förefaller just den sporten än mer obegriplig. Trots mina protester försökte han förklara vad en "inning" är och hur man räknar poäng. Jag ondgjorde mig över hans tilltag att charma den kvinnliga bartendern till att byta de sedvanliga musikvideorna mot sporten. En svarthårig kvinna avbröt min monolog om hur efterblivet det är att titta på när folk motionerar.

- *Hej!* Sa hon förväntansfullt och tittade på mig med sina stora gröna ögon.
- *Jaha, hej damen.* Svarade jag.

Hon satt på barstolen bredvid mig, och bara fortsatte att titta på mig med sina stora rådjursögon utan att säga något. Det blev nästan obekvämt. Jag försökte utväxla en snabb blick med Chris som var förhäxad av matchen. Jag log lite förläget och kände mig tvungen att bryta tystnaden.

- *Kan jag hjälpa dig med något?* Undrade jag lite förvirrat.
- *Jag såg er på stadion idag!* Utbrast hon ivrigt.
- *Åh. Jaha. Så trevligt, hoppas jag.* Sa jag lite undrande.
- *Jag kan inte fatta det.*
- *Eh...fatta vaddå?*
- *Att du pratar med mig!*
- *Fast...alltså, nu var det ju du som pratade med mig. Vad menar du egentligen?* Undrade jag förvirrat.

– Men det är ju helt sjukt! Jag sitter och pratar med värsta rockstjärnorna!

Hennes utspel fick till och med Chris att ge mig en trött blick. Som sessionmusiker jobbar man **åt** stjärnor. Det var vårt jobb att få dem leva upp till förväntningarna. Ett jobb vi faktiskt tog på allvar. Det där snacket om rockstjärnor kändes lite skitnödigt.

– Du, vi är bandet liksom. Jag tror du...

– Jag har ditt plektrum! Avbröt hon mig och visade plastbiten hon höll mellan långfingret och tummen.

Ja, jag är fåfäng. Så klart jag har mina egna plektrum med logga. Till mitt försvar har alla sina egna personliga plektrum. Det är praktiskt, man vill inte råka blanda ihop plektrum på scenen. Att ta fel plektrum i helt annan plast och tjocklek känns som att råka ta på sig någon annans skor. Det känns bara fel.

– Ditt plektrum. Nu måste du ju verkligen ligga med henne. Sa Chris utan att släppa blicken från matchen.

– Kan du inte signera det, snälla? Bad hon och ignorerade Chris.

– Hur fan signerar man ett plektrum?! Och hur fick du tag på det? Undrade jag.

– Det låg på scenen.

– Okej. Och hur fan kom du ens upp på scenen?!

– Nä, jag stod längst fram och såg dig slänga plektrumet. Efter att folk började gå hem pekade jag och frågade en vakt om jag kunde få det. Han gick upp och hämtade det åt mig.

Jag blev lite förlägen och ställd. Så här va, om du vill ragga upp en musiker, sno hans plektrum och be honom signera det. Vi är alldeles för fåfänga och egotrippade för att kunna motstå det. Hon var farligt snygg. Hon såg nämligen porrigt vanlig ut, inte bara skinn och ben som heroinmodellerna vi ofta hängde runt. Hennes tatueringar och svarta nagellack skvallrade om att hon nog var ett hängivet fan av den typ av musik vi spelade. Det låg någonting charmigt över hennes ambition att få tag på mitt plektrum. Jag kände mig smickrad.

Det finns inget förmildrande att säga om det. Ja, jag låg med henne. Man kan ju fråga sig varför en snubbe som lyckats övertala sin flickvän att förlova sig och bära ring sedan går och ligger med någon annan. Jag har ställt mig själv den frågan flera gånger utan att få något vettigt svar. Det kan ha handlat om att jag var uttråkad. Och full. Eller påtänd. Saker man säger för att slippa fundera på den egentliga anledningen. Nämligen att jag måste ha gjort det för att jag ville. Det verkade som en bra idé där och då. I en delstat långt från Linda.

Till råga på allt började det efter några veckor svida och kännas obehagligt när jag kissade. Jag hade givetvis fått klamydia. För säkerhets skull testade jag mig för allt som gick. Man kan ju tycka att jag hade ett gyllene tillfälle att flyga helt under radarn med vad jag ställt till med. Jag var på turné, en antibiotikakur senare så hade Linda aldrig behövt få reda på det. Men jag var så äcklad av mig själv och ångerfull att jag var helt säker på att Linda hade rätt att få reda på det. Ärligt talat hade könssjukdomar inte så mycket med saken att göra. Jag mådde så dåligt av att jag hade varit otrogen att jag hade varit tvungen att berätta för henne i vilket fall. Klamydian var mest som ett poetiskt straff. Karma.

När jag till slut kom hem var min otrohet det första som kom ut ur min mun. Lika hemskt som det var att erkänna vad jag gjort, lika skönt var det att få bekänna. Jag redogjorde sakligt för Linda hur det hade gått till. En okänd kvinna i en bar. Sex. Klamydia. Jag visste inte ens vad hon hette och hade inga känslor för henne. Orden bara forsade ur mig som om en damm just brustit i mig. Jag kände mig som jag kan föreställa mig att mördare känner sig. De bär omkring på en fruktansvärd hemlighet som vill ta sig ut till varje pris. Vardagen blir helt olidlig, och det är på alla sätt och vis en lättnad när de till slut blir tagna av polisen.

Linda lyckades pricka mig mitt i pannan med ringen jag gett henne bara månader tidigare. Hon lämnade bostaden utan ett ord. Vad fanns det ens att säga? Det kändes fruktansvärt. Och helt surrealistiskt. Som att jag såg oss på en bioduk. Att det här egentligen inte hände, vi var bara skådespelare i en film. För kanske första gången i mitt liv tyckte jag faktiskt inte synd om mig själv där jag stod kvar i min ensamhet. Det kändes bara helt rätt åt mig. Jag förtjänade inte att vara med henne eller någon alls.

Jag hade bara en vän kvar. En vän som aldrig sviker. Någon som alltid finns där när du behöver värme och kärlek. Heroinet. Det var ungefär då som mitt missbruk verkligen började spåra ur på allvar.

"Jag har aldrig sett mig själv som särskilt svartsjuk. Under årens lopp hade jag mina misstankar vid olika tillfällen om att någonting liknande inträffade. Men jag ville nog inte veta. Att få höra det rakt ut var som en dolk i hjärtat. Det gör fortfarande ont att läsa det i skrift. Samtidigt var den ärligheten så nödvändig. Det var en förutsättning för att vi skulle kunna hitta tillbaka till varandra.

Jag gick nog sönder lite efter det där. Det var då mitt eget missbruk började spåra ur på riktigt också. Fram tills dess hade alla droger varit för att ha roligt. Nu blev det istället en självmedicinering för att slippa känna smärtan."

Linda

VELVET MARGARITA
Lilith

Linda befann sig i Washington DC som jag hade förstått det. Hon hade hankat sig fram som modell men hade nu hoppat på en administrationsroll för en av agenturerna med kontor österut. Jag förstod att det var avståndet från mig som lockade snarare än arbetet. Jag dövade min sorg och frustration med kvinnor och droger. Jag befann mig just i den där bottenlösa sorgen och frustrationen över min otrohet som fått Linda att lämna mig. Min relation till opiater växte sig allt starkare och intensiv medan mina relationer till kvinnliga partners mest var flyktiga parenteser som passerade. Ofta slutade den här typen av flyktiga kontakter med kvinnor med att jag kunde sitta och snyfta och babbla om Linda, varpå de aldrig hörde av sig igen.

För tillfället hängde jag med en kvinna vid namn Lilith. Jag har ingen aning om vad hon egentligen kan ha hetat, men hon var alldeles för goth för att det inte skulle vara taget. Mina få vänner brukade kalla henne Racoon, eftersom hon tog konceptet med sotsminking till helt nya höjder. Hon hade ett enormt blåsvart hår som böljade ner över axlarna som en kappa. Hennes blandning av viktoriansk klädsel i sammet och utmanande spets gjorde henne uppseendeväckande. I all väsentlighet var hon lite av en karikatyr på hur man föreställer sig en gothbrud. Hon var diagnostiserad med borderline, injicerade heroin och kunde utan förvarning försöka strypa mig när vi hade sex. För att vara ärlig var hon alltså helt jävla knäpp och oberäknelig. Jag tröttnade snabbt på hennes växlande mystiska humör och utbrott. Men tills vidare fann jag någon sorts tröst i det där dramat och misären.

Vi befann oss på Velvet Margarita i Hollywood. En fantastisk bar i gotisk mexikansk stil. Bara en sån sak som att de har svartmålade piñatas i taket liksom. Jag snurrade misstänksamt på en Margarita som såg lite för exotisk ut. Lilith hade beställt in en åt oss var. Hon hade sin blick fastborrad i en blond kvinna som stod lutad med händerna mot jukeboxen. Blondinen tycktes leva sig in i musiken och liksom dansade sensuellt med underkroppen medan hon fortfarande höll handflatorna över knapparna. Som att hon dansade med själva jukeboxen. Hon var hypnotiserande i sin korta svarta klänning utan ärmar. Med hennes högklackade skor i mocka framför jukeboxen såg hon ut som en reklamfilm för någon hipp vodka.

– *Så jävla patetiskt.* Väste Lilith.

– *Vaddå? Hon?* Undrade jag och nickade mot blondinen.

– *Jamen kolla på henne för fan.*

– *Jaha. Hon gillar musiken kanske?* Föreslog jag.

– *Kallar du det där musik?* Fräste hon och tände en cigarett.

Jag suckade åt hennes humör och svepte min Margarita. Lilith sög ilsket på sin cigarett och blåste ut röken genom näsborrarna medan hon fortsatte att granska blondinen vid jukeboxen. En servitör kom fram till bordet och frågade artigt om vi ville beställa mera.

– *Jag tar gärna en öl, tack.* Svarade jag.

– *Nej, ge honom en Margarita till.* Fräste Lilith utan att släppa blicken från blondinen.

– *Vad sysslar du med?!* Undrade jag irriterat och vände mig mot Lilith.

– *Det är så jävla lågt att dricka billig äcklig öl. Ge honom en Margarita.*

Hon pratade utan att släppa kvinnan vid jukeboxen med blicken. Servitören tittade osäkert på mig. Jag ville inte försätta honom i någon genant situation. Samtidigt tänkte jag fan inte dricka Margaritas bara för att Lilith var på dåligt humör. Jag försökte mig på en kompromiss.

– *Vet ni, jag tror jag tar ett glas vatten istället.* Suckade jag, medan Lilith gav mig en irriterad blick.

– *Jag tar en Margarita till. Det vore bra om du kunde slänga ut den där slampan vid jukeboxen också.* Sa hon med nonchalant röst till servitören.

– *Nej men vafan. Jag ber om ursäkt, hon menade inte det där.* Protesterade jag trött.

– *Och sätt på någon riktig musik också.* Fortsatte Lilith i samma ton.

– *Okej, så var det med det. Nu går vi.* Stönade jag och reste på mig.

Servitören såg än mer osäker ut. Hans nervösa leende hade försvunnit från ansiktet. Det blev genant i alla fall till slut. Han hade ingen aning om han skulle vänta på en beställning eller avlägsna sig från bordet. Lilith reste på sig. Jag hann utväxla en bekymrad blick med servitören innan vi till vår fasa såg hur Lilith ångade över bargolvet bort mot jukeboxen. Det tog ett par sekunder innan jag insåg att det här kunde sluta dåligt, varpå jag skyndade efter. Jag fick inte grepp om hennes arm förrän hon öppnat munnen.

– *Du är inte välkommen här. Fattar du? Du borde gå.* Sa hon iskallt till blondinen som vände sig om förvånat.

– *Jag ber så mycket om ursäkt. Hon är bara full, bry dig inte om henne.* Sa jag bestämt medan jag försökte dra med mig Lilith som stretade emot.

– *Jag är för fan inte full! Släpp mig.* Fräste Lilith.

– *Vad är det frågan om då? Du känner ju inte ens henne! Kom så går vi nu.* Krävde jag.

– *Hon står ju där och vickar på rumpan för dig, tror du inte jag ser?!* Väste Lilith.

Blondinen tittade förvånat på Lilith med vidöppna ögon innan hon gav mig en frågande blick. Jag såg nog lika frågande ut inför det barnsliga utspelet. Den blonda kvinnan hade inte ens tittat åt mitt håll. Och jag hade aldrig sett henne förut. Det här var inte fråga om någon svartsjuka – det här var rena rama galenskaperna. Lilith öppnade munnen som för att säga något. Jag hann före.

– *Nu lägger du av! Den här damen vet inte ens att jag existerar.* Sa jag irriterat och skämdes.

– *Natalie.* Sa blondinen i sin förvirring och höll upp ett pekfinger som om hon var på upprop i skolan.

– *Precis. Hon har faktiskt ett namn!* Sa jag dumt och försökte lönlöst dra i Liliths arm.

Lilith stelnade till innan hon slet åt sig armen ur mitt grepp. Hon stirrade på mig ursinnigt med halvöppen mun.

– *Din jävel, tar du hennes parti nu eller?!* Sa hon med en röst som darrade av vrede.

– *Ja det är klart att jag gör! Du ger dig ju på oskyldiga människor för fan!* Utbrast jag.

– *Fy fan. Fy fan så jag hatar dig nu!* Väste hon medan hennes ögon smalnade av till två streck.

– *Okej. Då så. Skäm inte ut oss mer nu är du snäll.* Sa jag matt.

– *Ärligt talat tycker jag mest hon skämmer ut sig själv.* Mumlade blondinen.

– *Vad fan sa du?!* Spottade Lilith och tog ett steg mot blondinen.

Jag klev in framför Lilith och blockerade. Hon fixade inte den förödmjukelsen som det innebar i hennes påtända hjärna. Hon stirrade med psykotisk vrede på mig innan hon tog ett steg bakåt.

– *Du kan dra åt helvete! Åt helvete!*

– *Okej.* Svarade jag behärskat.

– *Fattar du det eller?! Jag vill aldrig mer se dig!* Fräste hon med samma psykotiska blick.

– *Bra där.* Fortsatte jag med samma lugn.

– *Du kan också dra åt helvete, din jävla slampa!*

– *Natalie.* Rättade blondinen.

Lilith stampade ut från baren. Så var det till slut färdigt med
Liliths galenskaper. Det enda jag kände var lättnad trots att jag just
blivit dumpad. Lättnad, och förödmjukelse över dramat hon rört upp.
Jag stod kvar skamset och såg ner i golvet innan jag förläget vände mig
mot blondinen som uppenbarligen lystrade till Natalie. Hon stod lutad
med svanken mot jukeboxen.

– *Jag vet inte vad jag ska säga. Jag ber så mycket om ursäkt, jag tror hon
var...full.* Sa jag med skam i rösten.

– *Förlåt uttrycket, men är den där galningen din tjej?!* Undrade hon
misstänksamt.

– *Nja. Eller jo. Typ. Inte nu längre i vilket fall.*

– *Jösses jävlar. Jag är ledsen.*

– *Äh. Det är ingen fara. Det är jag som ska be om ursäkt.*

– *Det är lugnt, jag har varit med om värre. Är du okej?*

– *Ja för fan. Jag ska nog bara gå till baren och bli full. Ha en bra kväll.*

– *Hörru, jag gör dig sällskap.*

– *Öh. Är du säker på det?* Undrade jag förvånat med tanke på det
som hänt.

– *Jag kan också behöva nånting starkt efter det där.*

Hon gick målmedvetet över till baren. Jag följde efter lite förvirrat.
Hon var bland de vackraste kvinnor jag någonsin sett. Hade vi träffats
under andra omständigheter hade jag nog försökt flirta med henne.

"Lilith hette egentligen Sarah i verkligheten. Och hon var inte bara helt jävla sjuk i huvudet, hon var farlig. Hon försökte psyka ut mig på [baren] Loaded vid ett tillfälle. Hon kom fram och stirrade med sina döda ögon på mig medan hon brände sig själv på underarmen med sin cigarett. Någon annan gång tog hon fram ett rakblad och slickade på den platta sidan. Som att hon utförde oralsex. Med samma döda blick. Hon åkte in och ut ur fängelse för misshandel.

Tro mig, jag vet mycket väl vem häxan var. Hennes största merit var att hon legat med Marilyn Manson. Grattis Peter, det gör er ju nästan släkt."

Linda

VELVET MARGARITA
Natalie

På alla vis var det helt surrealistiskt att jag hamnade i ett fyllesamtal bredvid kvinnan som min galna brud just förolämpat å det grövsta. Jag bjöd henne på en drink, vilket var det minsta jag kunde göra. Själv fick jag min öl till slut. Någonting verkade bekant med Natalie. Det måste ha tagit mig en timme eller så innan jag kunde placera henne. Jag insåg att jag hade sett henne här och där i bakgrunden i olika tv-serier.

- *Vänta, för fan! Du är ju för i helvete skådespelare!* Utbrast jag triumferande.
- *Ja. Jo. Jag antar det.* Var det enda hon fick ur sig med ett förläget leende.
- *Jamen, jag har ju sett dig i...den där serien. Och någon annan.* Sa jag fundersamt utan att ha en aning om titlarna.
- *Du kommer inte ens på vart du sett mig va?* Sa hon pillemariskt.
- *Nja, men ändå. Det är ju hur coolt som helst!*
- *Hmm, som du hör är jag knappast någon kändis.*

Det finns naturligtvis skådisar som lever dekantenta missbrukarliv med droger och alkohol. Natalie levde dock ett helt jävla normalt liv. Hon drack, men på ett sunt vis som de flesta normala människor gör. Droger var hon inte särskilt intresserad av. Hon klädde sig traditionellt kvinnligt utan läder och nitar. För mig var den där normala vanligheten så fruktansvärt spännande. På samma vis tror jag hon tyckte grejen med galenskaper, droger och rockenroll var exotisk.

Jag önskar jag kunde säga att kvällen slutade som någon scen ur Dirty Dancing där framför jukeboxen. Men vi kramades bara lagom vänskapligt innan vi gick skilda vägar hem. Fast jag fick åtminstone hennes telefonnummer. Redan dagen efter ringde jag henne vilket man inte ska göra enligt alla oskrivna regler. Men det struntade jag i. Jag föreslog en drink och kände mig lite som en alkis när hon föreslog en bio istället. Hon dök upp i designerjeans och en svart blus utanför biografen. Hon var bedövande snygg med sitt mörkblonda hår som ramade in hennes ansikte.

- *Du är så gudomligt vacker.* Hörde jag mig själv säga förtrollat.

- *Tack.* Svarade hon förläget.

- *Jag bara älskar ditt hår.* Sa jag dumt.

- *Äh. Du fattar väl att jag inte är blond på riktigt.*

- *Haha. Okej. Det...har jag nog inte tänkt på. Borde man det?* Undrade jag.

- *Du är ju från Sverige liksom. Alla är väl blonda där?*

- *Jösses. Nej. Det där är bara någon knäpp myt.* Svarade jag med ett skratt.

- *Va bra. Så du vill ändå gå på bio med mig?*

Hon förde sig med en charmig blygsamhet på det viset. Jag förbannade mig själv för att min fascination för kvinnors hår alltid bara bubblade ur käften sådär utan vidare. Jag var så förhäxad av hennes närhet att jag inte kan minnas själva filmen vi såg. Vi tog en nattfika på Celo's efter bion och kysstes. Trots att jag var fullständigt isolerad i min bubbla av heroinrus så bara smälte jag i hennes närvaro. Nackhåren reste sig i ren njutning när hennes tunga slingrade sig runt min. Hennes mjuka läppar smakade mango och läppstift. Den fantastiska doften av rosor och citrus från hennes hår fick mig helt ur balans där jag stod och höll om henne utanför cafét.

– *Är du okej?* Frågade hon med ett leende när jag drog efter andan i min berusning av henne.

– *Mer än så.* Svarade jag.

– *Är vi pinsamma som står som två tonåringar och hånglar på gatan?*

– *Ja, antagligen.*

– *Jag tror inte det stör någon som dig.*

– *Nä. Jag är proffs på att vara pinsam.* Svarade jag och försökte låta tuff.

– *Så kyss mig igen då.* Sa hon med en blick som kunnat ge henne allt hon någonsin velat ha.

Hon bet sig i underläppen med ett leende när jag la en hårslinga i hennes ansikte till rätta. Jag dog lite varje gång hon log mot mig med de där intensiva isblåa ögonen. Hennes ansikte var så symmetriskt och vackert att det gränsade till helt omöjlig perfektion. Hon pressade sin mjuka kropp mot min medan hennes handflator smekte min rygg. Att få hålla hennes kropp och känna hennes värme mot mig där i nattluften fick en tsunami av vällust att skölja över mig. Känslostormen gjorde nästan ont i mig av lycka.

Jag blev till och med lite konspiratorisk. Hon var alldeles för översnygg för att stå och kyssa en skitig rocker på heroin. Tanken slog mig att hon hade någon baktanke, men jag kunde inte lista ut vad det skulle vara. Jag var varken rik eller känd. Eller så var det helt enkelt så att när man blir förälskad i en person så är hon bara den vackraste som finns. När vi sedan blev ett par så skämtade våra bekanta ofta om att vi var som Tommy Lee och Pamela Anderson. Jag var en ful musiker med tatueringar och knark. Natalie var rena rama motsatsen, en snygg skådis i designerkläder och örhängen i guld. Men det var nog också just det som drog oss till varandra. Vi fann båda varandra exotiska och spännande.

Plötsligt kunde jag inse att jag satt på parmiddag och drack vin. Eller att vi höll handen medan vi promenerade som i någon romantisk film längs strandbrynet. Saker jag aldrig hade gjort förut. Jag var tacksam för varje litet ögonblick som fick mig att tro att jag levde ett normalt hälsosamt liv som alla andra i universum. Jag njöt av att bara sitta hög som en mast i hennes soffa och bara betrakta henne medan hon läste manus. Jag låtsades låta generad och uttråkad när hon tidvis bad mig att läsa motspelares repliker till henne. Trots att jag tyckte det var oändligt spännande.

En kväll satt jag i min soffa med en gitarr. Klockan kan ha varit sådär två på morgonen. Natalie kom sömndrucket ut ur sovrummet, endast iförd en av mina t-shirts som hängde som ett nattlinne över henne. Under bråkdelen av en sekund såg hon ut som Linda när hon stod där med halvöppna glansiga ögon i sitt stökiga blonda hår. Jag stelnade till och slutade spela. Jag fick blinka kraftigt för att sudda bort uppenbarelsen av Linda.

– *Oj, förlåt. Det var inte meningen att väcka dig.* Sa jag försiktigt.

– *Det gör inget. Det var fint, vad spelar du?* Undrade hon och satte sig i fåtöljen.

– *Bach.*

– *Spela den igen.*

– *Jag kan inte spela när du distraherar mig sådär.* Sa jag skämtsamt.

– *Va? Vad har jag gjort?* Undrade hon med en förvirrad blick.

– *Jamen det står en halvnaken kvinna framför mig, jag kan inte koncentrera mig då.* Fortsatte jag och tittade på hennes fantastiska uppenbarelse.

– *Aha. Jag har äntligen listat ut hur man tävlar med din gitarr!* Sa hon triumferande.

Hon ställde sig upp och började röra sig i en sensuell utmanande dans framför mig. Jag fattar att hon gjorde det på skoj i tron om att hon i själva verket såg fånig ut. Men hon var helt hypnotiserande erotisk. Min t-shirt hade liksom aldrig någonsin sett sådär sexig ut förut. Jag begrep inte vad den här ängeln gjorde i mitt vardagsrum av alla ställen. Jag blev som bedövad av hennes charm och aura.

Men hur förälskad jag än var så var det någonting som inte stämde. Jag var lycklig och glad tillsammans med Natalie. Hon var smärtsamt medveten om mitt missbruk men gjorde aldrig någon stor sak av det. Hon lät mig hållas. Så vitt hon anbelangade var det en del av mitt jobb. Precis som att det var en del av hennes jobb att ibland tvingas kyssa skådespelare framför kameran. Så vi hade det bra tillsammans, det var inte det. Det var att hon inte var Linda.

"Första gången jag läste den här texten blev jag arg och sårad av hur du sätter henne på en piedestal. Du väljer ord som 'ängel' och 'gudomlig'. Det är superlativ som jag knappast kan ha levt upp till. Efter att ha läst texten ett par gånger till måste jag dock tillstå att det var fint skrivet att hon inte var jag. Att det i själva verket var hon som inte kunde leva upp till vad jag var för dig. Du har rätt i att det är något jag måste ta som en komplimang. Jag förstår vad du försöker säga och det värmer.

Med det sagt stör det mig som fan att behöva läsa att den där jävla kvinnan sov i min säng. Att hon struttat runt i dina t-shirts. Att du är så jävla lättcharmad att det räcker med att le som en bimbo för att du ska trilla dit. En skådespelerska liksom, kom igen. Du betalade antagligen hennes parkeringsböter om hon bara fällde en liten tår också."

Linda

NASHVILLE
Botten

Jag vet inte hur många signaler det tog innan Linda faktiskt svarade. Allting gick som i sirap i mitt huvud. Jag hade inte pratat med henne på månader. Hon måste nog stirrat på det inkommande samtalet en bra stund innan hon bestämde sig för om hon ville prata. Efter vad som kändes som en evighet så hörde jag till slut hennes röst för första gången på länge.

– *Hallå?* Hennes röst lät överraskad och tveksam.

– *Det är jag.* Sa jag med kvävd röst.

Ytterligare en evighet av tystnad passerade mellan oss. Jag hade ingen aning om vad jag skulle säga. Vi hade befunnit oss i någon sorts känslomässig istid tillräckligt länge för att jag skulle känna mig som en främling inför henne. Linda visste nog inte riktigt heller hur hon skulle ställa sig till att prata med mig efter så långt uppehåll. Vi hade dock känt varandra så länge att vi kunde läsa av varandras tonfall i rösten.

– *Vad har hänt?* Frågade hon misstänksamt. Hon hörde givetvis på mig att någonting var fel.

– *Jag tog för mycket. Alldeles för mycket.* Stönade jag.

Det tog flera sekunder för henne att koppla vad det var frågan om. Det måste sedan ha gått upp för henne rätt snabbt att jag överdoserat och satt mig själv i skiten. Direkt började hon agera som en akutsköterska över telefonen. Den där obekväma tomheten mellan ett par med en infekterad konflikt mellan sig försvann genast.

– *Är du ensam?* Undrade hon sakligt.

– *Snälla, jag kommer inte klara det här.* Jag kämpade mot paniken medan mitt synfält krympte mer och mer.

– *Vart är du någonstans?*

– *Jag är...det här går åt helvete.* Snyftade jag.

– *Baby, du måste lyssna på mig nu. Förstår du?* Frågade hon mjukt.

Även om hon bara förställde sig med ett lugn, sådär som man pratar med folk som är i chock, så betydde de där orden så mycket för mig där och då. Det kändes så gränslöst fantastiskt att höra henne kalla mig baby igen. För ett kort ögonblick var det som att vi aldrig varit ifrån varandra.

– *Okej, jag lyssnar nu.* Svarade jag släpigt.

– *Berätta vart du är just nu?*

– *Nashville. På Capitol Hotel.*

– *Är det ditt rum du är på?*

– *Ja. Mitt rum.*

– *Är du ensam på rummet nu?*

– *Ja. Och jag känner knappt min kropp längre.*

– *Okej, är det heroin? Bara heroin?*

– *Ja. Bara det.* Stönade jag.

– *Baby, jag vill att du gör som jag säger nu. Kan du lova mig det?*

– *Jag lovar.* Svarade jag lydigt.

– *Vi måste ringa en läkare. Det är viktigt.*

Det hade liksom inte slagit mig att jag självklart borde ha ringt ett sjukhus. Det verkade rimligt att ringa en läkare när hon sa det. Bara det att det liksom var heroin det handlade om. Massa frågor skulle ställas och jag skulle fått problem om jag åkte till ett sjukhus. Linda fortsatte prata med lugn varm röst.

– *Gör dig av med allt du har. Allt du har på dig. Allt som finns i rummet. Spola ner det.*

– *Okej.*

– *Gör det nu medan jag väntar i telefonen. Förstår du mig?*

– *Ja, jag ska göra det nu.* Mumlade jag.

– *Våga inte lägga på luren, jag vill kunna höra dig.* Vädjade Linda.

– *Jaja. Vänta.* Sa jag släpigt.

Kroppen lydde inte riktigt. Jag kravlade på knäna till bordet, tog påsen med heroin och lyckades skrapa upp resterna med handflatan. Sedan kröp jag tillbaka in i badrummet och fick ner allt i toalettstolen. Jag spydde galla i toaletten innan jag spolade ner allt. Det var tungt att andas så jag var tvungen att stanna för att hämta andan när jag kröp tillbaka till telefonluren som fortfarande hängde i sladden.

– *Du, tack. Jag ringer en läkare och...* Började jag innan Linda avbröt mig.

– *Baby, lyssna på mig nu. Lyssna!* Sa hon bestämt.

– *Okej.*

– *När läkaren kommer så ska du inte säga att du tagit heroin.*

– *Läkaren...kommer?* Undrade jag.

– *Ja. Läkaren kommer. Lyssna nu bara, okej?*

– *Okej.*

– *Du ska säga att du var på en bar. Och någon måste ha förgiftat din drink.*

Det var en löjeväckande genomskinlig story. Vem fan skulle droga en snubbes drink på krogen? Med heroin dessutom. Hade jag sagt det till en polis hade han förmodligen slagit mig på käften rakt av. Linda hade dock ringt en ambulans. Om inte ambulanspersonalen ser narkotika ligga framme ringer de inte polisen. Jag hade heller inga sprutmärken på armarna. Även om min förklaring var helt jävla uppenbar bullshit gick det inte att bevisa någonting tillräckligt mycket för att blanda in polisen. Det var en chansning av Linda, men en mycket god sådan under omständigheterna. Jag hade gjort samma sak.

– *Gå ingenstans. Stanna på rummet.* Fortsatte Linda.

– *Okej.*

– *Lugn, det kommer ordna sig nu. Okej, baby?*

Linda fortsatte prata lugnande med mig tills att någon i hotellpersonalen öppnade dörren åt ambulanssjukvårdarna. Jag försökte resa på mig för att prata med dem men segnade bara ihop igen som spaghetti. De gav mig syrgas och tog mitt blodtryck medan de pratade med Linda över telefonen. Som gav dem en uppdiktad historia om att jag kommit tillbaka till hotellrummet efter ett barbesök, och ringt henne när jag började känna mig konstig. Jag behövde lyckligtvis inte ens säga mycket alls förutom att svara på direkta frågor om hur jag mådde. Efter en spruta naloxone började jag kvickna till. De lyckades försäkra Linda om att jag inte höll på att dö även om jag trots allt såg ganska bucklig ut.

Sprutan bromsade ner effekten av det vansinniga ruset, men fick mig att må illa och frysa som om jag vore naken på nordpolen. De ville ta med mig till sjukhuset för övervakning men i övrigt betraktades nog det värsta med mitt tillstånd som att jag var helt jävla dum i huvudet. Det fanns en falsk trygghet i att just snorta upp knark i näsan. Man hade liksom aldrig hört talas om någon som dött av att snorta heroin. Det var bara sånt som hände de som injicerade. Nu dog jag förvisso inte, men jag låg trots allt som en idiot på en bår med en syrgasmask över munnen. Jag slöt ögonen och föll in i en sällsam dvala av trygghet och lugn innan de ens fått in mig i ambulansen.

"Jag blev så fruktansvärt livrädd att jag inte visste vart jag skulle ta vägen. Det var hundra mil mellan honom och mig, och jag kunde inte göra någonting. Det var som en mardröm. Jag fick kämpa med ren viljestyrka för att inte bryta ihop och börja tjuta under samtalet. Han mumlade osammanhängande med ansträngda andetag. Det var plågsamt att lyssna på och jag fick kämpa för att ens höra vad han sa. Han började svamla om att han behövde kokain för att landa, och jag fick avbryta honom gång på gång för att ta reda på vart han var.

Jag ringde från en fast telefonlinje till hotellet han påstod att han bodde på medan jag hade honom på mobilen. Det var en helt obeskrivlig lättnad när de bekräftade att han faktiskt var gäst där. Jag ville inte slösa tid på att förklara situationen för personalen och be dem kolla honom på rummet, så jag ringde ambulansen direkt.

Ambulanskillarna var så underbara. De berättade lugnt och metodiskt exakt vad de gjorde, och läste upp medicinska värden som jag inte fattade. Men de försäkrade mig om att han var stabil och kunde andas själv. De tog mitt nummer och ringde tillbaka när han blivit inskriven på sjukhuset och fick en läkare. Då gick det inte att hålla tårarna tillbaka längre, det bara brast för mig. Sjukvårdaren tröstade mig över telefonen och bara lyssnade på mitt svammel, han var helt fantastisk. Jag önskar att jag hade skrivit ner hans namn så jag hade kunnat tacka honom."

Linda

CLUB PROVOCATEUR
NY10014
Ca 2004

Provocateur var på den tiden en populär nattklubb med själ.
Åttiotalsklassiker varvades med klassisk rock i högtalarna. Tyvärr
stängdes klubben för att sedan senare återuppstå i nuvarande
tappning som mest liknar valfritt Stureplanshak för överklasstomtar i
märkeskostym. Jag är glad att jag hann besöka stället under sin
storhetstid. På sätt och vis var det nog lite Stureplansvarning redan på
den tiden då klubben var populär bland kändisar. Lite som Café Opera
i Stockholm. Vi var hur som helst alla inhyrda medlemmar i ett band,
och passade på att besöka Provocateur när vi nu befann oss i New
York. Vi trängdes stående runt ett bord och drack iskall lager.

Stället var så fullsatt som reglerna tillät. Därför tog det en stund
innan jag mycket roat upptäckte att en av gästerna som smög omkring
var självaste Gene Simmons. Han hade ju liksom inte rustning och
smink på sig. Tvärtom gled han omkring i en mörk kostym och såg lite
för proper ut för att vara rockstjärna. Helt obekymrat verkade han
liksom surfa från tjej till tjej för att skamlöst pussa dem. På munnen.
De flesta verkade finna sig i det och gav honom helt enkelt en puss.
Sen gled han vidare, tog ett glas Fanta och pussade på nya brudar. Det
såg lite bisarrt ut. Det var inte så att någon av tjejerna sprang efter och
skrek hysteriskt av upphetsning. De såg tvärtom mest häpna och lite
förlägna ut, som att de undrade om det där just hände.

- *Hörrni, kolla! Det är fan Gene Simmons!* Utbrast jag och nickade
  diskret.
- *Va? Jag kommer döda dig om du ljuger!* Svarade Phil och tittade
  nyfiket i riktningen.
- *Vem är Gene Simmons?* Undrade Alyx ivrigt.

Tiden stannade och alla blickar runt bordet vändes mot Alyx. Hon var visserligen rätt ung, typ tjugonånting. Men det är ingen ursäkt, alla vet vem Gene Simmons är. Med hennes långa punkröda hår och tatueringar måste KISS per automatik ingått i hennes uppfostran. Dessutom spelade hon bas, precis som Gene Simmons. Att i hennes skor inte veta vem han är vore som att spela tennis utan att veta vem Björn Borg är.

– *Gene Simmons!* Upprepade Phil och blängde på Alyx, som om det skulle hjälpa.

– *Jaha?* Alyx tittade förvirrat på oss under sina enorma ögonfransar.

– *Menar du allvar? Du vet väl vem Gene Simmons är?!* Fortsatte Phil lika dumt.

– *Näe!* Fnös hon till svar lite surmulet.

– *Alltså, det är han i KISS. Han med tungan, du vet?* Försökte jag.

– *Åh. Jaha han. Är han här?*

– *Ja, där! Kolla då.* Jag pekade ordentligt med fingret.

– *Men...jag ser honom inte?* Alyx letade antagligen efter någon med svarta drakvingar målade runt ögonen.

– *Det är snubben i stort hår som är på alla brudar.* Förklarade jag.

Alyx tittade misstänksamt i riktningen jag pekat. Hon måste ha fattat vem jag menade till slut. Alyx verkade följa honom med blicken när han gled runt, lyckligt omedveten om att hans beteende skulle ha fallit under en viss hashtag sådär ett decennium senare.

– *Är det snubben i kostym? Han ser ju ut...som en gammal gubbe?* Sa Alyx besviket.

– *Helt seriöst, du vet väl hur Gene Simmons ser ut?* Phil hade inte släppt Alyx okunskap ännu.

– *Jag vet att han har lång tunga.* Svarade Alyx sakligt.

– *Ja men...äh, jag vet att du bara jävlas.* Suckade Phil och tog en klunk öl.

– *Käften. Alla är inte lika kändiskåta som du.* Alyx tog också en klunk.

Kvällen fortlöpte och vår fylla tilltog. Vi hoppades nog alla lite i hemlighet att herr Simmons skulle smyga fram till Alyx och försöka stjäla en puss av henne också. Bara för att se på när hon helt garanterat hade sänkt honom med en rak höger. Tyvärr hände det inte. Hon såg antagligen lite för farlig ut i sina tatueringar och svarta latexbyxor för att han skulle våga försöka. Det var faktiskt rätt förbluffande att ingen annan gav honom en ordentlig smäll eller ens en örfil. Till slut tröttnade vi faktiskt på att smygtitta på hans fasoner. Alldeles för många öl senare bestämde vi oss sålunda för att fortsätta drickandet på hotellet.

På vägen ut passerade vi alldeles bredvid Gene Simmons som nu stod och myspratade med någon tjej som tindrade med ögonen. En mycket vinglig Alyx stannade till vår förvåning alldeles bredvid honom. Hon klappade till honom vänskapligt på axeln innan hon harklade sig för att prata. Gene Simmons såg förväntansfull ut, nästan så att han plutade med läpparna.

– *Hey Gene. Kiss...my...ass.*

Det var det enda hon sa. Sen gick hon bara kallt vidare mot utgången, vi skyndade roat efter med bubblande skratt. Gene Simmons såg inte lika road ut, men hans mysbrud verkade tyckte det var roligt i alla fall.

NASHVILLE
General Hospital

Jag fick ett cinematiskt uppvaknande. Linda såg verkligen ut som en ängel i sitt platinablonda hår i det vita rummet som badade i morgonljuset. För ett kort ögonblick trodde jag nästan att jag hade dött trots allt. Hon betraktade mig bekymrat från sidan av sängen medan hon buffade på min axel. Det kändes galet surrealistiskt. Den enda personen i hela universum jag ville vara med stod just nu bredvid min säng. Med tanke på att vi inte hade pratat på månader var det en omöjlig syn och jag övervägde att tro att jag drömde.

– *Hörru vakna, idiot.* Sa hon mjukt.

– *Linda?!* Utbrast jag förvånat och satte mig upp.

– *Ja, men du ska nog ligga ner.*

– *Är det verkligen du?* Undrade jag dumt och hörde hur det lät som en tvålopera.

– *Vafan, ja du ringde mig igår. Minns du inte det?*

– *Men...hur kom du hit? När?!* Undrade jag förvirrat.

– *Jadu. Jag cyklade.* Svarade hon ironiskt med en suck.

– *Cyklade?!*

– *Du är så jävla efterbliven. Jag flög, det tar bara någon timme.* Linda himlade med ögonen.

Lite besviken blev jag nog. Jag hade redan manifesterat en inre bild av Linda på en damcykel, vinglandes i vägrenen bredvid långtradarna längs I85. Det skulle dock tagit längre än någon timme så det verkade rimligt att hon flugit. Jag var naturligtvis oändligt tacksam att hon var där, jag kunde bara inte fatta varför. Sist jag såg henne slängde hon sin ring på mig. Visst mindes jag att jag ringt henne i ren panik under kvällen, men jag hade liksom inte kunnat föreställa mig att hon skulle åka hit.

– *Vad gör du här egentligen?*
– *Vad jag gör här?!* Undrade hon upprört och höjde ena ögonbrynet.

När Linda höjer ena ögonbrynet så vet man att man sagt något dumt. Man vet inte alltid exakt vad, men man vet att det är riktigt dumt. När hon till och med satte knytnävarna i sidan och liksom lutade sig fram över sängen förstod jag att jag nog bara skulle hålla käften.

– *Jag ska berätta för dig vad jag gör här! Du tog en jävla överdos. Fattar du hur jävla rädd jag blev av att höra din röst sådär?! Jag trodde för i helvete att du skulle dö! Vafan sysslar du med i egentligen?!*

Det var en bra fråga. Men jag hade nog inget bra svar. Jag hade ingen aning om vad jag sysslade med, det var inte direkt meningen att ta en överdos. Egentligen visste jag inte ens varför jag ringde Linda. I mer nyktert tillstånd föreföll det som en sån där fyllegrej, man ringer till helt fel brud och struntar i att man kommer ångra det på morgonen.

– *Du, förlåt. Jag borde inte ha ringt dig, jag vet det. Jag vet inte vad som flög i mig.* Sa jag skamset.
– *Är du knäpp?! Vänta, ja det är du ju. Jag snackar om överdosen.*
– *Det var liksom inte meningen. Jag visste inte hur starkt det var.*
– *Okej...men...vafan.* Sa hon lite förläget. Hon visste mycket väl själv att man inte kan veta vad man drar i sig.
– *Ja, det var klantigt. Jag vet.*
– *Och idiotiskt. En klantig jävla idiot är vad du är.* Sa hon och la sin hand kärleksfullt över min.

Lindas hud mot min. Så länge sedan. Så enormt van känsla, så rätt. Om hon hade vänt sig om och lämnat rummet där och då hade jag kunnat leva år på den korta beröringen. Jag kände en växande klump i halsen som jag kämpade emot medan jag slöt ögonen. Linda strök tummen ömt över min handled vilket gav mig rysningar av välbehag. Det gick inte att motstå frestelsen att greppa hennes hand i min. En elektrisk stämning uppstod mellan oss för ett ögonblick. Linda fann sig och bröt tystnaden.

– *Borde du inte haft nån groupie på rummet som tog hand om dig?* Frågade hon skämtsamt, men det låg ett lager av allvar över frågan.

– *Nej. Vet du, jag är så jävla klar med det där.* Svarade jag med en suck.

– *Verkligen?*

– *Ja. Verkligen. Du, jag är så himla ledsen. Förlåt.* Vi visste båda två vad vi pratade om. Och det var inte överdosen.

Linda kramade min hand och suckade sorgset. Jag tror hon visste att jag var ledsen över vad jag gjort mot henne. Hon visste garanterat att jag ångrade det ända in i märgen. Jag var lika smärtsamt medveten om att min ånger inte påverkade hennes känslor inför vad jag gjort. Jag kände mig dum som bad om ursäkt.

– *Det är okej.* Svarade hon matt.

– *Det vet jag att det inte är. Jag förstörde allt.* Sa jag dramatiskt.

– *Äh, vi pratar ju åtminstone nu. Det är alltid något.*

– *Jag kan inte fatta att du åkte hit. Det är helt galet ju.*

– *Jo, men jag måste tillbaka till DC.*

– *Okej. Jobbet eller?*

– *Min pojkvän.* Svarade hon.

Orden träffade mig som ett godståg. Så hårt att jag tappade andan. Mitt bröst imploderade av smärta. En plötslig yrsel kröp över mig och gjorde mig illamående. Jag kände mig så tom och meningslös plötsligt. För ett ögonblick blev jag besviken över att jag inte tagit tillräckligt med heroin för att dö. Min överdos kändes plötsligt som rena rama nysningen i jämförelse. Men jag hade ingen rätt att vara besviken. Jag gjorde ett tappert försök att låtsas låta vuxen istället.

- *Aha. Vem är han?* Frågade jag behärskat och försökte låta nyfiken trots att jag inte ville veta.

- *William.* Svarade hon torrt.

- *Bor ni ihop?*

- *Jag vet inte riktigt.* Svarade hon med en suck.

- *Vet inte riktigt?! Det...vet man väl?*

- *Nja, jag ska väl hämta mina prylar bara. Sen är det nog färdigt.*

- *Hämta prylar?* Jag begrep inte riktigt.

- *Alltså, det har väl inte fungerat så bra mellan oss.*

- *Oj. Så tråkigt.* Ljög jag.

- *Jag sa till honom att jag skulle titta till mitt ex som låg på akuten i Nashville.*

- *Aj fan. Nej, det är ju nog inget man skulle vilja höra.*

- *Han sa att om jag åker vill han inte se mig någonsin igen.*

Linda slog ut armarna med ett uppgivet försök till leende. Som för att poängtera att hon trots allt i detta nu befann sig exakt just hos sitt ex på akuten i Nashville. Med allt vad det nu innebar med det ultimatum som den där William ställt. Plötsligt kändes det där godståget som nyss kört över mig väldigt långt borta. Det var nästan så att jag kände mig friskare än någonsin. Jag kämpade hårt för att inte flina med ett triumferande leende över hela ansiktet.

- *Fast upplyste du honom om att ditt ex är en idiot?* Frågade jag finurligt.

– *Alltså, det visste han redan.* Svarade hon, vilket indikerade att hon också pratat massa om sitt ex med sina snubbar.

– *Oj. Så hur ska du bo nu då?*

– *Det löser sig nog.* Svarade hon och snörpte på munnen.

– *Du kan ju alltid följa med och bo på turné.* Föreslog jag, och försökte få det att låta som ett skämt trots att jag var helt seriös.

Linda såg allvarligt på mig med sina blanka ögon. Hon var hög, vilket jag var avundsjuk på. Jag väntade ängsligt på att hon skulle höja ena ögonbrynet som svar på min fråga. Hon bet sig själv försiktigt över fingret medan hon dröjde en evighet innan hon fortsatte.

– *Hotell i så fall. Inga jävla sunkmotell. Inga såna där ställen som skyltar med "Rena lakan och Färg-tv". Om man måste skylta med att man minsann har rena lakan så fattar man ju att det är knas. Nä, rimligt hotell. Och du ska fanimej betala för det. Du behöver ju någon som tar hand om dig. Idiot.*

En helt gränslös lycka bubblade inom mig efter hennes utläggning. Där och då struntade jag i om det hela bara var en surrealistisk morfindröm. Jag tillät mig själv att känna mig glad igen för första gången på flera månader. Om det skulle visa sig att jag strax vaknade upp bakis i ett tomt sjukhusrum så fick det väl vara så. Jag gjorde mitt bästa för att försöka se cool ut där i sängen.

– *Hmm, jag ska överväga saken.* Svarade jag teatraliskt.

"Man kan förlåta, det betyder inte att man måste glömma. Jag var inte arg på Peter längre, och William hade fått mig att inse vem jag egentligen ville vara med. Det kändes rätt i varenda cell att se honom igen även om det var under tråkiga omständigheter. Konversationen i sjukhussalen var i själva verket mycket längre än så där. Ja, jag plågade honom en lång stund med att jag var tillsammans med William innan jag berättade hur det egentligen låg till. Hämnden kan vara så ljuv ibland. Men sen hade jag fått det ur systemet.

Och helt allvarligt, vem fan vill sova på ett ställe som uppenbarligen anser att rena lakan är ett exklusivt extraerbjudande?! Försök inte få mig att framstå som fin i kanten nu."

Linda

CHEROKEE AVENUE
LOS ANGELES, CA90038
Pappa

Vi hade precis skaffat oss ett hus i West Hollywood. En enkel enplansvilla i vit spansk mission revival. Jag kände mig för första gången vuxen på något vis. I backspegeln kan jag konstatera att jag aldrig kommer bli vuxen. Vi hade en sorglig ursäkt till gräsmatta på baksidan som varken jag eller Linda tog hand om. Efter bara några veckor såg det ut som en vildvuxen åker av sönderbränt gräs i den obevekliga kaliforniska solen. Vi löste det med långa täckande gardiner som blockerade vyn mot baksidan.

Jag har aldrig haft någon vidare kontakt med mina föräldrar. Förutom min pappa som jag kommer väldigt bra överens med. Min mamma och jag har mest bara massa ouppklarade konflikter mellan varandra, än idag. Jag var rätt ung när jag flyttade hemifrån, knappa nitton år eller så. Dessutom flyttade jag till England till min mammas fasa. Jag har full förståelse för att man blir orolig när ens tonåring får knäppa idéer om att flytta utomlands för att satsa på en musikkarriär. Men det finns mer eller mindre bra sätt att hantera den oron på. Min mamma valde att försöka förlöjliga och trycka ner mig. Genom att förklara hur jävligt jag skulle misslyckas, hur värdelös jag var, hur jag skulle komma hemkrypandes med svansen mellan benen etc. En strategi som gick ut på att jag skulle känna mig tillräckligt misslyckad och värdelös för att inte våga åka.

Tiden gick utan att jag kom hem till pojkrummet med gråten i halsen. Till råga på allt flyttade jag till ett land ännu längre bort. Min mamma var så förtvivlad att hon inte riktigt ville prata med mig. En helt ny strategi som gick ut på att jag skulle få dåligt samvete och komma hem. Dessutom störde det antagligen henne att hon inte fick rätt. På sätt och vis hade hon väl trots allt rätt i sina farhågor om farliga droger och destruktiva miljöer. Men hon har aldrig kunnat förlika sig med att jag valde ett liv som gick helt emot hennes önskan. Och hon gjorde allt i sin makt för att jag skulle känna det.

När jag så bjöd över mina föräldrar att hälsa på i huset så totalvägrade min mamma att komma. Vilket sårade mig. Farsan gick den här gången helt emot min morsa och bestämde sig för att hälsa på själv. Han måste fått äta skit för det beslutet i åratal. Det kändes coolt att se farsan sitta i min soffa, i mitt hus. Han blängde på ölflaskan jag öppnat åt honom.

– *Vad är det här för smörja egentligen?* Undrade han med en grimas.

– *Det är Coors. Jag tänkte att du måste få prova amerikansk öl.*

– *Jamen den smakar ju...ingenting?*

– *Nä. Folk tror att det är ett skämt, men nu vet du.*

– *Jaja. Förutom ölen har du ju ordnat det rätt trevligt här.* Sa han eftertänksamt och såg sig omkring.

– *Ja, jag är rätt nöjd.* Sa jag stolt.

– *Men ska det verkligen bara vara vitt överallt? Hade dom inga andra färgburkar i affären eller?*

– *Och du tror att jag har något att säga till om vad det gäller inredningen?* Sa jag skämtsamt och tittade menande på Linda.

– *Hallå, det ska faktiskt vara vitt enligt traditionen i den här typen av hus.* Svarade Linda myndigt.

– *Jag förstår.* Sa farsan och såg medlidande på mig.

– *Men vafan, som att ni vet nått om inredning?!* Linda låtsades låta lite stött.

Stoltheten bara svällde i bröstet på mig när vi satt där i vardagsrummet. Det kändes som att jag kommit någonstans, att jag satt med min lilla familj och pratade sådär som sunda familjer gör. I mitt egna hus. Okej, det var bara vi tre, men det var stort för mig. Vi bestämde oss för att ta med farsan för att äta på Rainbow. Min farsa gillar en hederlig grillad stek, precis som riktiga farsor bara gör. Servitrisen undrade vad vi ville dricka. Min pappa visste inte riktigt hur han skulle beställa utan att låta oförskämd.

- *En öl, tack...men öh...har ni möjligen öl med typ...lite smak?*
- *Ge honom en tysk lager bara.* Skrattade jag.

Jag beställde en cola medan Linda beställde en iste. Min pappa visste ingenting om mitt missbruk. Jag hade tagit det så lugnt det gick medan han var på besök. Min pappas hjärta hade gått sönder om han visste vad vi sysslade med. Både Linda och jag knaprade kodeintabletter i smyg för att hålla oss i godtagbart skick. Det innebar också att vi inte kunde dricka alkohol. Det är en farlig kombination.

- *Ska du inte ta en öl med din gamle farsgubbe eller?* Undrade pappa.
- *Nja jag...äter medicin, det är inte bra att blanda med alkohol.* Sa jag. Vilket inte var en direkt lögn.
- *Medicin? Mot vaddå?* Undrade han misstänksamt.
- *Äh, det är ryggen bara. Jag tar lite smärtstillande.* Ljög jag medan Linda såg förlägen ut.
- *Tråkigt att höra.* Svarade han entonigt.
- *Äh, det är ingen fara.*
- *Men ändå äter du så starka smärtstillande att du inte kan ta en öl med mig?*
- *Det är bara tillfälligt.* Svarade jag undvikande.
- *Hmm.*
- *Hur är det med morsan då?* Undrade jag och försökte byta ämne.

Min pappa tittade sorgset på mig, och vände sedan eftertänksamt ned blicken i bordet. Jag ångrade att jag precis frågat. Både farsan och jag hade som låtsas om att hon inte fanns under de dagar han var på besök. Det var för komplicerat och obekvämt att prata om. Men nu hade jag tydligen öppnat den där dörren.

– *Hon är bara orolig för dig, hon menar inget illa.* Suckade han.

– *Hon kunde ju följt med dig hit om hon nu är så orolig.* Svarade jag surt.

– *Du vet hur hon är.*

– *Hon är helt jävla bitter, det är sant.*

– *Du behöver inte prata om din egen mamma på det viset.* Protesterade han.

– *Vad ska jag säga då? Hon vill inte ens träffa mig.*

– *Tror du det hade varit bättre om hon kommit hit, och fått se att du...käkar tung medicin för ryggen?* Undrade han med sorg i rösten.

Han poängterade medicin för ryggen med en ironisk ton i rösten. Han förstod så mycket mer än jag kunde ha anat. Det var en fruktansvärd känsla av skam att bli påkommen av pappa. Min farsa hade rätt. Han har alltid rätt. Han har alltid varit som två föräldrar i en åt mig. Det måste ha varit en tung roll att axla för honom. Jag kan aldrig återgälda det stöd han gett mig genom livet. Och jag kommer alltid vara tacksam för att han fick mig att känna mig vuxen och lekte familj några dagar en varm septembermånad för många år sedan. Han är den där ovärderliga snubben som alltid står där när det blåser. Hur mycket jag än lyckades klanta till det var han alltid stolt över det lilla jag lyckats åstadkomma på egen hand. Han har alltid försökt hjälpa mig när jag behövde honom. Och även i stunder som jag inte visste att jag behövde hjälp. Som då.

Om folk undrar varför inte missbrukares föräldrar gör något så bottnar frågan oftast i fördomar och oförstånd. Min pappa fanns alltid där för mig, han gjorde allt i sin makt. Men man kan helt enkelt inte tvinga en person att ta emot hjälp de inte vill ha. I synnerhet inte när man bor i olika länder.

"Din pappa är världens snällaste. Och väldigt ödmjuk. Jag tror du läste in för mycket i det han sa. Jag känner naturligtvis inte honom lika bra, men jag minns honom inte alls sådär offensiv. Han var bara helt genuint mån om att vi skulle ta hand om oss. Utan att raljera eller insinuera någonting om missbruk vilket jag då tyckte var en lättnad. Du var så glad och förväntansfull över att din pappa skulle komma över. Jag har en enorm respekt för honom. Vi skärpte oss och var väldigt diskreta med vad vi sysslade med. Han förstod. Men jag tror inte han uppfattade en promille av hur det egentligen låg till."

Linda

LAS VEGAS, NEVADA

Klockan var runt tre på morgonen. Promillehalten i bandet var hög, alldeles för hög. Själv var jag spiknykter, förutom en cocktail på tramadol, oxykontin och kokain. Turnésällskapet var uppdelat på tre hotellrum. Jag, Linda, Rex och hans flickvän Mel satt i rummet bredvid festen. Det är inte så givande att umgås med människor som är berusade på alkohol när man själv inte är det. Vi valde att hålla oss lite för oss själva medan gänget drack sina hjärnor i småbitar grannrummet. När de dova smällarna hördes genom väggen trodde vi först att det var pistolskott. Det tog dock bara några sekunder innan vi insåg vad det egentligen rörde sig om.

Las Vegas är en av världens konstigaste städer. Staden ligger verkligen helt ensam mitt ute i öknen. Det ser jävligt märkligt ut på vägen dit. Man får en känsla av någon scen ur Star Wars eller Mad Max. Ni vet, när hjälten färdas genom öknen för att komma till en mysko stad som plötsligt tornar upp sig i horisonten mitt i ingenstans. Stora delar av Nevada består av indianreservat som i juridisk mening är federal mark. Som någon halvhjärtad ursäkt åt indianstammarna är marken mer eller mindre befriad från den annars drakoniska beskattningen på alkohol, fyrverkerier, gambling och vapen. Det är därför man återfinner de ökända butikerna längs motorvägen, med bisarra olycksbådande namnkombinationer som "Liquor & Firearms" eller "Alcohol & Fireworks".

När vi tidigare under dagen färdades i turnébussen mot Las Vegas stannade vi vid en rastplats som råkade ligga bredvid exakt en sådan butik. Turnésällskapet drevs med järnhand av Gabriel. En brittisk medelålders herre som såg ut som en fotbollshuligan. Det är egentligen lite besynnerligt att så pass många turnémanagers är just engelsmän. Jag gissar att Sharon Osbourne satte någon sorts trend där.

Gabriel hade normalt sett aldrig i livet tillåtit oss att stanna vid ett ställe som säljer alkohol. Men nu hade han inget val, vi behövde cigaretter och juice.

Jason lyckades naturligtvis finta Gabriel. Jason var basist. Det är alltid basisten som ställer till problem. Alltid. Förutom typ något kilo osorterade fyrverkerier köpte han två helor vodka som lockbete. Gabriel tittade misstänksamt på honom när han kom ut ur butiken.

– *Jaha, och vad har du i påsen då?* Frågade Gabriel buttert.
– *Inget?* Svarade Jason oskyldigt.
– *Ge hit!* Röt Gabriel och slet åt sig påsen med vodka.
– *Kom igen, Gabe!* Gnällde Jason dramatiskt.
– *Håll käft och gå ombord på bussen din lilla skit.*

Givetvis hade Jason stoppat ner fyrverkerierna under kläderna som en tonåring med fulsprit på festival. Medan Gabriel samtidigt kände sig nöjd med tillslaget som skulle förhindra en karatefylla innan konserten. Gabriel hade inget emot alkohol. Hans devis var att vi fick dricka och knarka hur mycket vi ville. Efter en spelning. Men vi fick inte ta en droppe innan. Det är inte så coolt när någon i bandet knappt kan stå på scenen. Så här vid tretiden på morgonen efter spelningen var Jason dock löjligt berusad, men helt enligt reglerna. Helt uppenbarligen hade han fyrverkerierna på rummet också. Det var med andra ord inga pistolskott vi hörde från grannrummet.

Vi fyra fullkomligen flög ut ur rummet. En ganska imponerande bedrift med tanke på att vi var höga som skyskrapor. Det första jag såg var en spritt språngandes naken kvinna komma utspringande ur grannrummet. Genom den öppna dörren såg rummet ut som en krigsscen. Det blixtrade kraftigt som ett stroboskop där inne i mörkret. Silhuetter av människor avtecknade sig i motljuset medan de sprang ut ur rummet. En frän och intensiv stank av svavel och krut fyllde hallen.

Det hela var över på någon minut, en minut som kändes som en hel evighet.

Ur röken uppenbarade sig till slut en gestalt i dörröppningen. Jason. Också helt naken utan en tråd på kroppen, dessutom med halvstånd som pekade rakt ut. Han såg svettig och sotig ut. Med sitt långa svarta hår såg han ut som en yrvaken grottmänniska. Han blinkade några gånger medan han först såg på festdeltagarna som andfått tagit sig ur rummet i ren panik, innan hans blick växlade till oss fyra.

– *Oj. Väckte vi er eller?* Sluddrade han.

Ingen av oss fick fram ett ord. Vi bara stirrade mållöst på honom. Hotellgäster i korridoren började yrvaket komma ut från sina rum för att skräckslaget undra vad som pågick. Jag gnuggade mina tinningar.

– *Vad ända in i hela helvete?!* Utbrast Rex och fortsatte stirra.
– *Hur har brandlarmet inte gått?!* Undrade Linda och höll handen framför munnen för att undkomma stanken.
– *Åh. Vi tejpade för brandvarnaren.* Svarade Jason stolt.
– *Stäng dörren för fan! Snabbt, innan röken sprider sig i korridoren!* Ropade jag ynkligt.

Jason verkade inte riktigt förstå instruktionen. Han stod kvar och vinglade i dörröppningen och blinkade berusat med ögonen. Frustrerat slet jag undan honom och stängde dörren. Jag såg mig omkring. Förutom yrvakna hotellgäster i sina morgonrockar stod fnissande människor i korridoren som uppenbarligen varit på festen. Vår trummis Mick satt på golvet bredvid hissen, fortfarande med en flaska vodka i handen.

– *Hörru, Mick. Är det nån kvar på rummet?* Undrade Rex.

- *Va?!* Svarade han högljutt.
- *Dämpa dig. Är det någon kvar på rummet frågade jag?*
- *Alltså, det bara tjuter i öronen. Jag har nog fått tinnitus!* Ropade han, fortfarande för högt.
- *Jösses. Jason, kom igen, är det någon kvar där inne?* Rex vände sig till Jason istället.
- *Nej nej. Alla bara drog ju.*

När det åtminstone stod klart att ingen nu var skadad stod vi bara helt tysta några sekunder och försökte få grepp om verkligheten. Linda började fnissa hysteriskt. Det var smittsamt. Vi började alla fnissa som tonåringar. Ett fniss som till slut bara blev ett gemensamt asgarv.

- *Gabriel kommer döda oss. På riktigt.* Skrattade jag.
- *Vi måste fly. Till Mexiko.* Fnissade Rex.
- *Vi måste skaffa vapen och gå med i något gäng om han lyckas spåra upp oss.* Fortsatte jag.
- *Hotellpersonalen kommer vara här när som helst.* Avbröt Linda.

Hon hade rätt. Hotellgästerna hade helt garanterat ringt till receptionen. I bästa fall. I värsta fall skulle polisen vara här när som helst. Det var ingen idé att hålla på och tramsa om det här. Någon skulle få skit för det, och det var fan inte vi den här gången. Jason skulle bli tvungen att ta det här på sitt dumskallekonto. Mel hämtade ett lakan från vårt rum som hon virade runt Jasons nakna kropp.

- *Hörru, du får fan åka ner till receptionen och berätta att det hänt en olycka.* Förklarade Rex mjukt, med handen på Jasons axel.
- *Jag ville bara knulla till fyrverkerier.* Sluddrade Jason.
- *Okej, men du, berätta det för hotellet nu.*
- *Fast jag hann inte knulla klart.* Fortsatte Jason sorgset.

– *Det var tråkigt.* Rex ledde Jason mot hissen och tryckte på knappen.

– *Hon bara drog när det började smälla.*

– *Brudar, vet du.* Svarade Rex medlidsamt.

– *Eller hur?! Är det inte toalettlocket de gnäller på så är det fyrverkerier.* Klagade Jason när han klev in i hissen.

Den nakna kvinnan som först kom utspringande ur rummet var alltså sannolikt samma brud som varken gillade öppna toalettlock eller fyrverkerier. Om Jason fått för sig att tända fyrverkerier mitt i sexakten kunde det naturligtvis förklara hennes nakenhet. Jag undrade stilla vart hon tog vägen. Om hon möjligen sprungit ända ut på gatan helt naken. Vi fick upp Mick på fötter och ledde honom in på vårt rum i väntan på vad som nu skulle hända. Med varierande sammanhang förklarade han att de festat loss hela natten inne på hotellrummet. Där Jason fått för sig att till allmän beskådan ligga med någon stackars lagom berusad dam han raggat upp. Vad som hände sedan är lite oklart än idag. Mick minns bara traumat med att fyrverkerier plötsligt började explodera. Varpå Jason stått på knä som en euforisk Jesusgestalt med utsträckta armar i motljus av blixtrande raketer. Fast jag tvivlar på att han verkligen såg särskilt spirituell ut bakom den berusade damens putande bakdel i vädret.

Jag var tvungen att dra en tjock lina för att smälta berättelsen. Och som en förberedande tröst innan Gabriel skulle dyka upp.

"Jason var lika upphetsad som en tonåring som hittat alkohol i skogen över sina fyrverkerier. Han visade dom busigt i smyg på bussen och fnissade som fjortis. Han plockade stolt fram dom rätt tidigt på festen och ville att alla skulle se. Egentligen fattade precis alla att det skulle sluta jättedumt. Fast ärligt talat hoppades vi nog all i hemlighet med skräckblandad förtjusning att nånting dumt skulle hända också. Men ingen kunde ha föreställt sig att dumskallen faktiskt skulle tända fyrverkerier inomhus. I synnerhet inte på ett hotellrum.

Eftersom jag bara var gäst i turnésällskapet fick jag tyvärr inte vara med när incidenten skulle förklaras för Gabriel. Men jag föreställer mig det hela som den där scenen med Hitler i bunkern som folk brukar göra parodier på."

Linda

CHEROKEE AVENUE
LOS ANGELES, CA90038

Erotisk poesi

Jag satt i soffan bredvid Linda. Hon lutade sitt huvud mot min axel medan vi noddade i ett majestätiskt opiatrus. Att nodda är en knarkarterm för att ständigt somna, varpå man vaknar så fort huvudet nickar till. Om och om igen. Man sitter alltså och klipper med ögonen och ständigt somnar till. De flesta kan ha sett fenomenet hos riktigt berusade människor. De försöker hålla sig vakna men huvudet är lite för tungt. Det är ett rätt skönt tillstånd när man är riktigt hög på opiater. Man är tillräckligt vaken för att känna av ruset, men får samtidigt ständigt den sköna känslan av att sova. Vi gjorde ofta så. Andra kanske går ut på krogen och tar några glas med sin flickvän. Vi satt och noddade i soffan. Medan vi såg på film. Eller låtsades se åtminstone. Just den här gången var det någon sån där asiatisk skräckfilm på kabelkanalen. Det blev helt bisarrt att somna till lite, och vakna upp till helt galet creepy scener. Man öppnade ögonen och såg typ nån sån där ungjävel utan ögon i nattlinne som krälade i en trappa. Linda måste ha vaknat till ungefär samtidigt som mig.

– *Men usch! Vad är det där?! Byt kanal!* Klagade hon.

Jag bytte kanal. Amerikansk fotboll är lika illa som asiatiska ungjävlar som bor i brunnar. Jag bytte igen och hamnade mitt i en porrfilm. Ja, jag fattar vad ni tänker. Det "råkade" vara porr på tv när jag händelsevis satt bredvid min flickvän i soffan. Men man känner sig ärligt talat allt annat än erotisk när man är mitt uppe i ett kungligt morfinrus. Jag ville bara ha någonting som rörde sig i bakgrunden medan jag njöt av mitt rus. Om det sedan var porr eller repriser av Jeopardy spelade ingen roll så länge det inte var rena rama mardrömsscener med ungjävlar som åt upp folk.

– *Är det bättre?* Frågade jag släpigt.

– *Mm.* Svarade Linda med ögonen slutna.

Jag satt där i mitt rus och öppnade tidvis ögonen till synen av folk som gökade som kaniner. Efter ett tag måste jag somnat in på riktigt. Flera timmar måste ha passerat. När jag öppnade ögonen hade jag börjat kvickna till. Jag gnuggade ögonen och tittade på klockan, den var strax efter två på natten. Linda satt spikrak i soffan och studerade porrfilmen på tv-skärmen. Det var den tiden på dygnet när kanalen visade porr oavbrutet. Linda såg inte kåt ut. Hon såg djupt koncentrerad ut med händerna knäppta i knät. Det såg mer ut som om tittade på en dokumentär om intergalaktiska rymdfärder med tidsförskjutningar och försökte begripa hur det funkar.

Jag växlade nyfiket mellan att titta på filmen och betrakta Linda där hon koncentrerat, med huvudet lite på sned, iakttog scenen som utspelade sig. Två kvinnor låtsades njuta av att ha sex med varandra på skärmen. Jag gäspade och tog en klunk ljummen cola som sedan länge blivit avslagen i sitt glas.

– *Har jag missat mycket av handlingen, vad har hänt?* Skämtade jag.

– *Alltså, dom gör ju helt fel!* Linda lät nästan lite upprörd på rösten.

– *Ja. Jo. Alltså, det är ju porr liksom?*

– *Jamen, det finns ingen tjej som skulle tycka om det där.*

Den ena kvinnan jobbade hårdhänt och snabbt med sina fingrar inne i den andra bruden som åmade sig i skådespelad vällust. Jag var inte riktigt säker på vad Linda hade hakat upp sig på. Det var ju porrfilm liksom. I actionfilmer exploderar bilar så fort de kör i diket, det är inte heller så mycket att hetsa upp sig över. Men hon hade tydligen någon pågående djup analys.

- *Kolla då! Hon ser ju ut som en rörmokare som försöker rensa ur en propp.*
- *Öh...jaha.* Svarade jag, förbluffad över hur hon kunde få en porrfilm att låta så äcklig.
- *Varför kan dom inte göra på riktigt om de nu spelar in en film?*
- *För att dom gör porrfilmer för killar, inte för dig.* Skrattade jag och bytte kanal.
- *Nä! Byt tillbaka!* Klagade Linda.

Jag bytte tillbaka till porrfilmen. Linda sjönk koncentrerat in i filmen igen. Tanken slog mig att hon fått i sig amfetamin eller möjligen ecstacy. Hon var märkligt fascinerad av en banal porrfilm. Amfetaminpundare kan däremot lätt haka upp sig på t ex hur oändligt vacker en blomma är och fastna i timmar med att sitta och stirra på den. Men amfetamin hade aldrig varit Lindas grej, det lät inte likt henne.

- *Du, jag ska bara hämta mer cola ur kylen. Vill du ha något?* Undrade jag.
- *Jag tror jag är bisexuell.* Svarade Linda sakligt.

Jag fastnade mitt i rörelsen. Det bara kom sådär plötsligt utan förvarning ur munnen på henne. Och lät så genuint och sakligt. Jag har absolut inget emot bisexuella personer, tvärtom verkar det lite excentriskt att kunna vara bisexuell. Men det blir ändå lite chockartat när ens egen flickvän plötsligt påstår att hon är det bara sådär.

- *Alltså, vad har du tagit egentligen?! Har du dragit tjack?* Undrade jag förbluffat.
- *Nä! Jag har inte ens tjack. Jag menar allvar.* Svarade hon lite sårat utan att släppa blicken från filmen.
- *Men...hur då bisexuell? Kan vi prata om det?*

– Ja. Ja, det tycker jag.

Linda släppte sin fascination för filmen och vände sig mot mig.
Hon kröp upp i soffan med knäna under hakan och såg på mig med
antydan till ett hemlighetsfullt leende. Hennes ögon var fortfarande
glansiga av opiatruset. Hon såg alldeles för mjuk och lugn ut för att ha
tagit amfetamin. Jag visste egentligen inte vad jag ville prata om. Var
hon bisexuell så var hon. Det verkade bara komma så plötsligt. Jag
misstänkte att det var porrfilmen som spelade ett spratt med hennes
huvud. Samtidigt kan man ju inte säga till någon att deras bisexualitet
bara är ett påhitt som kommer gå över. Jag bestämde mig för att ta en
neutral hållning.

– Hur...alltså när kom du på att du var bisexuell då? Undrade jag mjukt.

– Äh, jag har nog alltid varit det. Lite i alla fall.

– Fast, man är ju liksom bisexuell eller inte. Inte bara lite?

– Jo men du vet. Man kan ju tycka att någon är sexig liksom. Men inte
mer. Sa hon eftertänksamt.

– Ja, jo. Men jag vet inte om det räknas. Jag kan ju tycka att Brad Pitt är
het, det gör mig ju inte bisexuell.

– Men egentligen gör det väl det? Om du tycker han är lite sexuellt
attraktiv?

– Nä. Tyvärr alltså, för det hade varit coolt att vara bisexuell. Men jag
skulle inte palla ha sex med Brad.

– Joo! Kan du inte ligga med Brad Pitt?! Snälla!

– Nänä. Men alltså, fråga dig själv om du kan bli kär i en annan tjej?

Linda såg grubblande ut och tog tid på sig. Hon snörpte
eftertänksamt på munnen och lutade huvudet åt sidan. Själv kände jag
av någon anledning att situationen var lite jobbig. Jag kände ett enormt
sug efter en lina. Vad skulle hon komma på härnäst? Att hon gillade
piskor?

– *Nej. Jag kan nog inte bli kär i en tjej. Det skulle inte gå.* Svarade hon fundersamt.

– *Så vad är det med tjejer du tänder på då?*

– *Mer kroppen liksom. Det ser jättehärligt ut när dom har sex på film.*

– *Jo men biljakt ser ju också ascoolt ut på film.*

– *Vi har ju haft trekant. Varför tror du vi hade det?* Frågade hon retoriskt.

– *För att vi var stupfulla och det verkade lite spännande?*

– *Äh, jag tyckte faktiskt det var häftigt.*

Jag var inte säker på vad det här kunde betyda. Tänkte Linda springa iväg och ha sex med massa brudar nu? Tanken var inte lika cool som man kanske kan tro om man inte faktiskt har haft den där konversationen med sin partner. Det var en lättnad att hon åtminstone var rätt säker på att hon inte tänkte bli kär i första bästa tjej. Samtidigt skulle hon ju lika gärna kunna bli kär i en annan kille vilken dag som helst. Så det var ju egentligen en klen tröst. Jag var förvisso fortfarande rätt säker på att det hela bara någon pundig idé som uppstått när hon suttit och halvsovit till timmar av konstant porr. Men jag spelade med.

– *Okej. Så...vaddå, du vill ha sex med en tjej nu?*

– *Nja. Inte så men...* Sa hon eftertänksamt.

– *Nähä, men vaddå?*

– *Vad skulle du tycka om jag var med i en lesbisk porrfilm?*

"Fantastiskt roligt minne. Och bisarrt! Peter freakade ur långt mycket mer än han låter göra sken av. Han höll på att börja gråta. Nej, jag är nog inte bisexuell i ordets rätta bemärkelse. Jag tänker mig att man är lika sexuellt som känslomässigt attraherad av båda könen om man är bisexuell. Jag skulle aldrig kunna bli kär i en kvinna, det finns bara inte. Att man kan ha enstaka erotiska tankar om någon av samma kön gör nog ingen bisexuell. Jag blev nog bara väldigt engagerad i dom tankarna. Lite morfinkärlek på det så känns det rimligt att man är bi. Men ja, där och då var jag fullständigt allvarlig med vad jag sa. Jag menade det."

Linda

2518 SUNSET BLVD
CA90026

Amy hade sett till att jag fick hyra en stol på helgerna i en studio mitt på Sunset. Det passade mig rätt bra när jag var nybörjare. Det bara forsade in spontankunder på helgerna som vill ha mindre så kallade flash tattoos. Alltså en mindre tatuering som knappt tar en timme. Det var en bekväm avlastning för de mer etablerade artisterna som hellre jobbade med lite mer omfattande prylar än att göra turistfjärilar och delfiner. Att tatuera var sjukt bra terapi. Jag blev så uppslukad av själva processen att jag helt glömde bort det där suget att knarka som alltid lurade vid horisonten. Jag hade helt enkelt bestämt mig för att utöka min tid till fyra, fem dagar i veckan.

Ytterdörren plingade till när en ny kund kom in i butiken. Hon såg välbekant ut. Det tog mig flera sekunder att gå längs minnenas allé i huvudet innan jag kunde placera henne. Det var Ana. Oceaner av tid hade passerat sedan jag sist såg henne. Hon såg föga förvånande lite äldre ut. Mer vuxen. Hennes tuttar var galet mycket större än när jag såg dem sist, vilket gav ett märkligt intryck när hon annars var ganska smal. Hon bar ett svart linne som avslöjade att hennes armar nästan var täckta med tatueringar. Jag kunde också urskilja nån text som gick över hennes bröstkorg. Allt i karaktäristisk chicanostil. Ja, det finns faktiskt en tatueringsstil som heter så. Jag reste på mig för att möta henne vid kassan.

- *Ana?!* Sa jag överraskat. Hon iakttog mig en lång stund medan hon tydligen själv bläddrade i sitt huvud.
- *Vafan...eh...?* Hon flämtade till när polletten trillade ner. Hon verkade bara försöka komma på ett namn.
- *Peter.* Påminde jag henne, lite besviken över att hon inte kom ihåg.
- *Ja! Exakt! Vad gör du här, gringo?!*

– *Jag jobbar här nu.*

– *Men stå inte bara där, ge mig en kram!* Hon sken upp och sträckte ut armarna.

Jag kramade om henne. Hennes nattsvarta hårsvall doftade fortfarande exotisk regnskog. Jag kunde inte undgå att känna när hon pressade sina stora bröst mot min kropp. Det var mysigt. Hela hon var mysig.

– *Få se på dig, du har skaffat en hel del bläck ser jag.* Det var snyggt men ovant att se henne så tatuerad.

– *Du med. Men du är ju tydligen tatuerare nu. Vad hände med musiken?*

– *Jag var tvungen att ta en paus från...allt det där.* Sa jag vemodigt.

– *Aha. Men du spelar fortfarande?*

– *Ja, vafan. Jag behövde bara byta miljö.*

– *Bor du kvar i Venice?*

– *Ja. Eller, jag är åtminstone tillbaka nu.* Jag hade precis flyttat till en lägenhet i Venice efter jag sålt huset.

– *Är du fortfarande ihop med hon gringan?*

– *Linda? Vi...nej, vi är inte ihop.* Sa jag motvilligt med en suck.

Jag hade förlikat mig med att det var slut på riktigt. Men det var smärtsamt och jag var inte redo att prata om det än. Man får försöka ta sig upp på fötter och gå vidare i sitt liv, jag hade inget annat val. Jag försökte göra så gott jag kunde med de verktyg jag hade kvar. Det var fortfarande jobbigt att behöva känna smärta utan att genast döda mina känslor kemiskt.

– *Är du här för en tatuering?* Undrade jag och bytte ämne.

– *Ja. Jag tänkte höra när Craig har tid.*

– *Jag ska kika.* Jag bläddrade i liggaren bland lediga tider.

– *Om inte...du ska göra det istället?* Avbröt hon mig.

– *Öh. Vad vill du ha för motiv då?*

– *Snobben. Seriefiguren, du vet. Fast som en sugar skull. Dias de los muertos.*

– *Haha, Snobben? Ja, varför inte. Vart har du ens plats för den då?*

– *Här på vaden.*

– *Jag kan typ köra nu om du vill. Jag har tid.*

– *På riktigt?! Ja!* Sa hon glatt.

Jag tatuerade Ana på vaden. Snobben. Den blev faktiskt sjukt cool i chicano med övertydligt serietidningsstuk. Det var en välkommen distraktion att småprata minnen med Ana medan jag arbetade. Vi kände inte varandra särskilt bra egentligen. Vi hängde tillsammans en sommar för vad som måste ha varit nära femton år sedan. En relation som bara rann ut i sanden utan dramatik. Hon pluggade på UCLA då och hade sin bekantskapskrets som kretsade runt skolan. Jag turnerade som en tok. Och sen kom Linda.

Jag kunde inte undgå att se tatueringen på insidan av hennes arm med texten F13. Vilket var gängsymbolen för Florencia 13. Jag visste inte riktigt om jag ville veta vad hon hade för anknytning. Florencia 13 var ett ökänt organiserat gatugäng från Florence på södra sidan. Anas hemtrakter. Gänget var inga buskillar som snattade godis och stal bilar. Det var liksom på den nivån att FBI gjorde det största tillslaget i amerikansk kriminalhistoria år 2007. Där ett hundratal medlemmar greps och åtalades för mord, utpressning och narkotikabrott. Jag resonerade som så att Ana ju satt här, och inte på kåken. Vilket hon sannolikt hade gjort om hon varit tillräckligt inblandad.

– *Hörru ese, borde vi inte dela en flaska vin nån kväll?* Frågade hon plötsligt.

– *Jo, det låter ju trevligt. Bor du kvar i Santa Monica?*

– *Ja. Fast i en våning istället för den där ettan. Du minns den va?*

– *Ha. Ja, den var som en skokartong.*

– *Vill du komma över på lördag? Jag kan laga mat.*

Ana var så traditionellt husmoderligt mexikansk man kan bli. Samtidigt som hon var noga med att framstå som stenhård latina. Det var hela grejen med henne. Så oavsett om hon egentligen kanske hatade att laga mat så var det hennes grej att kunna briljera i köket. Jag mindes hennes antojitos, med lamm stekt i chipotle tillsammans med kryddig ost. När man sköljde ner hettan med iskall öl var man inte långt från himlen.

– *Åhh.* Jag var tvungen att sluta tatuera för en sekund, för att se på henne med dimmig blick.

– *Mm-hm.* Hummade hon med ett leende.

– *Jag kommer. På lördag.* Sa jag släpigt medan jag hallucinerade om doften av chipotle som fräste i olivolja.

– *Män är så jävla enkla. Matslampor.* Fnissade hon.

Hon hade kanske rätt. På sätt och vis var vi gamla bekanta som till och med kanske hade varit något av ett par under en kort tid. Men jag kände henne egentligen aldrig. Och definitivt inte nu, massor av år senare. Men hon var enkel och okomplicerad. Vi hade inte setts på åtminstone något decennium, men hon bara plockade upp tråden utan vidare som att inte en dag hade passerat. Det var ingen obekväm tystnad eller förlägenhet över svunnen tid. Inga frågor om vad som hänt, eller kanske inte hänt, under årens lopp. Det var kanske matslampigt att utan vidare gå med på att äta middag med en kvinna som bar en ökänd gängtatuering. Jag borde antagligen ha frågat om den.

Natalie kom ut ur duschen med en handduk virad runt kroppen. Hon öppnade genast fönstret i sovrummet för att vädra ut den fuktiga luften. Att duscha tycks ofta vara lite av en ritual för många kvinnor. Fönster ska öppnas. Musik ska lyssnas på. Håret ska fönas. Och allting ska ske i en viss ordning. Som kille har man oftast någon enstaka flaska Wash & Go i duschen. Kvinnor har typ sju olika schampon ståendes i duschen, som på något mystiskt sätt också ingår i den där ritualen. Jag misstänker att det är en del av hemligheten bakom kvinnors fantastiska doft.

Jag låg på sängen och iakttog henne där hon stod med slutna ögon framför det öppna fönstret och insöp den friska havsluften. Hennes våta hår glittrade i förmiddagssolen. Hon såg nästan ut som en romersk staty när hon fyllde lungorna med luft och böjde huvudet bakåt. Hon var hypnotiserande även när hon inte hade en aning om att jag betraktade henne.

– *Du, det är inte så att du har lite utrymme över i någon byrålåda åt mig?* Frågade hon.
– *Jo, jag kan nog rensa ur byrån någon dag.* Påstod jag så vagt jag vågade.
– *Det vore praktiskt att kunna ha några ombyten bara. Så slipper jag släpa runt på en väska när jag kommer till dig.*
– *Mm.* Hummade jag undvikande.

Jag levde i en plågsam ovisshet. Linda hade kastat ringen på mig och bara försvunnit. Man skulle kunna ta för givet att vi därmed gjort slut, men jag hade svårt att förlika mig med det. Vi hade ju inte sagt de orden till varandra. Jag befann mig i en naiv hoppfullhet där jag inbillade mig att Linda kunde komma tillbaka vilken dag som helst när hon lugnat ner sig. Tills dess att Linda uttryckligen sa att vår relation var helt över valde jag att greppa efter halmstrån av hopp. Hoppet är det sista som lämnar kroppen. Jag tyckte om Natalie. Jag var t om förälskad i henne. Men det kändes oroväckande om hon halvt började bo in sig i min och Lindas våning. Linda hade nog antagligen inte gillat att hitta en byrålåda med Natalies kläder om hon kom hem.

Natalie letade igenom sin resväska efter kläder. Jag målade motvilligt upp scenen framför mig, vad som hänt om Linda utan förvarning skulle komma hem just nu. Om hon hade klivit in i sovrummet i sin svarta klänning och korta skinnjacka. Blicken hon skulle ha gett mig när hon såg en kvinna invirad i en handduk. Jag blev kallsvettig av bara tanken.

- *Eller...så kan vi hänga mest hos dig?* Föreslog jag.
- *Okej. Så jag antar att det är ett nej alltså.* Suckade hon.
- *Nä. Alltså, det var inte så jag menade.*
- *Det är lugnt, det var bara ett förslag.* Svarade hon med ett matt leende.
- *Men du, det är klart du borde ha en byrålåda.*

Jag försökte resonera med mig själv. Om Linda valt att bara försvinna kunde hon ju inte rimligtvis bli förvånad om jag umgicks med andra. En byrålåda med kläder hit och dit spelade kanske inte så stor roll egentligen. Linda kanske själv hade en byrålåda hos någon snubbe. Jag ville inte hålla fast vid den obekväma tanken allt för länge. Men hur som helst var det kanske inte så stor grej med lite kläder. Det är klart att Natalie skulle kunna känna sig som hemma.

- *Jag är inte helt säker på att du vill det.* Svarade hon med påklistrat varm röst.

– *Jo...det är klart jag vill.* Sa jag utan att vara säker på om jag försökte övertyga henne eller mig själv.

– *Okej.* Sa hon lugnt medan hon drog på sig ett par jeans.

– *Okej. Bra.* Svarade jag.

Hon log ansträngt mot mig medan en lång stund av obekväm tystnad uppstod mellan oss. Jag kände mig dum. Dum och orättvis. Faktum var att jag kände mig som århundradets arselhål. Natalie ansträngde sig och arbetade jämt för vårt förhållande. Hon ville bara känna sig välkommen hos mig. Och i vanlig ordning lyckades jag på något sätt alltid sabotera allt som var bra för mig. Eller rättare sagt, min stora käft ställde alltid till det för mig. Jag satte mig upp på sängen med en sorgsen suck. Natalie stannade upp och betraktade mig. Hon suckade också, och kysste mig tröstande på pannan innan hon satte sig i mitt knä.

– *Du. Det är okej. Verkligen. Det är det.* Sa hon ömt.

– *Jag gav nog fel intryck, jag älskar när du är här hos mig.*

– *Äh, jag kanske bara frågade för tidigt.*

– *Nej du har ju rätt. Jag vill att du känner dig som hemma här.*

– *Det ordnar sig.* Hennes röst lät varm och vårdande.

– *Jag hoppas det.* Sa jag sorgset.

– *Klart att det gör. Men du, jag måste på ett möte.*

– *Vill du ha en lina kola innan du drar? Så du inte somnar menar jag?*

Natalie himlade med ögonen och rynkade näsan dramatiskt innan hon ställde sig upp. Knark var inte hennes grej, men jag kände mig alltid lite road av att skämta med henne om det. Hon verkade oftast lika road eftersom hon tog det för vad det var, korkade skämt. Det var så skönt att hon lät mig vara den jag var utan att bråka om det. Nästan som Linda. Förutom att Linda hade tackat ja. Och sedan skulle hon ha serverat kola åt mig i klyftan mellan hennes bröst. Linda hade inte bara låtit mig vara den jag är, hon skulle fullkomligen bli ett med den jag är.

Åh gud så jag saknade henne.

Jag drog in luft i lungorna för att fly känslan av saknad. Natalie log varmt mot mig och vi kysstes. Antagligen trodde hon att jag fortfarande var sorgsen över vårt samtal. Hon försvann ut genom ytterdörren mot sitt möte och lämnade mig med mina tankar som snurrade i huvudet. En lina med krossad oxykontin senare till tonerna av Guns & Roses kändes allting bättre. Jag kände mig lugn och trygg när opiaterna fyllde min kropp. Tillräckligt lugn för att gå in i sovrummet och blänga på byrån i rött cederträ. Byrån med bronsbeslag som Linda hittat i en antikaffär vid Long Beach. Ägaren påstod dramatiskt att byrån var hemsökt varpå Linda köpte den innan han hunnit prata färdigt.

Minnet fick mig att le. Jag drog ut översta lådan och stirrade på innehållet som låg kvar precis så som Linda lämnat det. Hennes svarta hårborste, fortfarande med enstaka intrasslade blonda strån. Hennes arsenal av silversmycken och örhängen. De låg i en salig röra, vilket var så charmigt välbekant. Två öppnade paket Marlboro låg däremot prydligt staplade i hörnet bredvid en hög med billiga tändare.

Egentligen var det helt bisarrt att jag lämnat hennes prylar helt orörda i byrån. Jag hade inte sett Linda på månader. Ändå lät jag byrån med hennes saker stå kvar som ett altare. Inombords led jag av en sorg och saknad som jag inte kunde släppa taget om. Men jag visste att det var dags nu. Jag var tvungen att släppa sorgen och smärtan över att inte kunna behålla en ring runt Lindas finger. Det var meningen att Natalie skulle bestiga den där tronen i mitt huvud som Linda lämnat efter sig. Det skulle aldrig bli möjligt om jag inte släppte taget.

Jag drog ut en cigarett ur Lindas ask och stoppade den mellan läpparna. Vi rökte aldrig inomhus, men just nu brydde jag mig inte. Jag tände cigaretten medan jag varsamt lyfte ut plastmappen med

Lindas portfolio. Den var full med studiobilder av henne i alla möjliga miljöer och belysning. Jag satte mig på sängen och bläddrade långsamt igenom fotona. Natalie kanske hade rätt ändå, det skulle ordna sig.

Men det fanns inte en chans i helvete att hon skulle få Lindas låda. Aldrig i livet.

"Ha! Take that, bitch. I helvete att hon skulle ha min byrålåda."

Linda

RAINBOW BAR & GRILL
LOS ANGELES CA90069
Tommy

John hade typ tusen drinkbiljetter i fickan. Jänkarna har ett vanligt system på nattklubbarna som går ut på att det kostar typ fem dollar i inträde. Varpå man får en drinkbiljett man kan byta mot en öl eller drink i baren. Jag fattade aldrig vad vitsen är, de borde väl lika gärna kunnat ha gratis inträde och låta folk betala för drickat. Om det nu inte vore för kunder som John. Som ständigt glömde att byta in sina biljetter. Till bartenderns fasa hade han dock samlat ihop senaste halvårets biljetter ur diverse kläder och fickor.

– *Okej, vi vill ha typ hundra öl var till att börja med.* Sa han spännigt och flashade bunten med biljetter.

– *Öh...nä, alltså ta det lugnt nu va. Jag serverar er en öl i taget.* Protesterade bartendern kallsvettigt.

– *Jaha, det blir en lång kväll i så fall. Två öl då antar jag.* Sa han och låtsades låta förnärmad.

Bartendern tittade oroligt på bunten med drinkbiljetter medan han öppnade två flaskor Heineken åt oss. Det fanns nog egentligen ingen anledning till oro. Att John fått ett ryck att tömma alla kläder på biljetter var mest en kul grej. Vi planerade inget fylleslag egentligen. Vi satt vid inomhusbaren som var lugnare än uteserveringen, som dessutom nu stank av marijuana. Vi hade just anlänt och satte oss först ner under terrassen när någon jävel börjat elda en spliff som hette duga. Den unkna stanken av groteskt stark maja var så kraftig att ögonen tårades och vi bestämde oss för att gå in istället. På lördagskvällar bråkade inte personalen om vad folk rökte så länge det var utomhus.

Ungefär fyra öl senare blev det än mer tydligt att det var lördagskväll på Rainbow. Det gick snabbt att registrera att det var Tommy Lee som kom in på klubben. Han körde verkligen rockstjärneprylen ända ner i botten. Han hade bar överkropp och bar ett par tighta lackbyxor med så låg midja att de nätt och jämt täckte paketet. Hur fan han ens kunde sätta sig ner utan att brallorna gled ner är en gåta. Han kom med ett entourage av sådär ett dussin brudar i släptåg. Bara strippor så vitt jag kunde se. Han lär antagligen ha anlänt i en löjligt lång Bel Air-limousin också för extra dramatisk effekt. Men tillhör man ursprungsgenerationen av rockstjärnor från Hollywood har man nog alibi att hålla på och larva sig som Tommy Lee.

Jag blev lite orolig för hur det här skulle sluta. För mig var det lite oklart hur Johns relation till Tommy var. John hade tidigare varit sångare i Mötley Crüe under en kort period. Han fick den tveksamma äran att ersätta originalsångaren Vince Neil. Vilket försatte bandets karriär i flatspin mot botten. Inte för att John var en dålig sångare. Tvärtom. Det är helt enkelt bara kardinalfel att försöka ersätta frontmannen i ett så pass ikoniskt band. Det funkar inte med bandets fans. Skivbolaget hade till slut ställt ett ultimatum och Mötley Crüe blev tvingade att plocka in Vince Neil igen. Det är klart att det måste ha svidit, ordentligt, för John. Han ville inte ens prata om det, och jag visste bättre än att fråga. Men jag visste alltså inte riktigt om John och Tommy skulle börja tjafsa om det där nu när de möttes.

- *Hey, Krabban!!* Utbrast Tommy och sken upp när han såg John.
- *Vafan, T-Bone!* Garvade John till min lättnad.

John reste på sig, och de båda gav varandra en lång grabbig kram. John verkade uppriktigt glad över att träffa Tommy trots allt. Jag var mest orolig att det skulle bli någon konstig stämning bara. Men de båda började surra med varandra om lite allt möjligt medan jag satt och smuttade på min öl i baren.

- *Vi har ett bord där inne, kom med för fan.* Det lät som en genuin inbjudan av Tommy.
- *Senare kanske. Jag är här med min gitarrist.* Hälsa på Peter, förresten.

Jag ställde mig upp för att hälsa. Tommy Lee är lång. Åtminstone enligt amerikanskt genomsnitt. Tommy möter antagligen sällan någon som är lika lång, och än mer sällan någon som faktiskt är längre. Han tittade förvånat upp på mig medan han skakade min hand. Det kändes ganska häftigt att få skaka hand med en av mina tonårsidoler faktiskt.

- *Jävlar i helvete så lång du är!* Utbrast han.
- *Eh, jo.*
- *Jag har fan aldrig behövt titta upp på någon när jag pratar.* Garvade Tommy.
- *Du vänjer dig antagligen.* Sa jag och kände mig oförklarligt förlägen.
- *Det här måste vi skåla för. Ge mig en bricka Jäger!* Sa Tommy glatt till bartendern.
- *Neeej, gör det inte T-Bone!* Gnällde John.
- *Joo! Han är lång, han pallar några shots.*
- *Du fattar inte, han är från Sverige. Du kommer dö innan han ens är full.*
- *Käften, jag är alkis, jag vet vad jag gör.* Svarade Tommy.
- *Åh nej.* Suckade John.

Tommy brukade tydligen ha någon grej för sig med att försöka supa folk under bordet. Vilket nog fungerar på de flesta amerikaner som inte har vår svenska suparkultur. Att hälla i sig massa starksprit i snabb takt utan vettig anledning var jag däremot uppvuxen med. Jägermeister är ärligt talat rätt vidrigt. Men jag tänkte inte låta en av mina idoler tro att jag är en mes. Bartendern ställde en bricka med shots på bardisken. Jag hävde i mig Jäger i samma takt som Tommy. Antagligen var han väl van vid att folk han utmanade brukade kräkas efter sådär två shots. Så efter fem shots var han rimligt nöjd med min insats och gav upp.

- *Fan, du rockar.* Sa han med ett snett leende.
- *Satan, det där var äckligt.* Klagade jag.
- *Är du från Sverige, sa du? Vad heter Jägermeister på svenska?* Frågade han korkat.
- *Vad Jägermeister heter på svenska?!* Upprepade jag och tittade förvirrat på John som rullade med ögonen.
- *Ja! Vad heter det?* Undrade han fortfarande och såg nyfiken ut.
- *Alltså, det heter ju...Jägermeister.* Svarade jag förvirrat då det ju uttalas likadant på engelska.
- *Åh. Coolt. Jägermeister.* Mumlade han, som om han tyckte att han lärt sig någonting häftigt.

Jag tittade förvirrat på Tommy som stolt nickade inför sina nya internationella kunskaper, och jag växlade sedan lika förvirrat blicken mot John. Som flinade och gjorde cirkelrörelser med pekfingret mot tinningen. Jag fattade inte om de drev med mig, eller om Tommy var helt seriös.

- *Gentlemän. Kom över till bordet sen, okej?* Sa Tommy och försvann in i restaurangdelen med sitt entourage av strippor.

Jag satt mig ner bredvid John igen. Som roat förklarade att Tommy ofta fick korkade idéer för sig. Och att han sannolikt helt seriöst antog att drycken kunde heta någon helt annat exotiskt på ett främmande språk. Egentligen var det kanske inte så korkad fråga. Men jo, lite faktiskt. Jag ville egentligen passa på att fråga John om hans tid i Mötley Crüe och höra hans version av vad som egentligen hände. Det handlade ju faktiskt om musikhistoria. Men jag frågade inte, jag hade inte med det att göra. Ville han berätta skulle han antagligen göra det själv.

Vi anslöt aldrig till Tommys bord. Vi satt i baren och drack öl istället. Någon gång vid elvasnåret skulle dock Tommy fortsätta festa hemma hos sig och bjöd med oss. Vid tillfället bodde Tommy i en vräkig arkitektritad villa i Bel Air. Komplett med svarta järngrindar och figurklippt häck på tre meter runt hela fastigheten. Stället var packat med folk. Alla möjliga galningar ville vara med på Tommy Lees efterfest. Det var en hyfsat lugn tillställning än så länge och tyvärr inte det fullständigt urspårade party som jag hade hoppats på. Jag förväntade mig så klart att få se minst en tv bli utslängd genom fönstret. Men kvällen var för all del ung ännu. Vad som helst kunde hända resonerade jag.

Jag började småprata med Kat som satt i en soffa med ett enormt vinglas i handen. Jag hade aldrig träffat henne förut men jag visste mycket väl vem hon var. Hon figurerade ofta i tv som någon sorts kändistatuerare. Dessutom var hon hyfsat välkänd för att vara tillsammans med Tommys bandkollega Nikki Sixx.

Jag lyckade väcka någon sorts nyfikenhet hos henne genom att berätta att jag var svensk. Hon var väldigt intresserad av skandinavisk goth som börjat bli populärt. Hon kändes däremot väldigt svårflirtad och tillbakadragen, men det var kul att sitta och ragga lite på skoj ändå. Hon verkade åtminstone låta mig hållas. Men hon fullkomligen dröp av ointresse för övrigt. En del av mig hoppades antagligen lite på att Nikki Sixx skulle dyka upp och spöa skiten ur mig för att jag pratade med hans tjej. Det hade varit coolt att kunna skryta med att ha fått stryk av Nikki Sixx.

Kat bad mig snorkigt att fylla på hennes vinglas, och det kunde jag väl gå med på. Jag tog hennes vinglas och begav mig till bardisken där Tommy dukat upp med all möjlig alkohol och tilltugg.

— *Du, om jag vore dig hade jag lagt ner det där. Hon låter snäll, men hon är inget annat än en kunglig jävla bitch.*

Jag tittade förvånat på kvinnan bredvid mig. Hon var hårt sminkad med enorma ögonfransar. Med en bandana i gangstaknut runt hennes långa svarta hår som var uppsatt i svans. Hon var klädd i svart kort klänning i viktoriansk stil, komplett med fingerlösa handskar i svart spets. Hon stod där med korsade armar med ett vinglas i handen och iakttog mig när jag fyllde på Kats glas i baren.

– *Va? Vem? Kat?* Undrade jag förvirrat.

– *Japp. Och det menar jag inte som en komplimang. Jag menar, jag är också en bitch. Fast den bra sorten, du vet. Hon, däremot, är den värsta sorten av sorglig bitch som man kan hitta. Jag bara tänker så du slipper slösa massa tid som du aldrig får tillbaka.*

– *Öh. Okej. Det låter lite som du känner henne, eller?*

– *Hon tar betalt för att vara här. Kan du fatta det? Hon vill ha betalt för att gå på fest och få gratis sprit. Ändå orkar hon inte skärpa till sig i fem hela minuter.*

– *Men...vänta här nu. Vaddå betalt? Vem betalar henne för att vara här då?*

– *Tommy såklart. Han tycker det är fett coolt att ha kändistatuerare på sin fest. Så ja, han betalar henne för att sitta i hans soffa och dricka hans vin. Synd bara att hon är så värdelös på att tatuera.*

– *Så...knäppt.* Sa jag förbluffat.

– *Jag sa ju det. Hon är knäpp. Och rätt sorglig. Hon tycker bara hon är någon nu för att hon är ihop med en rockstjärna.*

Jag såg på med skräckblandad förtjusning när hon tog upp en citronklyfta från frukttallriken på bardisken, och kramade ur juice rakt ner i Kats nyss påfyllda vinglas. Jag började fnissa nervöst och visste inte riktigt vad jag skulle göra med det här. Skulle jag gå tillbaka med ett glas citronförgiftat vin till Kat? Eller skulle jag skälla ut den här bruden?

– *Du verkar rätt härligt knäpp själv. Vad heter du?* Undrade jag med ett skratt.

– *Amy.*

CHEROKEE AVENUE
LOS ANGELES, CA90038
Förtvivlan

Linda verkade aldrig riktigt återhämta sig från incidenten med arresten och den kraschade bilen. Hon hade mest legat på sängen och blivit hög och sovit om vartannat. Jag hade inte fått något vettigt samtal ur henne. Efter ett par veckor var hon bara borta. Huset kändes så tomt plötsligt. Det enda hon lämnade efter sig var ett brev. När jag såg papperet med hennes handstil blev jag livrädd. Jag trodde att det kanske var ett självmordsbrev. I min ensamhet och morfintyngda sorg var hennes meddelande ändå nästan lika smärtsamt att läsa. Jag önskar jag hade sparat brevet, men jag vet faktiskt inte vad som hände med det. Förmodligen slängde jag det eller så försvann det på något annat sätt.

Hon skrev att hon inte orkade längre, och att hon begett sig till Washington DC för att lägga in sig på ett behandlingshem. Hon ville inte berätta vad kliniken hette eller hur man kunde nå henne. Hon skrev så rakt ut. Det var kristallklart att hon inte ville att jag skulle försöka kontakta henne eller följa efter. Vidare förklarade hon att hon inte tänkte komma tillbaka till huset, någonsin. Att vårt hem var för mörkt och sorgset för att kunna läka. Hon ville heller inte träffa mig förrän vi bägge var friska.

Jag måste ha läst hennes brev hundratals gånger. Kanske tusentals. Jag satt på sängen och läste hennes handskrivna lapp om och om igen utan att kunna förlika mig med det hon skrev. Egentligen borde jag ha kunnat hela hennes meddelande utantill vid det här laget, men orden bara flöt ihop till en tortyrliknande smärta varje gång jag läste hennes text. Jag föll ner i ett bottenlöst hål av depression och missbruk. Det fanns stunder då jag intalade mig själv att någon annan skrivit lappen. Att någon kanske kidnappat Linda och skrivit brevet

för att avleda polisen. Med tillräckligt mycket heroin i kroppen
verkade det rimligt. Det fanns andra stunder där jag inbillade mig att
det faktiskt var ett självmordsbrev. Att Linda kanske tagit livet av sig
någonstans men skrivit brevet för att förvilla mig. Det var lite oklart
varför hon skulle ha gjort så, men mycket verkar rimligt med
tillräckligt mycket knark.

Jag övervägde att ta livet av mig. Men jag vågade inte. Rädslan för
smärtan, ångesten och risken för att misslyckas på olika fruktansvärda
sätt var för övermäktig. Någon av mina langare måste haft möjlighet
att få tag på vapen. Med tillräckligt mycket pengar skulle det
åtminstone inte varit omöjligt att få tag på ett. En kula i munnen borde
vara helt smärtfritt resonerade jag. Och ganska riskfritt. Men det var
just det, det skulle aldrig vara helt hundra procent riskfritt. Det fanns
alltid möjligheten att någonting skulle gå fel, varpå man hade blivit
sittande i rullstol med respirator resten av livet. Jag vågade inte.

Istället antog mitt missbruk helt perversa proportioner. Jag gick
inte utanför dörren eller svarade på några samtal. Det enda jag gjorde
dag ut och dag in var att ligga på soffan och bli stenhög bortom alla
begrepp. Jag vaknade på kvällen, drog i mig heroin tills jag låg och
flämtade på soffan för att till sist somna. Vaknade på kvällen igen, och
började om igen. Opiatklådan tog kål på mig under de perioder jag var
något sånär vaken. Allergipiller kan hjälpa mot klådan, men jag var
inte i stånd att ta mig till ett apotek. Min langare blev rätt förvånad när
jag bad honom köpa med allergimedicin. Han hade förmodligen aldrig
skaffat sina produkter från ett apotek förut. Men han gick med på det.
Det var ju ändå piller trots allt. Jag vågade inte ta livet av mig, men jag
sket helt och hållet i om jag skulle dö. Det var inte ens en skrämmande
tanke. Jag snortade sådana mängder att jag nästan ständigt blödde
näsblod. Min hals sved konstant av sura uppstötningar. Hade jag inte
varit helt väck på opiater hade jag antagligen vrålat av magsmärtor.
Jag åt aldrig. Jag mådde för illa och var för utmattad.

Vänner och bekanta kunde komma förbi och ringa på ibland. När jag inte öppnade hände det att de ropade på mig. Dörren var alltid olåst så de hade egentligen bara kunnat öppna dörren och gå in, men man gör ju inte så. Jag lämnade dörren olåst för att mina langare skulle kunna knalla rakt in. Vi hade den överenskommelsen. Jag började förstå att jag såg vissen ut när en av langarna tog med en burgare med pommes från Wendy's. Han ville inte ens ha betalt för den. Jag fick lite dåligt samvete för att jag inte åt den. Men dåligt samvete gick lätt att bota med mer pulver i näsan. Det måste ha luktat död och ångest ända ut på gatan, jag kan inte minnas att jag duschade eller tvättade mig.

Jag har heller inget minne av hur länge jag låg som en fånge på den där soffan. Det kan ha varit veckor eller månader. Jag höll på att tyna bort i mitt missbruk som nu helt spårat ur utan återvändo. Nu i efterhand skulle jag säkert kunna sätta mig ner och försöka räkna ut hur lång tid det rörde sig om, men ärligt talat vill jag inte veta. Jag hade till och med slutat drömma under mina sömnperioder när jag hörde en röst. Det gick inte att avgöra om det var en hallucination eller verklighet.

– *Nu. Idag.* Fortsatte rösten, och jag blev medveten om att någon försökte prata med mig.
– *Mm.*
– *Du, förstår du mig?*

Jag öppnade ögonen. Amy satt på knä framför soffan och ruskade om min axel. Det kunde lika gärna ha varit en dröm. Jag såg att hennes läppar rörde sig, men jag var för omtöcknad för att förstå vad hon försökte säga. Dessutom somnade jag hela tiden så fort hon inte ruskade om mig. Hon kan ha suttit där en lång stund utan att jag fattat det. Hon såg upprörd ut.

– *Du. Skärp dig nu för fan! Vi åker idag, hör du det!* Skrek hon argt.

– *Mm. Vart då?*

– *Lyssna på mig nu då, du ska in på behandling.*

– *Behandling.* Repeterade jag matt.

– *Kom igen, drick nu.*

Amy pressade en colaflaska mot min mun. Jag var inte beredd på läsken som jag direkt satte i halsen. Amy var redan beredd med en hink som hon satte framför mitt ansikte. Men jag hade inget att kräkas upp. Jag hostade bara hjälplöst och spottade ut cola i hinken. Det fick mig att kvickna till.

– *Vafan...gör du?!* Väste jag hest när jag hostat klart.

– *Du måste få i dig energi. Drick nu.* Hon höll fram flaskan åt mig.

Jag provade lydigt att dricka från flaskan och jag var så törstig att jag inte kunde sluta dricka. Min kropp var helt uttorkad men jag hade inte haft en aning om det. Amy slet flaskan ur handen på mig efter några klunkar.

– *Okej, du måste ta det försiktigt. Annars kommer du spy upp allt.*

– *Vad gör du här?* Frågade jag matt med raspig röst.

– *Jag ska köra dig till behandlingshemmet.* Sa hon bestämt.

– *Va? Vaddå behandlingshem?*

– *Okej, försök lyssna nu. Du är nere på botten nu. Du behöver hjälp. Förstår du?* Hon pratade med behärskat ilsken röst.

– *Är du...arg på mig?*

– *Nej. Jag är inte arg. Men nu är det så här att du ska in på behandling. Jag har bokat plats åt dig.* Sa hon sakligt med bestämd röst.

– *Okej. Behandling. Då måste jag bara ta en sista lina.* Sa jag desperat.

– *I helvete heller. Du har redan tagit din sista lina.*

– *Men...snälla.* Gnydde jag. Livrädd inför tanken att behöva lämna alla droger i huset.

– *Det är över, Peter. Det räcker nu. Vi ska åka nu. Direkt.* Sa hon samlat och bestämt.

Jag nickade. Det är oftast synnerligen svårt att få missbrukare att acceptera behandling. De tycker inte att de har några riktiga problem, och blir dessutom kränkta och frustrerade av att höra någon berätta att de har riktiga problem. Själv var jag smärtsamt medveten om att jag var nere på botten. Jag hade inga illusioner om att jag bara partyknarkade lite. Jag hade heller inga illusioner om att jag nog kunde sluta om jag bara ville. Vad jag ville var att inte finnas. Alls. Men inte ens mitt missbruk hade fått mig att försvinna. Jag var verkligen nere på botten. Och för utmattad för att orka säga emot. Jag var så ynklig och hjälplös där jag låg och skakade på min soffa. Det lät rimligt att jag behövde hjälp.

– *Här. Drick lite mer nu.* Hon sträckte fram flaskan. *Vi ska sätta dig upp sen, okej?* Fortsatte hon med öm röst.

Jag har ingen aning om hur hon fick ut mig i bilen. Men på något sätt hamnade jag till slut i baksätet. Det måste ha krävt allt av Amys tålamod och vilja för att få mig dit. Men där låg jag till slut. Hon gav mig lyckligtvis en hink också. Jag har inget direkt minne av resan till San Diego förutom att det var långt och att jag kräktes upp cola på vägen. Jag ville bli frisk nu. För då skulle jag ju få träffa Linda.

I efterhand menar Amy att det i slutänden var mitt eget beslut som gjorde det möjligt för henne att hjälpa mig. Att hon aldrig hade fått med mig i bilen om jag absolut inte velat. På sätt och vis stämmer det. Man kan inte tvinga en missbrukare mot sin vilja att ta emot hjälp eller behandling. Inte ens myndigheter kan klara av det med tvång. Men jag hade nog aldrig sökt den hjälpen på egen hand. Jag hade aldrig själv åkt iväg till en klinik. Det var helt och hållet hon som faktiskt räddade mig från mig själv. Någon måste sträcka ut en hand innan man kan ta emot den.

"Jag vet att det verkar elakt att bara lämna ett brev och försvinna. Men det fanns inget annat alternativ. Hade vi försökt prata om det först så hade du utan tvekan övertalat mig att stanna. Och jag hade verkligen stannat också. Jag var bara ett tomt skal. Du såg nog inte hur sjuka vi var. Jag hade inget val än att göra den där resan själv. Du var tvungen att göra din egen resa."

Linda

De nordamerikanska indianerna pratar om andar som finns ute på de vida slätterna i den karga naturen. När man står mitt ute i den där urtidsnaturen verkar det nästan rimligt. Svensk natur är våra massiva gröna skogar som sträcker sig i alla riktningar. Mitt i Norrlands djupa granskogar kan man också gripas av den där tanken att man nästan har en övernaturlig kontakt med naturen som ett väsen. Amerikas natur är i motsats öppen och gränslöst enorm, på ett sätt som får en att känna sig så liten och obetydlig. Det är först när man går ute i Arizonas röda ökenlandskap och tvingas stirra oändligheten i vitögat som det går upp för en hur stor världen egentligen är. De öppna vidderna är så obegripligt stora.

Det är sådana där tankar man får när man börjar nyktra till från nära två decenniers missbruk. Man sitter där som ett fån ute i öknen och stirrar upp mot kvällshimlen som sträcker sig långt utanför periferin. Innan man vet ordet av har man blivit klassiskt white trash som dillar om indianer, naturen och andar. Går det riktigt överstyr vaknar man upp med en tatuering av en varg som ylar mot månen, eller kanske en drömfångare med indianfjädrar. Fast riktigt så långt hann det lyckligtvis inte gå för min del.

– *Elden. Flammorna är så fantastiskt vackra.* Sa hon och tittade förhäxat på lägerelden.

Skye var pyroman. Hon var t om stolt och öppen med det. Hela hennes liv hade kantats av en fascination för eld och brand. Hon hade suttit på kåken för att ha försökt elda upp ett vattentorn i Chowchilla. Ett tilltag som skedde under ett svårt rus på meth. Vattentorn är i allmänhet tillverkade av metall och oftast placerade ute i spenaten långt från bebyggelsen. Hennes advokat hade därmed lyckats förhandla ner åtalet för mordbrand till sju månader på lågriskanstalt med krav på rehab efter fullgjord strafftid. Ett slutkapitel för hennes missbruk där hennes liv faktiskt vände uppåt.

Vi träffades på ett sånt där möte för stödgrupper för tillfrisknande missbrukare. Dom går till ungefär som man ser på film. Man träffas i en nedgången samlingslokal, oftast nere i källaren i ett sunkigt kommunhus. Det är fullkomligt bisarrt obekväm stämning där man sitter i ring och ska berätta om sina jävla problem för andra människor som låtsas som att de bryr sig. Det funkar uppenbarligen för vissa människor. Jag fann dock aldrig tröst eller gemenskap i att massa främlingar också var misslyckade pundare. Men jag dömer verkligen inte de som hittade trygghet i det. Jag blev dock bara deprimerad av att höra folk berätta om hur de glömt sitt barn i bilen utanför medan de däckade på soffan hos någon langare. Skyes porlande skratt och charmiga glädje var som en förtrollande oas i den där eländiga misären.

Jag fortsatte ändå gå på mötena, så länge Skye var tvungen till det enligt sin dom. Hon var så energisk och sprudlande trots den resa hon gått igenom. Rikemansbarn, pappas flicka. En av de mest populära eleverna i high school. Cheerleader som körde Porsche Boxter till skolan. Livet lekte. Tills Skye upptäckte kristalliserat metamfetamin. Ett decennium av misär följde på hela den där amerikanska drömmen. Pappa försörjde henne tills han beslutade att strypa pengarna och bryta kontakten. Och det hela kraschlandade med en fängelsedom och avgiftning. Nu stod hon utan stöd från varken sin familj eller sina tidigare vänner. Ändå var hon så positiv och spred en nästan beroendeframkallande energi runt sig. Hon påstod själv att hon nu mådde bra för första gången i sitt liv. Det gav henne en omättlig livsglädje som syntes på mils avstånd. En helt förbluffande styrka och inställning som jag var avundsjuk på.

I ren rastlöshet hade vi börjat utveckla road trips till en sorts hobby. Vi föreställde oss själva lite som Bonnie och Clyde som planlöst åkte runt i bil medan vi pratade och lyssnade på musik. Det var ett tillfrisknande för oss båda. Just nu satt vi mitt ute i vildmarken som två tonåringar i den vindpinade öknen och betraktade slutet på solnedgången. Flammorna från lägerelden fick skuggorna att fladdra i hennes ansikte. Som att skuggorna hade ett eget liv och dansade runt elden. Hon satt på knä med särade lår framför brasan och liksom spelade i luften med fingrarna som i någon hyllning till eldsflammorna och gnistorna som steg mot himlen. Hon log hypnotiserat.

- *Come on baby light my fire.* Hon nynnade på The Doors klassiska låt.
- *Borde jag oroa mig eller?* Undrade jag.
- *Ja! Vi eldar ju!* Svarade hon glatt.
- *Nåja. Här ute finns väl inget som kan börja brinna i vilket fall.* Konstaterade jag och tog en klunk cola.

Hennes självutnämnda pyromani var i själva verket rätt harmlös. Kanske inte på den tiden när hon fortfarande gick på meth, men nu var det mest begränsat till lägereldar och öppna brasor. Hon ville absolut inte bli botad från sin mani, hon älskade den. Flammorna och gnistorna reflekterades i hennes gröna ögon där i skymningen, och jag iakttog fascinerat hennes hängivelse till eldhärden. Hennes långa blonda hår färgades orange i skenet. Med hennes späda ansiktsdrag och feminina kindben påminde hon om Nicole Kidman när hennes hår nu skimrade i det intensiva gyllenröda ljuset.

- *Du...hur är Sverige egentligen?* Undrade hon och verkade faktiskt se på mig istället för på lägerelden.
- *Typ som här. Fast annorlunda.* Svarade jag lite osäkert. Jag visste inte vad hon frågade egentligen.
- *Fast det är massor av skog va?*

- *Ja. Det är mycket grönare överallt. Och höga jävla träd också.*
- *Finns det björkar med?*
- *Ja. Massor.*
- *Vi hade ett lantställe i Michigan när jag var liten. En stor gård mitt ute på landsbygden. Det var en gammal herrgård från inbördeskriget. Vi hade äppelträd på gården som vi kunde plocka hur mycket vi ville från på hösten. Och björkar. Runt hela tomten. Jag älskade att ligga på rygg och lyssna på suset i björkarna.*

Jag tror inte jag ens sett en björk sedan jag var hemma i Sverige. Den nordamerikanska naturen må vara enastående, men få saker slår en ordentlig svensk sommar. Jag kunde nästan se det framför mig. Ängarna och björkarna med sitt sövande sus i löven. De oändliga ljusa nätterna där älvorna dansar i dimman som tätnar över gräset. Det gjorde nästan ont i bröstet att tänka på hur vackert det är. Möjligen associerade jag det till en lycklig barndom, i en helt annan tid i ett annat liv.

- *Det finns björk överallt i Sverige. Det doftar fantastiskt när man eldar med det. Sa jag skämtsamt.*
- *Åhh. Alla eldar där på vintern va? Undrade hon hoppfullt.*
- *Nja. Det är inte så vanligt med öppen spis faktiskt.*
- *Blir det mycket snö där på vintern? Flera meter?!*
- *Nä. I norr kan det nog bli ett par meter. I Stockholm blir det mest slask.*
- *Du sa förut att Stockholm ligger vid havet va?*
- *Vi har en skärgård full med små öar, men det är inte öppet mot havet på det viset.*
- *Det låter så...vackert. Sa hon eftertänksamt och såg på mig.*

Hon hade rätt. Stockholm är verkligen vackert. Skärgården är bara helt fantastisk. Den svenska naturen är välkomnande och levande. Inte som den karga döda öknen i Arizona. Jag längtade hem lite.

– *Du...?* Sa hon frågande och såg förläget på mig.

– *Mm?*

– *Kan du inte ta med mig till Sverige? Jag vill se hur ditt land ser ut.*

– *Öh. Jo, förstås. Men alltså, du behöver ju inte mig för att åka dit om du skulle vilja.*

– *Men nä, jag vill åka med dig. Så du får visa mig allt som finns där.*

– *Okej. Det är vackert på sommaren, men det finns inget direkt jättehäftigt att se.*

– *Jag vill bara se all skog! Och alla konstiga djur och så.*

– *Det finns ju inga isbjörnar där har jag sagt!* Stönade jag.

– *Jodå. Och älgar väl? Jag vill förresten elda med björk. Snälla?*

– *Men jösses. Menar du allvar med allt det här eller?*

– *Ja! Alltså inte att vi typ åker imorgon. Men vi skulle kunna planera en resa, en riktig resa dit?*

Tanken på att turista i Sverige kändes lite underlig. Men ju mer jag tänkte på det kanske det inte handlade om att åka dit som turist. Jag började ärligt talat känna mig klar med det här landet. Att ha åkt runt som en påtänd flipperkula hela mitt vuxna liv. Det fanns egentligen inget som höll mig kvar förutom gammal vana och svåra minnen. Underbara men svåra minnen av Linda. Det kanske var dags att hälsa på hemma.

– *Om du menar det så vill jag verkligen göra det.* Sa jag och betraktade elden som sprakade i sanden.

Jag hade svårt att sova den natten. Skye låg hopkurad bredvid mig med sin blonda kalufs på min axel. Hon sov tungt och jag lyssnade på hennes långsamma andetag. Hon tycktes så förbluffande lugn och verkade inte plågas av sina återkommande mardrömmar. Jag kände mig själv förvånansvärt lugn och tillfreds för första gången på mycket länge. Kanske var det så att jag började bli frisk på riktigt. Jag lyfte försiktigt på Skyes hand som låg avslappnad över min bröstkorg, och läste texten på handleden som jag själv tatuerat. *"Fire walk with me"*. Vi hade båda gått igenom ett eldprov och kommit ut levande på andra sidan.

Långsamt och mjukt pressade jag försiktigt läpparna mot hennes panna. Och kände doften av svensk sommar och björk i hennes hår. Det var självklart att hon skulle få elda björkved i Sverige. Att ta med en pyroman till Sverige var åtminstone långt ifrån den sämsta idé jag någonsin fått.

Erotisk hårdsmälta

Jag stirrade länge och väl på Linda. Just nu var det lite för mycket för mig att smälta. Och för knäppt för att jag skulle veta om hon menade allvar med något av det. Att hon möjligen var lite bisexuell var väl kanske en sak. Att hon ville vara med i en lesbisk porrfilm var liksom bara helt jävla galet.

- *Lesbisk porrfilm?!* Repeterade jag som en idiot.
- *Ja. Du vet. När det är tjejer som har sex liksom.* Förtydligade hon sig om det nu inte framgick vad hon menat.
- *Men...nej!*
- *Vaddå får jag inte eller?* Frågade hon förnärmat.
- *Får och får, men du hör väl själv?! Jösses!*
- *Men precis som du sa är det ju porr, och inte på riktigt.*

Jag föreställer mig att porrskådisar bara gör sitt jobb. Inte att det rör sig om överkåta individer som inte kan få nog av att knulla framför en kamera. Även om många säkert vill tro det. Det är regisserat och klippt. Så nej, porr är liksom inte dokumentärt. Egentligen var jag inte särskilt orolig att hon skulle springa iväg och spela in porrfilm utan vidare. Porrbranschen i Kalifornien är en enorm industri som därmed kontrolleras med järnhand av myndigheterna. För det första måste skådespelarna ha ständiga läkarintyg som visar att de inte har någon blodsmitta. Vilket både var dyrt och någonting man fick vänta på. För det andra tolereras inte missbruk. Ett urinprov skulle få henne portad från alla studios i hela landet på mindre än en kvart.

Så för mig handlade det inte så mycket om en oro för att hon faktiskt skulle göra det på riktigt. Det är lite som om ens partner påstår att de minsann vill ha gruppsex med aliens. Det kommer ju liksom inte hända, men ändå. Det lät bara så jävla galet. Att hon ens föreslog det liksom. Bara tanken på att hon övervägde idén var helt knäpp och jag störde mig på det. Sen spelade det mindre roll om det skulle inträffa i verkligheten eller inte. Vem som helst skulle ha åsikter på om ens partner överväger att vara med i en porrfilm. Om det är en lesbisk eller heterosexuell film spelar ingen roll egentligen.

- *Jo. Men bara grejen liksom, porrfilm. Vafan?*
- *Alltså, jag skulle vilja göra scener som ser ut som på riktigt. Som inte bara ser ut som smärtsamt rörmokeri.*
- *Det är ju liksom fake som folk vill se. Uppenbarligen.*
- *Inte tjejer. Det ser ju bara helt fel ut, man får ju ont av att titta på det.*
- *Men...det är ju inga kvinnor som tittar på det där.*
- *Nej exakt!*
- *Nä?* Svarade jag osäkert utan att fatta att jag serverat poängen åt henne.

För hon hade väl en poäng. Om nu sex på film mest bara ser obekvämt och smärtsamt ut så vill man ju inte heller titta på smörjan. Jag ställde mig i vilket fall tveksam till att konsumtion av porr bland kvinnor skulle öka lavinartat bara för att det såg "rätt" ut. Dessutom förstod jag inte ens varför vi hade den här diskussionen till att börja med. Det kändes helt sjukt. I synnerhet när vi var duktigt buckliga i ett hav av morfinrus. Jag ville vrida ner volymen på diskussionen. Min irritation bara växte ikapp med Lindas envisa frustration.

- *Du.* Suckade jag avväpnande. *Kan jag inte bara få smälta din...bisexualitet en stund innan vi pratar om porrfilm?*

Hon snörpte misstroget på munnen, fast med ett försonande leende. Det såg ut som att hon lugnade ner sig lite när hon nickade och kramade min hand kärleksfullt. Hon såg ut att tycka att mitt förslag lät rimligt. Hennes snörpta min förvandlades plötsligt till ett mer finurligt och hemlighetsfullt leende när hon satt där med min hand i hennes. Hon sög in underläppen i munnen medan hon knäppte upp gylfen på sina jeans, och varsamt men bestämt placerade min hand mellan hennes lår. Jag lät handen glida ner innanför hennes jeans och smekte henne mjukt med ett par fingrar. Hon var så våt att till och med hennes trosor var genomblöta i grenen. Hon slöt ögonen och stönade tyst, nästan som en viskning, till min beröring.

Sådär upphetsad, mitt i ett morfinrus, hade jag nog aldrig känt henne förut. Ett häpet leende spred sig i mitt ansikte när hon såg på mig med halvslutna ögon och nickade instämmande till min upptäckt. Om tanken på att spela in porr fick henne så här helt enormt upphetsad så kanske jag var tvungen att omvärdera min ståndpunkt.

Det måste ha dröjt sådär ett par veckor innan vi pratade om saken igen. Även om det var mer än trevligt att få känna hennes reaktion på hennes porrfantasier hade jag inte direkt velat ta upp saken igen. Jag hade som sagt en känsla av att det hela mest var erotiska tankar som uppstått i ett opiatrus. Men det kunde lika gärna vara en sån där envis pryl som hon inte tänkte släppa. Jag ville inte väcka någon löjlig konflikt som slumrat mellan oss. Jag var lika oförberedd den här gången också. Jag satt i soffan och stämde en gitarr när hon prydligt la en hög med DVDs på bordet framför mig. Det var porrfilmer. Jag tittade på henne frågande med en orolig suck. Hon lät mycket nyktrare den här gången. Mer närvarande och samlad när hon pratade.

– *Jag tänker inte vara med i någon porrfilm. Sa hon varmt.*

Jag blev plötsligt osäker på om jag kanske gjort fel som varit så negativ den där kvällen när jag protesterat mor hennes porrfilmsidé. Det här kanske var något trick med omvänd psykologi. För att framkalla något slags dåligt samvete för en taskig attityd. Eller kanske rentav ett försök att få mig att ändra mig om det hela. Fast nä, jag tyckte nog att man har rätt att ha åsikter på sin flickväns ambitioner att vara med i en jävla porrfilm. Så jag kände mig lättad över hennes ord som trots allt lät genuina. Jag gjorde mitt bästa för att följa med i svängarna.

– *Okej. Så...skönt att höra. Men vad är grejen med dom här då?* Undrade jag och nickade mot högen med porrfilmer.

– *Det är porr för kvinnor.* Svarade hon belåtet.

– *För kvinnor?*

– *Ja. Det är liksom kvinnliga regissörer, som gjort filmerna för kvinnlig publik.*

– *Men...du tänker alltså inte vara med i en sån?* Undrade jag oroligt.

– *Nä. Du har ju faktiskt rätt. Det vore helt knäppt att vara med i en porrfilm. Okej, så jag kanske är lite bisexuell. Ibland. Men inte tillräckligt för att faktiskt ha sex med tjejer. Och definitivt inte på film.*

– *Åh, okej.* Svarade jag och hindrade mig själv från att raljera om hur mycket jag höll med.

– *Men jag tänkte att vi kanske kunde se lite på någon av dom nån gång?* Sa hon med ett hemlighetsfullt leende.

– *Visst, det är klart. Men alltså, vart hittade du dom här?*

– *Idiot. I en sån där sexbutik såklart.*

– *Och du gick in och bara frågade efter porr för kvinnor?*

– *Ja?*

– *Coolt!* Skrockade jag.

Jag gillade bara tanken på att Linda kaxigt gått in en sån där dämpad butik med dildos och piskor i skyltfönstret, och utan vidare bett personalen att plocka ihop lite porrvideos. Det är liksom inte lika sunkigt när kvinnor gör så.

Det kan mycket väl ha varit samma kväll som vi fånigt satte oss till rätta i soffan för att faktiskt titta på porrfilm tillsammans.

Naturligtvis var tanken att vi skulle sitta där och kåta upp oss tillsammans. Eller, min tanke var nog mest att Linda skulle bli sådär helt vansinnigt upphetsad igen. Själv hade jag kanske inge större förväntningar på porrfilm designad för kvinnor.

Det var den sämsta smörja jag sett. Med konstnärligt kreativt foto av kärleksscener på sidenlakan i motljus till klassisk musik. Det såg mera ut som nakenbalett än porr. Det var liksom bara ännu smörigare än sexscenen i Top Gun. Det fanns inte en chans att någon, än mindre kvinnor, skulle kunna tycka att det här skräpet var upphetsande. Jag har sett romantiska komedier som var sexigare. Jag sneglade mot Linda som förkrossat iakttog eländet på skärmen.

– *Vill du ha en lina istället?* Undrade hon matt med en suck.

– *Ja tack. Snälla.*

Vi noddade tillsammans till någon ostig actionfilm på tv. Eller om det kan ha varit en dokumentär om akvariefiskar. Och det var nog också lyckligtvis slutet på vår diskussion om porrfilmsinspelning. Att hon kanske var lite bisexuell störde mig inte. Jag var mest avundsjuk på det.

"Äh, Peter bara förstorar upp det där med porrfilm. Det var bara någonting jag sa, lite som att man säger att man vill ligga med någon snygg kändis. Vilket kanske är onödigt att säga och skapar massa dåliga vibbar. Men det kommer ju inte hända i verkligheten. Jag tror det mest var ett fånigt tjafs över ingenting. Jag är imponerad över att han för säkerhets skull tydligen kollade upp reglerna för att ens få bli porrskådis.

Men jag har faktiskt inget minne av att jag blev sådär till mig i soffan. Det lät spännande, jag vill höra mer om vad vi gjorde sen!"

Linda

SAN DIEGO, CA

Till slut var det tvunget att hända. Man kan inte peta i sig massa olagliga preparat hur länge som helst utan att man får problem. Jag befann mig på The Casbah, en populär rockklubb som var förvånansvärt halvtom för att vara en fredagskväll. Den enda toaletten inne på herrarnas fanns i ett bås. Det var det enda privata utrymmet jag kunde hitta. Bandet som spelade på scenen var så kasst att jag fick huvudvärk. Vilket också kan förklara den blyga mängden besökare. Den katastrofala ursäkten till musik dånade genom väggarna och mullrade dovt inne i båset. Jag kunde knappt koncentrera mig när jag la en tablett med oxykontin i en pappersservett och försökte krossa den mot handfatet. Jag svor tyst och grävde upp en tändare ur fickan för att använda den som en mortel.

Till slut hade jag hjälpligt lyckats pressa tabletten till någonting som liknade pulver. Man blir nästan hög redan innan man snortat. Som något sorts psykologiskt fenomen av förväntan och vetskap om effekten. Jag la inte ens märke till att musiken tystnade. Det var bara en lättnad som fick mig att slappna av när jag drog upp pulvret i näsborren med ett sugrör. Pulvret kittlade bak i gommen medan jag väntade på ruset. En kemisk smak spred sig i munnen, en smak jag lärt mig att älska med tiden. När den faktiskt fick mig att kaskadkräkas i början.

– Ungefär samtidigt som jag började känna värmen från ruset i bröstet bultade det kraftigt på dörren.

– *Öppna dörren! Öppna dörren nu!* Ropade en mansröst myndigt på andra sidan.

– *Det är för fan upptaget, vänta!* Svarade jag irriterat.

Ett par, tre kraftiga smällar hördes mot dörren. Det var våldsamma smällar som skar i öronen när metallen i låset skallrade. Det gjorde mig riktigt förbannad snarare än rädd för vad det nu kunde ha varit för psykopat som var desperat skitnödig. Jag låste upp och slet upp dörren för att berätta för den jäveln hur fan man beter sig när folk försöker få lite privacy inne på toaletten.

Två män i skyddsväst med polisbrickor hängandes runt halsen blängde surt på mig. Idioterna måste ha försökt sparka in dörren som öppnades utåt. Två poliser. Det var långt mycket värre en vilken skitnödig psykopat som helst. Men jag hann aldrig gripas av panik förrän den ena av dem drog upp sitt vapen. Han pekade visserligen inte vapnet mot mig, han höll det riktat mot marken. Men då kom paniken. En iskall dödsångest grep direkt klorna i mig. Jag kände till min skräck hur blåsan höll på att ge upp och jag var på väg att pissa i byxorna.

– *Händerna. På huvudet. Nu!* Vrålade han.

Jag måste sett helt likblek och skräckslagen ut. Helt instinktivt släppte jag sugröret på golvet och placerade snabbt handflatorna på huvudet. De båda poliserna skrek omväxlande förvirrande snabba order, och jag visste knappt vad jag skulle lyssna på.

– *Ner på marken! Gå ner på knä! Rör dig inte! Lägg dig ner! Vänd dig om!*

Adrenalinet fullkomligen neutraliserade morfinruset. Jag kände ingenting förutom min puls som slog som en slägga i bröstet. Det är fullt möjligt att de trots allt vrålade logiska instruktioner, men jag hörde bara förvirrande order som lät som att de sa emot varandra. Jag stod bara och hyperventilerade med skräckslagen min och försökte koncentrera mig på att inte pissa ner mig. Till slut fick de nog och grep tag i mig. Jag blev upptryckt mot den vidriga väggen där i båset, en vägg täckt med klotter och intorkade fläckar av okänt ursprung. Hela min kropp var spänd som en fiolsträng, men jag gjorde inget motstånd alls. Jag vågade knappt andas medan de sökte igenom mig.

– *Vart har du drogerna?* Frågade en av poliserna behärskat bakom mig.

Jag önskar att jag kunde sagt nånting coolt. Sådär som på film. Typ "Jag gav bort dom till din mamma". Eller varför inte så enkelt som "Ska du skita i. Snutjävel". Det bästa alla kategorier hade dock varit att kräva en advokat, och sen bara hålla käften. Fast man är aldrig sådär tuff när man står upptryckt mot en skitig toalettvägg av två poliser med vapen.

– *Jag har inga droger!* Pep jag som ett barn som höll på att börja gråta.

Det var sant. Av ren tur som en tokig, eller om det var ett gudomligt ingripande, hade jag just snortat i mig den sista tabletten jag hade på mig. Tyvärr kände jag inte ett skit av den just nu. Mina tinningar bultade och jag hade en metallisk smak i munnen av adrenalinet som forsade i mina ådror. Jag var helt konsumerad av ångest och panik. Blandat med en känsla av hopplöshet och ovisshet om vad som skulle hända.

– *Har du svalt dom?* Röt ena polisen.
– *Näe! Jag lovar, jag har inga droger!* Jämrade jag mig desperat i falsett.
– *Kolla magen på honom.* Sa den andra polisen helt lugnt.

Han grep mig i nackhåret och böjde ner min överkropp. Utan att tveka pressade han in två fingrar i munnen och ner i svalget på mig. Det gick så fort att jag inte ens hann bli rädd, jag blev mest förvånad när magen knöt ihop sig och mina spyor kastades upp på kakelgolvet. Jag kände mig så förnedrad. Så otroligt kränkt. En term som är fruktansvärt utsliten och uddlös, men det var vad jag kände mig. Smaken av spyor i munnen begravdes i den vidriga smaken av hans latexhandskar. Jag vågade inte säga ett knyst medan poliserna nyfiket inspekterade mitt maginnehåll för att konstatera att jag inte svalt några droger.

- *Jag ser ju på dig att du tagit något. Vad har du tagit?* Frågade han irriterat.
- *Inget.* Ljög jag, med hes röst medan jag stirrade i golvet. Jag vågade inte se honom i ögonen.
- *Här har vi någonting.* Konstaterade den andra polisen och vecklade ut pappersservetten.
- *Okej. Du är nu arresterad.* Sa polisen nöjt, och läste upp massa rättigheter.

Jag kände mig helt blank, helt tom, när de satte på mig handbojor bakom ryggen på mig. Det här kunde inte hända. Inte mig. Jag hoppades att det hela var en riktigt hemsk mardröm som jag när som helst skulle vakna upp från. På sätt och vis kändes det som att kroppen tömdes på luft och den lilla själ jag hade kvar. Som att jag höll på att förlora medvetandet. Jag var viljelös som en ryggradslös comapatient när de ledde mig ut från toaletten och genom klubblokalen.

En helt surrealistisk syn mötte mig ute i klubben. Mängder av poliser stod längs väggarna med personer som blev utfrågade och gripna. Det gick snabbt upp för mig att de måste ha gjort en razzia mot klubben. På sätt och vis var det en enorm lättnad att jag inte var den enda som blev gripen och utförd i bojor av två poliser. Jag hann se Blakes stripiga hår när han frustrerat gestikulerade framför två poliser. Mina övriga bandkollegor hann jag aldrig se förrän jag blev utförd på gatan.

Det måste ha stått säkert tio polisbilar utanför. Förvånansvärt prydligt parkerade med tanke på att de måste ha varit tvungna att göra ett snabbt tillslag så fort de anlänt till klubben. Jag undrade förbluffat varför de slagit till där och då. Med så många poliser måste det gälla någonting riktigt allvarligt. De skickar inte tio polisbilar för att någon rökt gräs eller snortat en lina. Det stämde inte. Än idag vet jag inte varför de egentligen slog till mot klubben med så många poliser. De måste fått något tips om någon höjdare som antagligen bar omkring ordentligt med pulver på klubben. Eller så gällde det något gäng. Men jag fick aldrig veta några detaljer.

De placerade mig i baksätet på en polisbil. Baksätet var avskärmat från framdelen med ett galler. Ungefär där och då började den kalla verkligheten komma ikapp mig. Jag var arresterad för narkotikainnehav. Insikten gjorde mig illamående och jag ville spy trots att jag inte hade något innehåll kvar i magen. Jag hade varit helt livrädd ända sedan poliserna började vråla på mig inne på toaletten. Men skräcken som nu sköljde över mig var obeskrivlig. Jag satt där i baksätet och kämpade mot gråten, och försökte skölja ner den växande klumpen i halsen. Men jag fick inte under några omständigheter börja snyfta och gråta. Inte nu. Jag begrep mycket väl att jag var på väg mot ett häkte. Jag visste inte mycket om amerikanska fängelser mer än det jag sett på film. Vilket i största allmänhet innebär våldtäkter, gängmisshandel och rentav mord med hjälp av hemmagjorda vapen.

Det var då det gick upp för mig att jag fortfarande hade kajal runt ögonen. Och händerna fjättrade bakom ryggen.

STOCKHOLM
Nutid

Att börja arbeta med musikproduktion är en rätt naturlig utveckling som musiker. Att producera verkade så utomordentligt genomtråkigt när man var yngre. Producenter står i kontrollrummet på andra sidan glasrutan i studion och blänger liksom. Det är ungefär samma intryck man får som litet barn, det verkar så fantastiskt tråkigt när vuxna sitter runt matbordet i flera timmar och dricker äckligt vin. Men det är ju inte så tråkigt när man själv sitter där massor av år senare. Producentrollen ger ännu fler lager av kreativ yta att jobba med än som enskild musiker. När man väl står där i kontrollrummet och blänger på ett gäng kids som spelar upp ens vision och arrangemang inne i studion känns det nästan som ett morfinrus.

Det är mer en hobby i mån av tid. Men jag jobbar för en handfull skivbolag och distributörer, och har rimligt lösa tyglar att välja projekt själv. Det funkar inte riktigt som det gjorde på sextiotalet längre när bolagen skickade runt talangscouter på musikklubbarna för att hitta nästa världsstjärna. Scenen är för mättad. Den största delen av scouting idag går ut på att lyssna på inskickat material av aspirerande artister. Om jag fångas av det jag lyssnar på tar jag kontakt. Det betyder inte att allt annat är skitdåligt, bara att det inte fångade just mitt intresse.

Ibland får man rätt roliga och kreativa bidrag i lådan. Vid något tillfälle skickade ett band med hembakade kakor som de tänkte att man kunde äta medan man lyssnade på deras demo. Något annat band paketerade sin demo färdigt i en portabel cd-spelare komplett med hörlurar. För att vara säkra på att det inte fanns någon anledning alls för oss att inte orka lyssna. Det är kul när artister försöker sticka ut från mängden med följebrev som annars ofta lyder "Vi är världens bästa band och våra låtar kommer vara det bästa du hört!". Ibland, och jag misstänker att det kanske bara händer en gång i en livstid, får man en demo som man bara släpper allt för.

Jag rev upp ett vadderat kuvert. Vid första anblick var det inget speciellt med det. Det innehöll en cd och ett utskrivet följebrev. Skivan var inspelad av en ung kvinna, en singer/songwriter som var född på Irland men numera bodde i Sverige. Hennes efternamn kändes bekant, men jag kunde inte riktigt placera det. När hon däremot skrev att hennes mamma heter Fiona gick luften ur mig. Hon fortsatte skriva att hon fått berättat för sig att hennes mamma och jag varit bekanta för oceaner av år sedan. När hon sett mitt namn passera bland möjliga producenter blev hon nyfiken, och ville ta chansen att skicka mig en demo.

Av alla kreativa bidrag jag fått skickat till mig tog detta priset. Ordentligt. Jag hade kunnat signa henne till ett bolag utan ens ha lyssnat på hennes demo. Liksom, Fionas dotter? Orkanen av minnen och bilder från tiden med Fiona i England fick mig att tappa balansen. Jag var bara ett barn då. Ung, oförstörd och ännu långt ifrån en utmattad heroinist. En annan tid, ett annat liv. Jag satt i flera minuter med brevet i handen och försökte hämta andan. När jag väl återkom till verkligheten så bokstavligen flög jag upp ur stolen och tryckte in skivan i spelaren. Den där jävla släden man lägger skivan på i spelaren hade aldrig rört sig så långsamt som då. Det var nära en religiös upplevelse av förväntan att få trycka på play.

Jag måste ha rökt ett helt paket Marlboro medan jag satt med slutna ögon och lyssnade på hennes demo på repeat hela natten. Hennes röst lät som honung från Memphis, med tydlig inspiration av amerikansk country och soul. Man hörde de där helt underbara inslagen av grus i rösten när hon tog i. Hon kunde sjunga. Herregud så hon kunde sjunga. Solen började gå upp, och jag läste hennes brev för säkert tjugonde gången innan jag gick och la mig. Hon skulle spela på The Liffey i Stockholm om två veckor. Det kändes som två ovanligt långa veckor.

The Liffey var nära nog fullsatt när hon obekymrat äntrade scenen med en akustisk gitarr. Jag försökte naturligtvis hitta drag eller likheter med Fiona när jag såg på henne. Hennes långa hår var rågblont och lockigt, till skillnad från Fionas korpsvarta hår. Men hennes ögon fick mig ur balans för ett ögonblick. Hon hade Fionas intensiva blå ögon. Samma blick, samma energi. Det rådde ingen tvekan om att hon var Fionas dotter. Hon hade dessutom en piercing i ena näsborren, precis som Fiona hade när jag såg henne sist. Det var en märklig upplevelse att bara betrakta henne. En hel person, ett helt liv, hade alltså passerat sedan tiden med Fiona. Jag gick fram till henne och presenterade mig efter att hennes spelning var avslutad. Hon sken upp och tittade glatt på mig, med halvöppen överraskad mun.

– *Åh. Du kom? Det gör mig verkligen glad!* Sa hon på knagglig svenska.
– *Va kul, ska vi ta det här på engelska kanske?* Föreslog jag, det lät forcerat när hon försökte prata svenska.
– *Visst. Så du måste ha fått min demo antar jag?* Frågade hon på porlande irländska som värkte i mitt hjärta.
– *Ja. Och jag skulle jättegärna vilja prata med dig om den. Skulle du vilja komma till mitt bord sen?*
– *Så klart. Låt mig bara packa ihop mina prylar.*

Hon satte sig framför mig med en öl som hon höll i med båda händerna och såg utforskande på mig. Jag iakttog samtidigt henne lika fascinerat, jag hade så många frågor. En hel livstid av frågor. Jag var så nyfiken på vad som hände med Fiona och hur hon hade det. Vi hade inte pratat med varandra sen den dagen vi gjorde slut. Nu satt hennes dotter framför mig och betraktade mig med sin mammas ögon.

– *Så, Fiona är alltså din mamma?* Frågade jag fascinerat.
– *Ja.* Svarade hon kort och avvaktande. Jag skulle tydligen få lirka med henne.

– *Jag måste fråga. Det fattar du. Varför just mig?* Frågade jag och syftade på hennes brev.

– *Jag har lyssnat på det du gjort, och jag gillar det.* Svarade hon roat.

– *Säkert. Men vad har nu din mamma berättat, om jag får fråga?* Undrade jag med ett skratt.

– *Det skulle du gärna vilja veta va? Själv undrar jag vad som hände mellan er egentligen.* Svarade hon kaxigt.

Det verkade lite som att vi befann oss i ett klassiskt dödläge. Jag hade ingen aning om vad hon möjligen fått berättat för sig. Och jag visste inte riktigt hur jag skulle gå vidare utan att få veta vad som sagts. Hennes ögon smalnade av medan hon försökte dölja ett belåtet leende. Jag trummade med fingrarna mot bordet innan jag bestämde mig för att jag måste vara den vuxna personen i den här konversationen.

– *Jag träffade din mamma i London för herrans massa år sedan. Det måste vara…herregud…typ tjugotre, kanske tjugofyra år sedan. Vi bodde grannar i ett ruffigt lägenhetshus i East end. Hon och jag var ihop i något halvår. Men jag sabbade allt med mitt dåvarande missbruk.*

– *Var du kär i henne?*

– *Hörru. Berätta nu, vad har din mamma sagt?*

– *Skulle vi inte prata om min demo?* Frågade hon med ett finurligt leende.

– *Försök inte.*

– *Haha, okej, mamma har väl berättat ungefär samma sak. Du tog med henne på turné. Och det var rätt galet alltihopa.*

– *Kommer hon ens ihåg mig?* Undrade jag nyfiket.

– *Det var hennes första riktiga förhållande. Så klart att hon gör.*

– *Ursäkta, men är det inte lite konstigt att hon berättar om det för dig?*

– *Äh, vi har en väldigt nära relation, min mamma och jag. Det kan bero på att hon var singelmamma och jag det enda barnet.*

– *Okej. Hur gammal är du egentligen om jag får fråga?*

– *Jag är…herregud…tjugotre, kanske tjugofyra år.* Sa hon hemlighetsfullt, och härmade min egen formulering teatraliskt.

Jag slutade trumma med fingrarna på bordet och bara tittade på henne. Hennes ögon smalnade av igen när hon fyrade av sitt hemlighetsfulla leende. Hon fick mig att tappa fattningen i flera minuter. Hon snurrade på sitt ölglas mellan fingrarna och bara njöt av att hon lyckats få mig ur balans.

– *Vad heter din pappa?* Frågade jag strategiskt med ihålig röst.

– *Vill du verkligen veta det?* Frågade hon sakligt.

– *Ja. Faktiskt. Just nu vill jag verkligen veta det.*

– *Fader okänd, står det i mitt födelsecertifikat.*

– *Sitter du och driver med mig nu? Det är för helvete inte roligt.* Sa jag irriterat.

– *Nä det gör jag inte, lugna ner dig. Det är inte hela världen. Ärligt talat bryr jag mig inte faktiskt. Jag har världens bästa mamma, och det räcker för mig. Lyssna här, jag har växt upp med en mamma som enda förälder. Precis som exakt alla andra hemma på Irland. Vem som är min pappa spelar ingen roll. Men jag har mina misstankar.*

– *Fiona...jag menar din mamma, måste ju veta?!*

– *Säkert. Eller också inte. Om det hade spelat roll hade hon berättat.*

– *Så hon lämnar dig med dina misstankar istället?!* Frågade jag upprört.

– *Det kanske är för henne att veta, och för mig att ta reda på.* Sa hon filosofiskt. Det lät obegripligt.

– *Är det därför...du flyttat till Sverige?* Undrade jag omtumlat.

– *Nja. Jag blev erbjuden att hoppa in som sångare i ett svenskt band för ett par år sedan.*

– *Men vafan. Du kan ju inte varit gammal då. Så du bara flyttade till Sverige utan vidare?*

– *Du, hur gammal var du när du flyttade till London då?* Frågade hon
utmanande.

Det hade hon rätt i. Uppenbarligen var vi båda den typen av
personer som bara följde de drömmar vi hemsöktes av. Hon satt där,
med hela sitt liv framför sig. På väg in i en bransch som garanterat
skulle äta upp henne levande, så som den ätit upp mig och skitit ut
resterna efteråt. Om ingen höll ett vakande öga över henne. Jag
undrade om kanske allting hade en mening. Att det var därför jag nu
satt framför den här unga kvinnan som var Fionas dotter.

– *Jaha. Vad gör vi med det här nudå?* Suckade jag.
– *Ingenting. Verkligen. Vissa saker kan få vara en hemlighet. Tycker du
inte?*
– *Hur menar du?* Undrade jag förvirrat.
– *Vill du verkligen veta? Alltså veta helt säkert. Spelar det någon roll?*
Frågade hon filosofiskt.
– *Öh. Ja. Det spelar väl ganska stor roll?*
– *Jag har mina misstankar. Du har dina misstankar. Låt det stanna där?*

Jag iakttog henne förbluffat. Tanken slog mig att jag var utsatt för
århundradets mest geniala bluff. Ett utstuderat trick för att väcka mitt
intresse för hennes musik. Men jag är liksom inte Sam Philips. Det
verkade för långsökt att hon skulle gjort sådan omfattande research på
en nolla som mig. Och hon kom tvivelöst från Irland, om hon nu inte
var sjukt duktig på att fejka sin accent. Jag kände mig yr.

– *Du, vet din mamma ens om att du pratar med mig?*
– *Du menar om jag frågat om lov att vara ute och leka?* Undrade hon
ironiskt.
– *Äh, men kom igen.*
– *Ja. Så klart hon gör.*
– *Men alltså, vad tycker hon om det?*

– *Vill du prata med henne?* Suckade hon och lyfte upp sin telefon.

Jag frös till is. Hon tittade frågande på mig och höll sin telefon i handen, som om hon var beredd att ringa Fiona. Min hals klumpades ihop och nackhåren reste sig. Jag var inte beredd på det här. Det hade varit alldeles för mycket. Jag fixade inte det.

– *Nej! Lägg ner den där!* Protesterade jag och viftade med handflatan.
– *Du får om du vill.*
– *Öh. Nä. Men jag kan kanske ta hennes e-postadress.*

Jag gav henne en penna för att plita ner Fionas adress på en servett. Det var en helt surrealistisk situation. Hon såg förvånansvärt lugn ut när hon satt där med sin halvdruckna öl. Antagligen hade hon gått igenom det här mötet i huvudet hundratals gånger. Själv kom jag helt oförberedd. Helt ovetandes. Och egentligen var jag där för demoskivan hon skickat.

– *Jag vill att du behåller pennan.* Sa jag lugnt.
– *Jaha?* Sa hon och tittade på pennan som om det var något speciellt med den.
– *Jag vill gärna att du skriver på ett skivkontrakt.* Sa jag och la mappen med papper i framför henne.
– *Va?!* Nästan skrek hon med ett leende.
– *Men jag vill att du kontaktar en jurist som läser igenom det innan du skriver på.*
– *Skojar du med mig?! Skämtar du med mig just nu?!* Undrade hon högljutt med ett leende som gick från öra till öra.
– *Jag hoppas verkligen inte att vi sitter och driver med varandra.* Svarade jag matt.
– *Nu känner jag mig dum! Jag medger att jag kanske lurade hit dig för att träffa dig. Men jag var verkligen inte beredd på det här!* Sa hon med ett illa dolt fnitter i rösten.

– *Så kan det gå. Det blev tydligen många överraskningar ikväll.* Konstaterade jag torrt.

– *Men...gör du det här för att...ja, du vet?* Undrade hon exalterat och växlade mellan att peka på mig och henne.

– *Jag hade redan med mig kontraktet hit, eller hur? Din sång står på helt egna ben. Utan tvekan.*

Hon flög upp från sin stol och började attack-krama mig. Jag är inte riktigt van att kramas med ungjävlarna som jag producerar, men jag lät henne hållas. Hon skrev på kontraktet bara några dagar senare, efter att jag försäkrat mig om att hon låtit en jurist läsa igenom det.

Själv tog jag mod till mig och mailade Fiona. Som torrt och kortfattat bekräftade att det mycket riktigt var hennes dotter. Med detta ansåg hon vidare att kontakten mellan oss var avklarad. Jag begrep att Fiona inte var intresserad av att prata med mig, eller ha någon kontakt alls. Vilket gjorde mig besviken, men det är fullt förståeligt.

Jag har alltså ingen aning om Fiona verkligen vet vem som är far till hennes dotter. Själv föreställer jag mig att jag nog hade velat veta helt säkert vilka mina föräldrar är om jag aldrig fått träffa dem. Fionas dotter verkar däremot mer tillfreds med att bara ha sina egna misstankar. Hennes skiva säljer guld. Och jag kunde naturligtvis inte motstå frestelsen att medverka som gitarrist på plattan. Utan att ta en krona för besväret. Hon är en fantastisk musiker.

Jag vill nog gärna tro att hon kan vara min dotter trots allt. Så hon har rätt, jag är mer tillfreds med att bara ha mina misstankar. Jag tror vi båda är oroliga för risken att bli besviken om vi skulle ta reda på hur det egentligen ligger till.

LINCOLN BLVD
SANTA MONICA
CA 9 0 4 0 1

Inför middagen med Ana köpte jag ett par flaskor lite finare vin på Consumers Liquor store nere på Sunset innan jag körde vidare mot Santa Monica. Ana bodde i en vacker modern våning med en enorm balkong, dekorerad med blommor och rosenbuskar. Balkongen täcktes av ett tak i åldrat trä som gav utrymmet en hemtrevlig känsla av att vara ett eget rum. Där åt vi hennes ljuvliga quesadillas på hennes svarta porslin, och förgyllde hennes matlagningskonst med vin. Doften av het chili och rosor i kvällsluften gifte sig gudomligt under trätaket. Det var om möjligen ännu bättre än vad jag fantiserade om vid vårt möte i tatueringsstudion.

– *Ditt ställe är ju helt fantastiskt.* Konstaterade jag imponerat.

– *Ha! Det är bara för att det är större än förra skokartongen.*

– *Nej, allvarligt. Bara balkongen liksom. Med alla blommor och allt.*

– *Tack. Jag trivs verkligen här.*

Ana satt i en svart kortärmad klänning. Den var smakfullt urringad och framhävde hennes bröst som hon helt uppenbarligen måste ha förstorat sedan jag såg henne sist. Hon bar matchande ringar och örhängen i silver med diskreta gulddetaljer som klädsamt passade hennes hudton. Runt halsen satt en tunn choker i svart sammet med spetsdetaljer. Förutom möjligen hennes omfattande tatueringar såg hon bekvämt sofistikerad ut.

– *Du, jag skäms för att jag inte frågat innan. Men vad jobbar du med?* Undrade jag nyfiket.

– *Jag jobbar för ett möbelföretag. Vi säljer handgjorda möbler från Mexiko och Centralamerika.*

– *Så oväntat. Du pluggade väl film om jag inte minns fel?* Undrade jag överraskat.

– *Om du bara visste hur tråkigt det är att sitta och analysera filmer och manus.* Suckade hon roat.

– *Okej, det låter kanske inte så roligt. Så vad gör du på möbelföretaget om dagarna?*

– *Åh. Mest administration. Kontorsjobb.* Svarade hon samtidigt som hon fyllde på våra vinglas.

– *Oj. Du. Tack, men jag kör. Ett glas räcker nog för mig ikväll.* Sa jag tveksamt.

– *Men gud vad du suger, gringo. Bara fråga nu istället.* Sa hon uppfordrande med ett skratt.

– *Va? Fråga vaddå?!*

– *Om du får sova över. Det är ju för fan lördag.* Svarade hon med ett leende och korsade armarna.

– *Ja, okej. Får jag sova här ikväll?* Frågade jag förläget.

– *Så klart. Kan vi dricka vinet nu?*

Det måste ha gått långt mer än tio år sedan vår relation rann ut i sanden. Jag hade verkligen inte tagit för givet att jag skulle sova över hos Ana, ens på soffan. Det var inget löjligt trick när jag protesterade med att jag skulle köra bil hem. Men jag skulle bara framstå som fånig om jag försökte svamla om det. Oavsett om Ana menade att jag skulle sova på soffan eller möjligen bredvid henne så drack jag mer än gärna några glas vin till med henne. Jag kände mig avslappnad i hennes sällskap och hon var en välkommen distraktion från det mentala ödelandskap jag befann mig i.

Vi drack ett glas till. Flera glas. När båda flaskorna jag tagit med mig var slut gick vi loss på hennes eget förråd av vin. Jag började bli full där vi satt och pratade om allt och hela universum. Anas rörelser blev allt mjukare ju mer vin hon drack, och jag blev medveten om att hon smekte mig ömt med fingrarna över armen. Utan plan eller att veta varför greppade jag instinktivt hennes hand och kysste henne vant över fingrarna. Så som jag gjort så många gånger förr. För så många år sedan. Jag kände mig förlägen när det gick upp för mig vad jag gjorde.

- *Du, förlåt.* Sa jag förvånat, och det lät mer som en fråga än en ursäkt.
- *Mi casa, su casa.* Svarade hon och såg hemlighetsfullt på mig med sina kastanjebruna ögon.
- *Gammal vana bara, antar jag.* Sluddrade jag, och insåg att jag fortfarande höll i hennes hand.
- *Kyss mig, gringo.* Sa hon allvarligt och fortsatte betrakta mig.

Ana menade nog inte att jag skulle sova på soffan. Vi hamnade i hennes säng. Det hela utspelade sig nästan som en repris av den där första gången vi hade sex efter en våt kväll hemma hos mig. Ana satt gränsle över mig i sina svarta underkläder. Jag var alldeles för full för att uppfatta hur hon plockat fram det, men hon hällde en prydlig lina med vitt pulver i klyftan av hennes numera jättebröst som plågsamt pressades samman av hennes bh. Och jag var på tok för berusad för att bry mig om att det var en jättedålig idé i min rehabilitering från mitt missbruk.

Kokainet rev i näsborrarna. Jag hade inte tagit något preparat på nästan ett helt år, min tolerans hade återgått till nära noll. Ruset kom som en tsunami över mig. Jag var tvungen att kippa efter andan när den där kemiska superkraften blixtrade i min hjärna. Av helt okänd anledning hade jag aldrig brytt mig om att berätta för Ana att jag genomgått en rehabilitering från mitt drogmissbruk och försökte återhämta mig. Antagligen skämdes jag för det, och såg ingen anledning att berätta. Hon hade inte en aning. Dessutom var det absolut ingen som tvingade mig att dra i mig kokain, även om det nu låg lägligt mellan ett par kvinnobröst.

Vi hade intensivt och fullkomligt sex hela natten. I vårt kemiska hav av energi var vi som två tonåringar som just upptäckt varandras kroppar på nytt. Jag har ingen aning om hur många linor jag fick i mig den natten. Till slut somnade vi på hennes säng i en kombination av ren utmattning och för mycket alkohol. Ana sov fortfarande när jag vaknade med en bultande huvudvärk från självaste brinnande helvetet.

Jag hade några klara sekunder i huvudet innan ångesten grep tag i mig. Det där lugnet före stormen när man yrvaket försöker orientera sig morgonen efter en svår festnatt. Sedan slog minnesbilderna mig i bakhuvudet som en slägga. Vin. Massor av vin. Anas kropp. Vitt pulver. Kokain. Som missbrukare som just påbörjat sin återhämtning inbillar man sig ofta att man är immun mot sina hjärnspöken. Man har blivit av med det där djävulska suget som plågar livslusten ur en i begynnelsen. Det blir en ofattbar besvikelse att plötsligt upptäcka att suget inte alls är borta. Det är en livslång törst som ligger i dvala. Det går inte att ta bara lite knark, och naivt tro att efterbörden är lika odramatisk som när man provade första gången.

Ett öppet skrin med vitt pulver stod bredvid en krukväxt på ett marmorbord i hörnet. Jag ställdes inför ett val som jag inte hade kunnat föreställa mig svårighetsgraden i. Antingen kunde jag göra som normala personer gör i sin bakfylla, äta chips och vänta ut skiten bara. Eller så kunde jag dra i mig en lina och må bättre inom några sekunder. All den ångest som föregick valet försvann samma sekund som kokainet återigen exploderade i min hjärna. Baksmällan försvann genast, och jag kände mig bara helt frisk igen. Klar och närvarande, och kunde knappt begripa varför jag ens haft kval och ångest bara några sekunder tidigare.

I min nyvunna klarhet betraktade jag skrinet med pulver. Det såg ut att egentligen vara ett smyckeskrin. Nästan fyllt till bredden med vitt pulver. Det måste ha varit kokain för flera hundratals dollar. Kanske ett par tusen till och med. Jag iakttog Ana där hon låg och sov på sidan i sängen med sitt rufsiga svarta hår. Hon bar fortfarande sin svarta choker runt halsen. Återigen fick jag syn på hennes gängtatuering. Tanken slog mig att det möjligen hade med den enorma mängden kokain att göra. Jag snortade lite till för att kunna tänka klart.

Trivia:

Anledningen till varför jag är så exakt med spritbutikens namn är att det är den enda butiken i hela Los Angeles som säljer skitvinet Night Train. Vilket är ett i huvudsak genomvidrigt sötat körsbärsvin av usel budgetkvalitet. Bandet Guns and Roses skrev en klassisk låt tillägnat just det här vinet. Nämligen "Nightrain". Slash skriver i sin självbiografi hur bandet i begynnelsen brukade stjäla flera flaskor Night Train åt gången i en viss spritbutik. Han vill dock inte avslöja vilken butik det rörde sig om. Förmodligen för att slippa röra upp någon sorts juridisk storm i ett vattenglas.

Numera är det i princip omöjligt för hängivna fans av Guns and Roses att få tag på flaskan som rent samlarobjekt. Det är ett uruselt vin som spritbutikerna inte längre vill befatta sig med. Men just den butiken där Guns and Roses stal vin, har av sentimentala skäl kvar Night Train i sortimentet. Eftersom Slash aldrig avslöjade vilken butik det rörde sig om så outar jag härmed namn och plats.

Det är som sagt Consumers Liquor i hörnet av Sunset boulevard och Detroit Street. På 7151 Sunset Blvd för att vara helt exakt. Köp två flaskor om du besöker butiken, en för att kunna smaka av och en för att ha hemma på hyllan. Night Train smakar spyfylla redan i munnen.

FIRE WALK WITH ME

Jag har inget minne av att poliserna berättade för mig att Skye var död. Det jag minns är den kvinnliga polisen gjorde sig besväret att försöka lugna ner mig i min panikångestattack. Hon höll min hand och bad mig mjukt att följa hennes andetag när jag hyperventilerade. Den manliga polisen bredvid henne såg obekväm ut när han förläget tittade i golvet. När paniken till slut förbränt allt adrenalin jag hade i kroppen fick jag luft igen.

– *Jag måste få se henne.* Väste jag.
– *Självklart, vi ordnar det. Imorgon kan du ring...*
– *Nu! Jag vill se henne nu!* Avbröt jag henne bryskt.
– *Okej. Jag förstår. Men det är mer komplicerat än så.* Hennes röst lät sorgsen och medlidande.
– *Jag struntar i hur komplicerat det är. Jag tänker åka dit.*
– *Du, lyssna på mig nu. Jag kan inte låta dig köra någonstans, förstår du?*

Hon satt på huk bredvid mig på golvet. Jag hade säckat ihop på knäna. Hon grep kärleksfullt tag om min axel samtidigt som hon kramade min hand. Hon var så förbluffande lugn och medlidande, nästan moderlig. Jag vill inte ens veta hur många liknande hembesök hon tvingats göra i sin karriär för att kunna hantera situationen så pass bra under omständigheterna. Hon hette Eva. Jag minns det eftersom namnet klingade svenskt, men också för att det tyvärr varit svårt att glömma den dagen.

Skye hade gått in ett kvällsöppet snabbköp. Walgreens nere på Vermont. Det hade rånaren också gjort strax efter. Tyvärr för alla inblandade missade han att en polisbil stod parkerad utanför butiken. Skye stod bakom den uniformerade polisen i kön till kassan när gärningsmannen påbörjade sitt rån. Han tycks inte ha uppfattat att en polis stod alldeles bredvid förrän han drog sitt tjänstevapen. I vad man får anta var ren panik avlossade rånaren sammanlagt sju kulor med sitt halvautomatiska gevär. Polisen avfyrade två kulor. Den ena träffade gärningsmannen i buken, den andra träffade i golvet. Polisen blev däremot träffad av tre kulor men överlevde mirakulöst. Skye blev träffad av två kulor. Den ena träffade lungan, den andra träffade strax under revbenen och skar av kroppspulsådern. Hon var sannolikt död innan hon föll ihop på golvet.

Gärningsmannen lyckades trots sin skada fly ut ur butiken. På vägen ut passerade han den parkerade polisbilen där polisens kollega tog upp jakten till fots. En jakt som tog slut ett kvarter senare då gärningsmannen segnade ner på marken till följd av sin skada. Utan att poliskollegan behövde avfyra ett enda skott. En del av mig är blygsamt tacksam att han överlevde för att bli tvungen att ta konsekvenserna.

– *Då går jag väl då!* Skrek jag förtvivlat.
– *Okej. Du, vi gör så här. Jag kör dig, jag tänker inte släppa iväg dig själv i det här tillståndet.* Svarade Eva pedagogiskt.
– *Jag måste få se henne.* Repeterade jag som ett mantra.

Det var inte alls som i filmer. De drog inte ut en kropp under ett plastskynke från ett skåp i väggen i något kylrum. Efter att Eva lyckats få in mig i sin civila polisbil hade hon snyggt och diskret ringt ett förberedande samtal om att hon var på väg med mig. De hade gjort så fint. Skye hade fått ett eget rum att ligga i. Hon låg på en bår visserligen, men med en mjuk madrass under sig. Hennes späda kropp var täckt av en filt där hennes armar låg fridfullt över hennes mage. Hennes läppar såg så levande ut, så där varma och mjuka som vanligt. Hon såg ut som hon sov. Bredvid hennes bädd hade de ställt en stol åt mig. Jag försökte hämta andan.

– *Du. Jag måste be dig att inte röra filten. För din egen skull.* Sa Eva mjukt, och la sin hand på min axel igen.

– *Kan du stanna med mig?* Frågade jag med sträv röst.

– *Du vill nog säga adjö till henne helt själv.*

Säga adjö. Betydelsen i orden kändes som att ett rostigt svärd pressades in i bröstet på mig. Jag var inte beredd att säga adjö till min Skye än. Någonting inom mig gick sönder, jag kände hur allting brast. Sorgen och den fruktansvärda förtvivlan träffade mig som en murbräcka som slog luften ur mig med en urkraft som saknar motstycke. Jag öppnade munnen för att skrika, men det var bara torr luft som kom ur min strupe. Eva fångade mig innan jag hann sjunka ihop på golvet. Hon vacklade till av den plötsliga rörelsen. Mina tårar bara strömmade obehärskat.

– *Vet du, du behöver inte göra det här. Det kanske var fel av mig att gå med på det här.* Viskade hon ömt.

Jag skakade på huvudet, men jag fick inte fram ett ord. Hon hade inte gjort fel. Jag var tvungen att göra det här. För min egen skull. På något sätt lyckades jag ta mig upp på fötter och ta de där stegen fram till stolen bredvid Skye. Det såg nästan ut som att hon log när jag strök henne ömt över håret med handflatan. Hon kändes som vanligt trots att hon var borta. Jag försökte greppa hennes hand som inte gav något gensvar. Jag läste texten i hennes tatuering för sista gången. *"Fire walk with me"*. Jag måste ha suttit med hennes hand i min i tio minuter medan jag bara snyftade våldsamt.

– *Vad hette han som gjorde det?* Flämtade jag våldsamt till Eva som diskret ställt sig i hörnet.

– *Du kommer få tid att fundera på det senare.* Svarade hon medlidande.

– *Jag ska döda honom.* Sa jag kallt. Och jag menade det. *Jag ska elda upp honom levande, och titta på medan han dör.*

– *Han har mördat. Och skjutit en polis som bara nätt och jämt överlevde. Han kommer aldrig se dagsljus igen. Någonsin.* Svarade hon tomt.

– *Jag ska elda upp fängelset i så fall. Och alla han någonsin älskat.* Jag kämpade för att få fram orden mellan mina sammanbitna tänder.

Eva klev försiktigt fram till mig. Hon la sin mjuka hand mot min våta kind. Hon tittade intensivt på mig med en allvarlig blick. Jag tittade bittert tillbaka, jag struntade högaktningsfullt i om det jag just sagt var olagligt. Det skulle bara bli ännu enklare att elda upp fängelset om jag redan satt i det.

– *Vi brukar inte göra så här. Det är egentligen inte tillåtet. Men jag har mina anledningar till att jag lät dig komma hit och säga adjö till henne. Så du, säg inga dumheter framför henne nu. Annars måste vi gå härifrån.*

Jag nickade och försökte samla mig. Eva hade inte gjort sig besväret att låta mig komma hit för att jag skulle sitta och häva ur mig min frustration. Jag hade fått ett unikt tillfälle på lånad tid att få ta farväl. Det går inte att sätta ord på hur tacksam jag för allt hon gjorde för mig. Där och då var det naturligtvis inte en närvarande känsla i rummet. Nu i efterhand är jag så ödmjukt tacksam. En del av mig tror att hon vet det.

Jag vågade inte böja mig ner och dofta i Skyes hår innan jag lämnade henne till andra sidan. Livrädd för att hon tagit med sig sin underbara doft. Eva körde mig hem och jag var så utmattad att jag somnade i bilen. Om jag måste ta med mig något positivt från den kvällen så är det att jag hade den enastående turen att bli omhändertagen av en sådan fantastisk person som Eva. Vissa personer tycks verkligen hamna på precis rätt plats i sitt yrke, som att det var förutbestämt av ödet. Hon böjde regler lagom mycket för att kunna skänka bara en gnutta tröst till någon som precis gått sönder.

Skye hade inte många kompisar. De flesta hade hon lämnat bakom sig då hon tog tag i sitt missbruk. Precis som mig föredrog hon i mångt och mycket att tillfriskna ensam. Jag tog på mig uppgiften att gå till ett gruppmöte för att berätta för de som brydde sig. Det var inte lika omöjligt som jag hade föreställt mig. Orden bara bubblade ur mig när jag satt på min stol i den där ringen av människor i det grå rummet. När jag väl sagt det rakt ut gick det också upp för mig att det var sant. Skye är död. Jag bröt samman igen där på min stol när jag var klar. Antagligen öppnade jag en fördämning i vår lilla grupp av förtappade själar. Det var som en damm som brast av känslor och gråt i rummet. Vi gruppkramades. Ett tilltag jag annars var mer än obekväm med men som plötsligt kändes helt underbart.

Under tiden som följde fick jag sådant ovärderligt stöd från gruppen. Att prata om känslor inför någons bortgång var en mer konstruktiv terapi än att behöva prata om vilka ofattbara hemskheter folk gjort i sitt missbruk. Vi ordnade med en mottagning i ett vackert kapell i Van Nuys efter begravningen. Till min överraskning hade gruppen skramlat till ett konstverk. En tredimensionell tavla av Skye som håller eldsflammor i sina utsträckta handflator. Tavlan har inbyggd belysning som lyser som eld. Återigen bröt jag ihop och vi gruppkramades resten av kvällen. Ingen av oss behövde varken sprit eller droger för att uppbringa den där orkanen av känslor.

Rättegången mot rånaren var rent formell. Det fanns två vittnen till händelsen, en butiksarbetare och den överlevande polisen. Den tekniska bevisningen var oantastlig med vapnet, kulorna och rättsläkarens rapport. Försvarsadvokatens enda uppgift var att förhandla bort ett eventuellt dödsstraff. Varpå gärningsmannen dömdes till livstid för mord utan möjlighet till frigivning, samt ytterligare fyrtio år för mordförsök på polisen. Eva hade rätt, det finns inte en chans i helvete att han någonsin kommer andas luft i friheten igen någonsin.

Jag var tvungen att gå till rättegången för att få se honom. Till min besvikelse såg han varken ut som Charles Manson eller Ed Gein. Han såg mest ganska pojkaktigt korkad ut. En ung man med pottfrisyr och utstående öron. En del av mig tyckte nästan synd om honom för att han lyckats förstöra två liv helt på egen hand. Både för Skye och honom själv. Det finns en poetisk trygghet i vetskapen om att han aldrig kommer kunna göra om samma sak igen. Men själv finner jag ingen tröst i hur många millennium man än ger honom på kåken. Det som hände Sky händer i runda slängar hundra gånger per dag i USA. Deras vänner och bekanta tvingas genomlida samma sak som mig. Det finns ett fundamentalt fel i systemet som inte går att reparera med fängelse.

Jag fick aldrig resa med Skye till Sverige. Det togs ifrån mig. Kanske var det karma för ett liv på gränsen till avgrunden. Jag fick göra den hemresan själv. Skye får göra sin egen resa. Jag är inte religiös, men jag vill tro att hon fått ro någonstans där hon kan ligga och lyssna på suset i björkarna.

HÖLLYWOOD
LOS ANGELES
Tidigt tjugohundratal

Linda var inne i någon sorts Marilyn Monroe-pryl. Det platinablonda håret hade hon naturligt, vilket hon stylade i retrovågor som andades femtiotal. Komplett med hornbågade solglasögon med oljefärgade spegelglas. Med sin midjekorta skinnjacka såg hon ut som en tidsenlig hangaround till James Dean. Jag föreställde mig att min sextiotalare gjorde hennes image rättvisa. Jag hade alltid velat ha en riktig muskelbil. Men det enda jag hade råd med var en AMC Javelin. En ärligt talat jätteful bil som såg ut att vara ritad av någon Sovjetisk designer som fått en Mustang beskriven för sig utan att själv ha fått sett den. Men den var åtminstone två ton amerikanskt stål med en big block V8. Det enda som egentligen funkade felfritt i bilen var kassettbandaren.

Linda satt på passagerarsätet, kaxigt tillbakalutad mot ryggstödet medan hon tände en cigarett. Jag såg reflektionerna av lågan i hennes solglasögon. Förmiddagstrafiken i Los Angeles stod nästan helt stilla. Bilen kröp fram, men egentligen kändes det mer som att vi satt parkerade än att vi satt i en bilkö. Linda bläddrade rastlöst genom kassetterna och valde till slut Blue Öyster Cult. Komedisketchen med "More cowbell" hade inte riktigt hunnit bli en kultklassiker än. Varpå jag fick gåshud av det spöklika gitarrintrot, snarare än att drabbas av en fnissattack.

Ett leende spred sig plötsligt över Lindas ansikte. Någonting utanför bilen fångade uppenbarligen hennes intresse. Hon hävde sig ut med överkroppen genom det nedrullade fönstret och överröstade bilstereon när hon försökte få kontakt med en ung man som promenerade längs turiststråken vid Hollywood och Highland, bara ett par meter från bilen.

- *Hörru, killen! Du där! Du i gröna skjortan!* Ropade hon på stockholmssvenska.
- *Va? Jag?* Svarade han förvirrat och vände sig om.
- *Heja Bajen, va.* Svarade hon bara och satte sig till rätta i sätet med ett hemlighetsfullt leende.
- *Jag...är inte Hammarbyare?* Hans reaktion dröjde i ren förvåning.
- *Inte jag heller.* Svarade Linda och drog ett bloss på cigaretten.
- *Men...hur...visste du att jag var svensk?!* Frågade han med uppspärrade ögon.
- *Det kommer hålla dig vaken hela natten, eller hur?* Svarade hon med ett snett leende.

Trafiken började rulla framåt, och jag såg den stackars förvirrade killen i backspegeln när han häpet stod kvar på samma ställe och bara tittade med halvöppen mun efter oss. Jag var själv lika förvånad över Lindas trolleritrick. Helt uppenbarligen kände hon inte honom, men hade på något sätt kunnat se att han var svensk.

- *Hur i helvete visste du att han var svensk?* Frågade jag med ett förvånat skratt medan jag roat tittade efter honom i spegeln.
- *Ringen på bakfickan. Efter snusdosan.* Svarade hon självsäkert.

Linda hade rätt. Hennes tilltag skulle antagligen hålla honom vaken hela natten. Jag skrockade elakt åt tanken innan jag släppte den. Antagligen långt innan den stackars snubben i grön skjorta släppt det. Den enorma vita Hollywoodskylten i de solpinade bergen tornade upp sig när vi rullade upp för Highland. Vi hade ofta skojat om att göra något dumt bus med skylten, bara för att. På den tiden var det fortfarande möjligt att ta sig upp till skylten även om det trots allt var olagligt. Numera har myndigheterna tröttnat på vandalisering av skylten och allehanda festprissar som skräpar ner. Bergstoppen är avspärrad med höga staket, och området är lika kameraövervakat som Vita Huset. Dessutom har man en polis dygnet runt vid skylten.

- *Vi borde sätta två punkter över O:et.* Utbrast Linda roat.
- *Höllywood.* Sa jag prövande och smakade på ordet.
- *Ja! Exakt. Vi gör dom ju bara en tjänst ju.*
- *Jag är inte helt säker på att dom skulle se det så.*
- *Jodå. Det kommer ju se metal ut. Du vet, som i Mötley Crüe och Motörhead.* Sa hon sakligt.
- *Ja, det har du ju i och för sig rätt i.* Svarade jag eftertänksamt.

Amerikaners fascination för prickar över vokaler var lite rolig. De hade ingen aning om hur de lät men försökte ändå pressa in dem lite överallt i bandnamn. De tycker det ser hårt och tufft ut. Metal. Svenskars ryggmärgsreflex att uttala dessa band på svenska är också lika rolig. Jag har själv svårt att säga något annat än just "Mötley", med ö på svenska. Vafan, det stavas ju så. Och Höllywood lät faktiskt ganska hårt.

Jag borde ha förstått att Linda inte skulle kunna släppa tanken på Höllywood. Den stackars mannen i grön skjorta och snusring på bakfickan kunde sannolikt somna långt innan Linda. Med sina solglasögon uppskjutna i det stylade håret iaktog hon mig med glansiga ögon. Våra själar var på samma våglängd i ett intensivt morfinrus. Natten utanför var beckmörk och sval, och förde med sig en doft av hav och tång in i lägenheten. Linda låg avslappnat bakåtlutad i fåtöljen, fortfarande med sin skinnjacka och oanständigt avklippta jeans på sig. Hennes brunbrända bara ben låg korslagda över det vingliga låga vardagsrumsbordet. De där benen man kunde göra lite vad som helst för. Till exempel sätta prickar över ett o.

- *Kan vi åtminstone gå upp till skylten?* Linda tyckte jag lät lite för negativ till hennes idé.

- *Det är för fan olagligt.* Protesterade jag.
- *Olagligt? Du snortar oxy, men är rädd för att knalla upp till skylten?!*
- *Men alltså, vad är du tror att du ska se?*
- *Jag vill se om det går att sätta upp prickar.* Svarade hon som om det vore helt självklart.
- *Måste du stå vid skylten för att se det?!*
- *Självklart.*

Det hela slutade naturligtvis med att vi skakade runt i bilen längs den gropiga sandbanan som skulle föreställa underhållsvägen upp till Dante's View på Mt. Hollywood. Vi måste ha passerat minst tre skyltar som upplyste om att vi befann oss på otillåtet område med hot om åtal och böter. Hela idén var helt genomkorkad och dumdristig men samtidigt ganska spännande. Linda satt i förarsätet och pressade cylindrarna i motorn till ett vrål i den branta backen. Själv försökte jag mest hålla i mig när fordonet krängde och stönade i den ojämna branta terrängen som skulle föreställa väg.

Till slut blev vägen till en stig, alldeles för smal för att kunna fortsätta köra på. Vi fick helt enkelt fortsätta till fots. Scenariot påminde om någon dålig skräckfilm. Två idioter som mot bättre vetande kört ut någonstans i förbjuden vildmark, mitt i natten. Långt från närmsta civilisation. Natten var så mörk att jag knappt kunde se handen framför mig innan mina ögon vant sig. Den kyliga luften var knäpptyst sånär som det suggestiva kvittrandet av syrsor i natten. Ingen, absolut ingen, skulle höra oss skrika om en psykopat i hockeymask skulle attackera hos här uppe på det karga berget.

Fnissandes staplade vi vidare längs stigen som till slut ledde upp till toppen. Lindas drömmar slogs i bitar när vi äntligen stod bakom det legendariska monumentet där texten nu var spegelvänd från vår vy. Jag var andfådd och törstig av ansträngningen, men allt för förbluffad för att kunna bry mig. Bokstäverna i skylten var häpnadsväckande mycket större än vad jag någonsin hade kunnat föreställa mig. De var lika höga som ett sexvåningshus, det måste ha varit i storleksordningen femton meter höga. Vi stod bara helt tysta i ett par minuter och betraktade kolosserna som utgjorde det som nere från staden såg ut som en reklamskylt på berget.

Vi hade bollat idéer om att sätta upp två vita ballonger som prickar. Eller möjligtvis vita lakan. Bokstäverna var så gigantiska att det vore helt omöjligt, bortsett från att det vore livsfarligt att ens klättra upp. Jag kände mig så liten plötsligt. Linda tog min hand medan vi förbluffat betraktade den glödande staden som tornade upp sig mot horisonten där i natten. Man såg tydligt rutnätet av vägar och stadsdelar, inramade i glödande neon och elektriskt ljus.

Det var som ett fantastiskt vykort. Los Angeles i natten. En stad lika galen som den var enorm. Och där stod vi vid själva definitionen av all galenskap som staden manifesterade. Skylten. Det var en majestätisk och näst intill magisk upplevelse att får ta del av när Linda kramade min hand. Hon kysste mig där bakom skylten av drömmar och galenskap. Hennes doft av kvinna och vanilj gjorde mig berusad och upphetsad.

"Jag är rätt säker på att det där hände runt '98. Och jag var dessutom Grace Kelly, inte någon jävla Marilyn Monroe. Det som inte framgår är att Peter fegade ur när vi kom fram till avspärrningarna och inte vågade köra vidare när han såg varningsskyltarna. Vilket var anledningen till att jag var tvungen att köra istället. Men han satt ju åtminstone kvar i bilen, konstigt nog. Det var antagligen mest för att sitta och gnälla om att fjädringen höll på att gå sönder.

Just uppe vid skylten var det ordentligt nedskräpat och rörigt, jag kan förstå att de till slut satte stopp för att rännandet på berget. Till vårt försvar så tittade vi bara på utsikten, vi förstörde ingenting eller skräpade ner. Det är dock exakt lika bra utsikt uppe vid Mulholland Drive, som är fullt laglig att åka på."

Linda

Natalie var fullkomligt rasande. Hon förfinade passiv aggressivitet till en egen konstform. På ett sätt fanns det en trygghet i att hennes vrede aldrig slutade med en tallrik i huvudet eller en sönderslagen gitarr. Men det var än mer skrämmande att behöva beskåda hennes sammanbitna käkar och iskalla blick, utan kunna veta vilket fruktansvärt raseri som dolde sig under den där masken av likgiltighet. Hennes hår var uppsatt i en svans vilket gjorde pulserandet i hennes käkmuskler ännu tydligare. Hon talade lite för lugnt och behärskat för att det skulle vara bekvämt. Men jag tror inte hon hade för avsikt att jag skulle känna mig bekväm.

– *Så. Snälla du. Förklara.* Sa hon och höll demonstrativt upp en av Lindas klänningar.

– *Förklara vaddå?! Hon tog väl inte med sig den...bevisligen.* Svarade jag uppgivet.

– *Och du sparar på din exflickväns kläder då?* Fortsatte hon med saklig röst.

– *Nej. Så klart inte. Jag har väl bara inte sett den förrän nu.* Försökte jag.

– *Den hängde i din garderob.*

– *Lugn nu för fan. Jag använder knappt min garderob, det är inte som jag hänger upp mina jeans på galge.*

– *Jag vet precis varför du inte använder den. För det är hennes garderob.* Konstaterade hon, och det var inte ens en fråga.

Bara för ett par veckor sedan hade Natalie tröttnat på att Lindas sminkprylar låg kvar i badrumsskåpet. I synnerhet när hennes egna prylar aldrig riktigt var välkomna hos mig. Jag hade aldrig uttryckt något sådant, men det var så hon kände. Och jag kan inte klandra henne. Jag var förälskad i Natalie, men älskade fortfarande Linda så förtvivlat. Naturligtvis hade jag aldrig i helvete ens antytt något sådant, men det började bli smärtsamt tydligt för Natalie. Jag kunde inte göra mig av med Lindas prylar. Jag var rätt säker på att hon aldrig skulle komma tillbaka. Att hon slängde ringen på mig talade starkt för det. Men det var väl just det, jag var *rätt* säker - inte helt. Kunde folk vinna ett par miljoner på en skraplott så fanns det trots allt en chans att vi någon gång kunde hitta tillbaka till varandra.

Jag försökte intala mig själv att jag borde vara arg på Natalie som hade rotat igenom min garderob. Eller, Lindas garderob då om man ska vara noggrann. Men det är svårt att vara arg på någon som man mer eller mindre nästan bor i hop med för att de öppnade en dörr man försökt hålla hemlig. Om någonting var jag arg över att jag blivit påkommen. Men ärligt talat kände jag mig bara dum, och förbannat låg mot henne. Jag betedde mig som en omogen skitunge som var allergisk mot sanningen. Liksom, inte fan hade jag slängt Lindas sminkprylar i soporna som jag lovat. Istället plockade jag ner dom i en kartong som jag gömde undan. Och nu stod Natalie framför mig med Lindas klänning i handen. Jag bad till gud att hon inte skulle hitta den där kartongen också.

– *Det här är inte friskt. Du vet det va?* Upplyste hon mig om med fortsatt saklig ton, som om jag just fick ett läkarutlåtande.
– *Men du, kom igen. Det är inte som du tror.* Ljög jag.

Natalie slängde klänningen på sängen. Utan att tveka ångade hon mot byrån istället. Det var för sent att stoppa henne även om varenda fiber i min kropp skrek att jag borde hoppa tvärs över rummet och blockera möbeln med hela min kropp. Den rationella delen av min hjärna lyckades hindra mig från att skämma ut mig ännu mer. Jag gnuggade tinningarna medan jag smärtsamt tvingades se på när hon slet ut översta lådan. Det måste vara ungefär så som kriminella känner när de tvingas se på när polisen börjar öppna en väska som de vet innehåller tio kilo heroin. Man orkar inte ens försöka komma på någon fånig bortförklaring. Det är kört. Helt färdigt.

Natalie betraktade innehållet i någon minut innan hon lugnt drog ut lådan under. Hon nickade som för att hålla med sig själv om att jag nog mycket riktigt inte var helt frisk. Förutom några linnen låg där även ett par underkläder som tillhörde Linda. Jag hade nog själv blivit en smula illamående av att hitta någon annan snubbes kalsonger hemma hos Natalie. Långsamt och eftertänksamt satte hon sig ner på sängen med händerna i knät. Hon såg varken ledsen eller arg ut, hon bara stirrade rakt ut i tomma intet. Jag visste att det var över. Det kändes i rummet, i hela bröstet. Jag drog efter andan innan jag satte en cigarett mellan läpparna.

- *Du älskar henne fortfarande.* Sa hon sorgset, utan att titta på mig.
- *Hon kommer aldrig komma tillbaka.* Svarade jag, utan att jag riktigt trodde på mig själv.
- *Ändå är hon fortfarande här.*
- *Jag inser det. Först nu.* Konstaterade jag, och det var åtminstone någon sorts ärlighet.

Det finns stunder där jag inbillar mig att jag är en rätt smart snubbe. Men jag är obotligt klumpig med känslomässiga relationer. Rent av efterbliven. Jag menar aldrig någonting illa med det jag gör. Eller inte gör. Det handlade inte om att jag ville gå bakom ryggen på Natalie. Och det var inte som att jag låg och kramade Lindas kläder i hemlighet om nätterna.

Jag är nog helt enkelt sjukt konflikträdd. Jag orkade nog bara inte sätta mig ner och förklara min situation med Linda för Natalie. Hade jag sagt som det var från början är det tveksamt om hon hade inlett ett förhållande med mig. Vem vill vara ihop med en snubbe vars ex dragit utan att göra slut, och kanske dyker upp en dag och vill ha tillbaka sina prylar? Men samtidigt kanske Natalie kunde haft förståelse och kunnat gå med på att jag åtminstone packade ner Lindas kläder i lådor. Men det samtalet pallade jag inte ha. Det verkade alltid så mycket enklare för stunden att bara mumla när Natalie frågat om Lindas prylar. Nu såg det i all väsentlighet ut som att jag hade ett altare i mitt sovrum. Så nu satt jag där med ännu ett ex framför mig.

Natalie hanterade situationen förvånansvärt vuxet. Jag är inte helt säker på vad jag själv hade gjort i en omvänd situation, förmodligen stampat ut i rent raseri och aldrig mer hört av mig. Vår sårade relation var utdragen i ljuset helt synlig för vad den var. Vi visste båda två att hon aldrig mer skulle komma tillbaka när kvällen var över. Det fanns inte längre så mycket att bråka eller tjafsa om. Hon lugnade ner sig och vi hade en sansad och känslomässig lång diskussion om att inte kunna släppa taget. Vi skiljdes sedan som så mycket vänner det går att vara under sådana omständigheter. Själv var jag arg och besviken på mig själv över att jag lyckats sabotera ett jättefint förhållande med en fantastisk tjej. Samtidigt kände jag en sällsam lättnad över att slippa slitas mellan mitt förtvivlade hopp och att behöva släppa taget och gå vidare. Bara ett par veckor senare fick jag ett samtal från Nashville. Att lira någon slags countryrock var inte min pryl egentligen, men jag behövde komma bort och skingra tankarna.

Det skulle dröja ända till år 2014 innan jag träffade Natalie igen. Vi befann oss på en någon sorts välgörenhetsgala som vi på var sitt håll varit mer eller mindre tvingade att gå på. Jag tittade osäkert på henne, när jag såg hennes välbekanta ansikte tvärsöver rummet. Hon himlade med ögonen och besvarade min förlägna blick med ett snett leende när hon fick syn på mig. Hon tvekade en stund innan hon kom över till min hörna jag försökte se cool ut i.

- *Men jösses. Det är verkligen du.* Sa hon och inspekterade mig med en prövande blick.
- *Haha, jag antar det. Sist vi sågs måste ha varit...* Började jag och försökte räkna ut hur jävla länge sedan jag såg henne.

274

— Om du ens vågar antyda att vi är gamla så skriker jag och ropar på polis! Sa hon med ett skratt.

Det var kul att se henne igen om än vemodigt. Jag var inte helt stolt över hur det hela slutade där i mitt sovrum. Men hon verkade ha kommit över det åtminstone. Den där elektriska spänningen var sedan länge borta mellan oss vilket gjorde det enkelt att prata som två bekanta utan att det blev obekvämt. Natalie var numera lyckligt gift och hade en dotter. Hon jobbade fortfarande som skådespelare och verkade trivas alldeles utmärkt med det utan att det tagit knäcken på henne som yrket ofta annars tycks göra med folk.

Natalie berättade efter en stund om sin roll i serien Californication. Vilken jag var tvungen att se igenom efter att hon sagt det. Serien handlar om karaktären Hank Moody, som är väldigt löst baserad på författaren Charles Bukowski. Hank Moody är en trasig loser till författare som super, kedjeröker och trasslar till det med kvinnor på alla möjliga dråpliga och skrattframkallande sätt. Han drivs av en hopplös kärlek och sin tragiska besatthet av sin exfru som han genom hela serien försöker få tillbaka till varje pris. Ibland ser det ljust ut för honom, men Hank Moody lyckas alltid sabba det så klart. Det är en rätt rolig komediserie även om temat låter rätt mörkt.

När Natalie så fick erbjudande om att spela några avsnitt som en av Hank Moodys kärleksintressen nappade hon direkt. Hon kände genast igen sig i rollen att försöka förhålla sig till en förlorad man med en sjuklig besatthet av sitt ex. En man som förvisso är snäll och kärleksfull, men i slutänden bara en strulig alkis som hopplöst trånar efter sin exfru som inte vill ha honom. Det är naturligtvis ingen komplimang att Natalie baserade sin karaktär på hennes erfarenheter med mig. Samtidigt har jag alldeles för stort ego för att inte känna mig lite stolt över att ha bidragit till seriens framgång och konstnärliga touch. Jag tycker att jag förtjänar en Oscar. Fast det tycker nog varken Natalie eller Oscarsakademin.

SAN DIEGO, CA
Jailhouse Rock

San Diego Central Jail är en av de högsta byggnaderna i hela kommunen. Ett tvättäkta höghus med fler avdelningar och rum än ett större sjukhus. Häktet är så stort att man delat upp det i separata block för olika kategorier. Den uppdelningen tycktes ske baserat på frågor de ställde oss intagna vid ankomsten. Den rundlagde uniformerade vakten tittade inte ens på mig när han ställde frågorna. Han stirrade ner i ett formulär han fyllde i med en trött blick.

– *Är du homosexuell?*
– *N...Nej.*

Det var ett tveksamt nej. Inte för att jag är särskilt osäker på min sexualitet utan snarare för att jag är mån om att överleva. Någon hade mumlat något om att det är bra att hamna på avdelningen för homosexuella då klientelet i huvudsak utgjordes av stereotypa feminina bögar som på sin höjd tjafsade om vilken musikal som var bäst. Risken att bli uppsprättad av en testosteronstinn psykopat på anabola inne på avdelningen var cirka noll. Men samtidigt skulle man antagligen rätt snabbt bli avslöjad som en heteronormativ vanlig snubbe. Varpå man säkert kunde bli förflyttad lite vart som helst. Jag tog det säkra före det osäkra och sa sanningen. Om jag bara kunde har varit lite mer så med mina relationer också.

– *Är du medlem i, eller har anknytning till något gäng?*
– *Nej, verkligen inte.*
– *Ja eller nej räcker som svar.* Påpekade han med trött röst.

Avdelningen för gängmedlemmar. De hade en separat jävla våning för varje känt gatugäng för att undvika konfrontationer. Med konfrontationer menade de mord, inte ett tjafs om vem som hade coolast frisyr. Där ville man inte hamna. Det vore inget annat än en dödsdom för en vit pajas i kajal runt ögonen.

Jag blev förvånad över hur godtyckligt de fyllde i formulären. Visserligen såg jag knappast ut som en gängmedlem, men ändå. Tänk om folk säger ja bara för att låta tuffa? Eller galningar som ljuger för att hamna hos ett rivaliserande gäng bara för att slåss? Men egentligen struntade jag i deras resonemang så länge han kryssade i att jag minsann inte var gängmedlem.

– *Har du hjärtproblem eller besvär att andas?*
– *Nej.*
– *Har du epilepsi?*
– *Nej.*
– *Har du någon missbrukarproblematik?*
– *Va?*

Vakten såg för första gången upp på mig. Fortfarande med en trött blick som förtäljde att han redan hatade sitt jobb, och jag bara var en pissråtta som gjorde hans jobb om möjligt ännu krångligare. Hans ögon i det fårade ansiktet granskade mig misstänksamt innan han vände ner blicken i formuläret igen med en djup suck.

– *Det står att du är arresterad för narkotikainnehav. Vi ställer frågor av medicinska skäl här, det du svarar påverkar inte utredningen av brottet. Så jag frågar igen, har du någon missbrukarproblematik?*
– *Lite kanske.* Pep jag och svalde med torr hals.
– *Ja eller nej räcker som svar. Är du påverkad av någon substans just nu?* Fortsatte han med sin trötta robotröst.
– *Ja.*

Jag skulle få hamna på avdelningen för missbrukare. Egentligen var jag redan så livrädd att jag mådde illa, det fanns inte mer plats för adrenalin i mitt blodomlopp. Men att hamna på den avdelningen gjorde mig om möjligt ännu räddare. Jag visste inte vad som kunde vara värst, bindgalna pundare eller psykotiska gängmedlemmar. Men jag befann mig i en situation jag inte kunde göra ett dugg åt. Jag var utlämnad åt ödet som kunde göra lite vad det ville med mig. Det enda jag fattade var att det var rent av livsfarligt att börja gråta.

Jag blev invisad i ett kalt vitt rum där jag blev ombedd att klä av mig naken. En beväpnad vakt instruerade mig igenom en förnedrande sökning efter vapen eller narkotika. Den ökända plasthandsken råkade jag lyckligtvis aldrig ut för. Men det är ändå ungefär lika illa att behöva sära på arslet medan en vakt misstänksamt lyser med en ficklampa. Man känner sig inte särskilt cool just där och då. Trots detta fanns det en trygghet att stå ensam i ett rum med en beväpnad vakt. Jag vågade inte tänka på hur det skulle bli att hamna på en avdelning med knarkare.

– *Torka av ansiktet. Du kan inte se ut så där.* Sa vakten och gav mig en tvättsvamp.

Han sa det i irriterad ton, som att han trodde att jag skulle insistera på att gå omkring på ett häkte i kajal runt ögonen. När en tvättsvamp var ungefär den enda klena tröst jag hade kunnat hoppats på. Det fanns ingen spegel, så jag fick gnugga mig i ansiktet lite på måfå vid handfatet. Jag gned runt med svampen tills jag förmodligen såg ut som en zombie runt ögonen. Till slut sved det så mycket i ögonen att jag knappt såg någonting alls.

– *Okej, det räcker. Ta på dig kläderna.*

Jag fick en hög med gråblåa canvaskläder. Och jag tror inte hela situationen och upprinnelsen egentligen sjönk in ordentligt innan jag stod där i en blå fångklädsel. Min hjärna la in någon slags rationell överväxel när det stod klart att det här faktiskt hände på riktigt. Jag kunde konstatera att det inte skulle spela någon roll om jag började skrika, härja eller lägga mig på golvet. Ingen skulle komma och rädda mig. Ingen skulle ge mig en kopp choklad och en kanelbulle. Det här var på riktigt, och jag måste försöka göra mitt bästa för att överleva en minut i sänder. Man är tvungen att spela korten man fått på hand, det går inte att bara lägga sig för att man tycker spelet är orättvist.

Medan vakten ledde mig mot avdelningen för missbrukare försökte jag gå igenom situationen i huvudet. Jag befann mig i ett häkte och var på väg till en gladiatorbur. Jag hade långt hår och tatueringar, kanske det skulle vara till min fördel. Kanske inte. Antagligen inte. I vilket fall var det inte jag som satt bakom ratten längre. Skulle jag dö så var det så. Det fanns ingenting, absolut ingenting, jag kunde göra åt saken i så fall. Jag kände hur pulsen saktade ner när min kropp accepterade faktum. Det fanns ett underligt lugn i den tanken. Att jag var totalt utlämnad till mitt öde. Det var inte som att jag gav upp, snarare tvärt om. Den där totala paniken började ersättas av logiska tankebanor. Om jag t ex bara gav fan i att prata med någon måste risken att hamna i en konflikt minska några promille. Vilket skulle innebära några promilles bättre chans att överleva. Jag måste också direkt börja observera och registrera hur andra interner beter sig för att inte sticka ut. Att faktiskt börja tänka efter och resonera med mig själv distraherade mig än mer från ångesten och paniken.

Klockan måste ha varit runt fem på morgonen när jag kom in i cellen. Avdelningen var nedsläckt för natten och det fanns inte en människa i närheten. Cellen såg ut ungefär som på film faktiskt, en primitiv brits att sova på och en toalettstol. Jag satte mig ner på den där britsen och bara stirrade in i mörkret. Min puls var förvånansvärt låg. Om bara ett par timmar skulle avdelningen låsas upp för väckning och hela helvetet skulle braka loss. Och så var det med det. Jag funderade helt kallt på vad jag borde göra med mina sista timmar i livet. Mina sista timmar i livet. Det var en sån dråplig och överdramatisk tanke att jag nästan blev full i skratt. Bara själva ironin i att det inte fanns ett dugg att göra alls i den där cellen, liksom.

Jag gjorde ingenting, jag bara satt där och stirrade i mörkret. När jag hörde låset rassla insåg jag att jag måste ha nickat till. Folk degade motvilligt ut ur sina celler. Jag observerade och registrerade, och gjorde samma sak. Klientelet på avdelningen bestod i huvudsak av taniga, bleka spökfigurer som gick omkring och skakade i abstinensbesvär. Ingen stor bjässe med hakkors i pannan kom fram och stack en hemmagjord kniv i halsen på mig. Det hela påminde mer om en sal på ett sjukhus än någonting annat. Till min förvåning hade jag inte ens blivit hotad i höjd med när lunchen serverades. Maten serverades dessutom inne på avdelningen eftersom de flesta var så sjuka av abstinensbesvär att det inte gick att skicka iväg folket där till någon matsal. Själv kände jag mig spyfärdig och kallsvettig. Men i jämförelse med hur de andra såg ut kände jag mig ganska okej.

Min dödsångest försvann när jag insett att jag snarare befann mig på en dysfunktionell vårdinrättning än ett Alcatraz. De här trasiga, sjuka individerna skulle inte mörda någon förutom möjligen sig själva. Den största snubben med tatueringar var dessutom jag själv. Min rädsla och överlevnadsstrategi ersattes av en irritation och frustration över att vara inlåst i en jävla fängelsehåla. Reglerna föreskrev att jag hade rätt att ringa min advokat, men bara min advokat. Vilket gjorde mig arg. Vem fan bara har en advokat man kan ringa till? Om de bara lät mig ringa min agent så kunde hon säkert ordna med ett dussin advokater. Men icke, personalen informerade mig om att om jag inte hade en advokat skulle jag få en, och det vara bara att vänta.

Efter cirka ett dygn började mina skakningar bli värre. För att inte tala om rännskitan. Jag svettades så att lakanet blev blött. Det måste vara maten, resonerade jag. Det var den sämsta ursäkt till mat jag någonsin sett. Man hade inte ens matat hundar med den. Alltså slutade jag äta, varpå den manliga sköterskan i häktet övertalade mig att dricka apelsinjuice för att få i mig vätska. Efter två dygn var jag så orkeslös att jag inte ens orkade härja om advokater längre. Jag hade till slut genomgått en fullständig integration med klientelet på avdelningen. Jag satt blek och kallsvettig med död blick precis som alla andra när en vakt ropade mitt namn. Jag var för utmattad för att rätta hans felaktiga uttal av mitt svenska efternamn.

Bandets manager hade betalat borgen och advokat. Egentligen borde jag fått sparken, det fattade jag utan att han behövde säga det. Men eftersom alla bandmusiker utom en blivit arresterade hade han inget val än att få ut alla så fort som möjligt. Det blev en dyr historia där jag fick betala tillbaka borgen, advokatkostnader och dessutom mina egna böter. Det sistnämnda kan jag tacksamt men cyniskt tacka det amerikanska rättssystemet för. Det händer att folk får långa fängelsedomar för innehav av marijuana. Men är man bara tillräckligt vit med en bra advokat så räcker det med böter för en servett med syntetiskt heroin.

Det hela var en hemsk och traumatisk upplevelse som jag tidvis fortfarande kan ha mardrömmar om. Två dygn i häkte var på gränsen för vad jag mentalt kunde hantera. Så naturligtvis var det första jag gjorde när jag kom ut att snorta en lina pulver. Inte nog med att det verkade som en smart idé med tanke på omständigheterna, det fick mina skakningar att upphöra och magen började fungera. Att jag känt mig sjuk som i en influensa där inne måste ha berott på irritation och dålig mat.

SOUTH VALLEY, NM

Jag kan inte bestämma mig för vilket som är långtråkigast, att öppna en festivalkväll eller avsluta den. Antingen får man då kliva på tidigt, och det var den kvällen. Eller så sitter man och petar sig i näsan hela dagen och måste hålla sig tillräckligt nykter för att kunna stå på scenen vid midnatt. Klockan kan inte ha varit mer än sju på kvällen när vi klev av scenen. Linda gav mig diskret ett glas med Kool-Aid så fort jag stegade ner för metalltrappan från scenen.

Vicodin smakade helvete. Man vill nämligen tugga tabletterna för att få en snabbare och kraftigare punch i ruset. Just Kool-Aid maskerade dock smaken väldigt väl. Det fanns dessutom någon slags makaber humor i att blanda ut krossade knarkpiller i Kool-Aid. Den ökända sekten Folkets Tempel begick massjälvmord genom att dricka förgiftad Kool-Aid. En historisk tragedi som gav varumärket en oförtjänt törn för alltid. Om man vill vara pinsamt dramatisk kan man ju visserligen klämma in en liknelse vid att det kanske just var ett långsamt utdraget självmordsförsök som mitt missbruk gick ut på.

Medan hydrokodonet slog morfinvolter i mitt bröst bytte jag t-shirt och strumpor. Raggardusch deluxe, komplett med deo och torrschampo på spray. En Marlboro senare var jag på banan igen. South Valley ligger mitt ute i öknen i ett klassiskt westernlandskap med kaktusar och buffelskallar lite här och där. Hettan i augusti är närmast outhärdlig. Från scenen gick det att se hur den stillastående luften dallrade ovanför publikhavet. Funktionärerna hade börjat få nog av uttorkade fyllon som tuppat av och tvingade på vattenflaskor på besökarna med rena stasimetoder. Ett tilltag som resulterade i att publiken urinerade i tomma vattenflaskor, alla hade ju en. I bästa fall släppte de bara sedan flaskan på marken. I sämsta fall kastade de flaskan mot scenen istället. Jag antar att det var ett tecken på uppskattning av musiken.

Jag kände hur min torra t-shirt redan började klibba fast mot ryggen, trots att fem fläktar arbetade på högvarv i den provisoriska tältbyggnaden som skulle föreställa vår backstage. Linda stod nonchalant lutad mot en stålpelare strax bredvid en av fläktarna. Hon bar ett svart linne som var oanständigt uppknutet under hennes bröst. Det var emellertid rentav diskret jämfört med hur festivalbesökarna klädde sig, eller inte, i den omänskliga hettan. Hon slöt ögonen i ren njutning varje gång fläkten pendlade mot henne. Ändå kunde jag se de blänkande svettpärlorna på hennes bröstkorg och mage. Hon kunde varit Marilyn Monroes onda vampyrtvilling i svart kjol som fläkten gav liv åt. Den blodröda giftdrycken i plastmuggen hon höll i handen fullkomligen dröp av kondens och imma. Precis som hennes morfinblanka ögon.

- *Alltså, du ser jävligt het ut.* Hörde jag mig själv säga utan att inse ironin i vad jag sagt.
- *Nänä. Nej. Det är för varmt för att ligga, glöm det.* Svarade hon med ett retsamt leende, och slöt ögonen när fläkten passerade hennes riktning.
- *Haha. Fast jag menade bara det jag sa. Inget annat.* Svarade jag roat.
- *Jag vill se dom där Foo Fighters. Ska du med?* Frågade hon och bytte ämne.
- *Är inte det han från Nirvana?*
- *Jo, trummisen.*

Jag var inte övertygad. Nirvana var ett bombnedslag som helt målade om musikscenen på samma sätt som Elvis eller Beatles hade gjort. På sätt och vis blev jag lite förväntansfull när Dave Grohl bestämde sig för att försöka ställa sig upp på egna ben efter Kurt Cobains bortgång. Jag ville att hans band skulle låta som Nirvana. Men det lät mer som någon slags trendig garagerock och jag blev besviken. Det var nog samma upplevelse som Beatlesfans gick igenom när Paul

McCartney startade igång sitt Wings. Det är inte direkt dåligt, men det tangerar inte ens i närheten av det som Beatles gjorde. För nya generationer är Foo Fighters ett innovativt rockband med fantastiska melodier. För många av oss andra kommer Foo Fighters alltid vara "Han som spelade med Nirvana". Så jag var inte helt sugen på att gå och se Dave Grohls nya band som klättrade på listorna.

– *Äh, gå och se dom du.* Svarade jag.

– *Okej. Åk ingenstans utan mig.*

– *Visst. Men du, inbilla dig inte att dom där fåntrattarna har AC i sin backstage bara.*

Linda skrattade och försvann ut i den heta kvällsluften. Jag lutade mig tillbaka i solstolen och drog ett bloss på cigaretten medan jag slöt ögonen för ett ögonblick. Fläktarna kylde knappast luften men gjorde åtminstone tältbyggnaden mer uthärdlig. Jag vaknade till när cigarrettglöden brände fingrarna. Man märker inte ens att man somnar till i ett opiatrus. Men jag kan knappast ha sovit mer än några minuter. Det tar inte jättelång tid för en cigarett att brinna ned till fingrarna.

Jag blev lite skärrad av det där, och kände att jag behövde en cigarett för att lugna nerverna. Men mitt paket var slut så jag bestämde mig för att spana in festivalområdet och skaffa mer. Det är en rätt naturlig reaktion på att ha somnat med en cigarett i handen. I alla fall om cigaretterna är slut. Jag strövade runt planlöst i någon timme medan solen började sjunka ner bakom bergen i horisonten. Sommarkvällen började kännas uthärdlig igen. Området såg ut som en typisk musikfestival. Det var packat med fulla människor, varvat med de där välbekanta pustarna av cannabislukt. Det var fullt med stånd som sålde allt från alkohol till mat till merchandise. Det var inte svårt att hitta valfritt stånd som sålde cigaretter. Jag petade girigt in en cigg mellan läpparna och letade efter en tändare i mina fickor.

– *Här!* En ung kvinna höll en låga från sin tändare framför mig.

– *Tack.* Sa jag och tittade utforskande på henne.

Hon såg ut att vara i övre tonåren, särskilt med de där enorma kastanjebruna rådjursögonen som såg på mig. Jag tittade misstänksamt på ölglaset i hennes andra hand, vilket skvallrade om att hon antingen åtminstone var tjugoett eller möjligen hade falskleg. Hon var klädd i grönspräcklig bikini som antagligen skulle se ut som ormskinn, om det inte vore för att designern förmodligen aldrig sett en orm. Runt höften hade hon knutit en slags sarong för att tona ner det faktum att hon gick omkring i bikini. Hon hade galet långt, vågigt brunt hår som lockade sig nästa hela vägen ner till hennes höfter. Vilket fick henne att se ut som en blandning av en sjöjungfru och en hippie från sextiotalet.

– *Du spelar gitarr. Eller hur?* Frågade hon hemlighetsfullt med berusad röst.
– *Ja. Hur fan såg du det?*
– *Alltså, jag är typ som en häxa. Med fler sinnen i alla dimensioner. Jag ser sånt.*
– *Jaha.* Svarade jag trött. Jag var inte på humör för något new age-flum.
– *Nä. Jag såg er spelning så klart, vafan trodde du jag frågade för?*
– *Jamen, inte vet jag.* Skrattade jag lättad över att inte behöva höra om kristaller och chakran.
– *Fast det är lite charmigt blygsamt av dig.* Sa hon varmt och smekte mig diskret över armen.

Jag antar att jag fick samma reflex man gör när en bråkig snubbe kaxigt lägger handen på axeln. Man spänner ögonen i snubben och sedan stirrar surt på hans hand. Som i "Det där gör du fan inte om". Det var inte meningen att ge henne onda ögat egentligen, men jag var tydligt obekväm med hennes beröring. Linda befann sig någonstans på området och jag ville inte att hon skulle behöva se någon brud ta på mig. Dessutom såg den här donnan ut som en jävla tonåring som gått vilse på väg till ungdomsgården. Hon verkade inte direkt packad men

lite lagom ostadigt berusad. Hon stelnade till och drog åt sig handen
när hon såg min reaktion.

– *Oj, förlåt. Jag menade inte att...* Började hon.

– *Nej, det är lugnt. Jag bara...letar efter min flickvän.* Sa jag varmt för att
släta över det.

– *Åh. Är hon här på festivalen också?* Undrade hon korkat.

– *Ja, hon kollar på Foo Fighters.*

– *Borde hon inte vara här med dig istället?*

– *Det vet jag väl inte. Hon ville väl hellre kolla på fusknirvana.* Svarade
jag skämtsamt.

– *Fast...nu är ju jag här med dig.* Sluddrade hon.

Jag suckade och himlade med ögonen. Det var klart att det var
charmigt på alla sätt och vis. Och visst var jag smickrad, jag har för
stort ego för att inte bli det. Men jag var helt enkelt inte intresserad.
Dessutom blev jag lite irriterad på att hennes framfusighet när jag bara
sekunden innan gjort klart att jag hade en flickvän.

– *Du, lyssna här nu...* Började jag med myndig ton i rösten.

– *Nej, okej! Okej, jag fattar. Förlåt, jag skulle inte ha sagt så.* Snyftade
hon och hennes ansikte började skrynklas ihop.

– *Men du, det finns inget att börja gråta över.* Sa jag matt.

– *Jamen du är ju arg på mig!* Hon torkade sig dramatiskt under
ögonen.

– *Nej, vafan jag är inte arg. Jag bara...* Fräste jag frustrerat.

– *Jooo, nu låter du arg igen!* Hon hulkade ännu mer, och det var
tydligt att hon ändå var ordentligt berusad.

Jag tände en ny cigarett och gnuggade tinningarna. Nu hade jag
tydligen fått en brud att börja gråta utan att ens ha gjort något. Det
kändes makalöst orättvist. Jag bara tittade på henne där hon stod och

vinglade med sin öl i ena handen och torkade tårarna med den andra. Egentligen borde jag väl ha kramat om henne på något faderligt sätt, men jag ville verkligen inte ge henne den bekräftelsen när hon grät krokodiltårar på fyllan. Alltså, det enda jag hade velat ha var ett paket cigaretter. Som jag fick köpa till satans festivalpris. Men där stod jag med en full brud som grät framför mig.

Till råga på allt såg jag Linda komma gående. Hon såg lite frågande ut när hon fick syn på mig med en gråtande sjöjungfru framför mig. Jag misstänkte att det hela på något sätt skulle komma att bli mitt fel på något invecklat vis. Till min irritation såg jag att Linda bar en keps med Foo Fighters logga. Jag menar, en keps? Med Foo Fighters?!

- *Hej, baby. Där är du ju, vad händer?* Undrade Linda och tittade undrande på mig och den gråtande tjejen.
- *Varför har du en Foo Fighters-keps för?* Svarade jag surt till tonerna av fyllegråt.
- *Varför gråter hon?!* Replikerade Linda och spände ögonen i mig.
- *Hon tror att jag är arg på henne.* Svarade jag uppgivet och drog ett bloss på cigaretten.
- *Varför det?! Vad har du gjort nu?* Undrade hon anklagande.
- *Förlåt, men det är jag som är full bara. Han har inte gjort något!* Snyftade sjöjungfrun.

Den något överförfriskade bikinidamen bara öppnade sig som ett vattenfall framför Linda. Om att hon varit framfusig fast jag sagt att jag hade flickvän. Om hur genant det var att jag sagt ifrån. Och om hur för mycket hon nog hade druckit. Och att det hela blev känslomässigt för mycket för henne. Orden bara rann ur henne tillsammans med tårarna. Linda tittade medlidande på mig under sin jävla keps. Den där blicken som betydde att det nog inte var mitt fel trots allt. Linda gav henne sedan en lång tröstande kram, och strök henne dessutom över håret.

– *Du, gumman. Det ordnar sig, men jag tror du behöver lite vatten.* Sa
Linda ömt.

Jag betraktade dem båda förbluffat medan jag var inne på min
tredje cigarett. Riktigt sådär fungerar oftast inte män. Om man berättar
för en snubbe att man just stött på hans flickvän, trots att man visste att
hon var upptagen, slutar det sällan med en kram och ett glas vatten.
Linda tog henne i handen och gick mot ett av stånden där de
gladeligen gav bort hur många vattenflaskor som helst. Jag hoppades
på att Linda samtidigt skulle vädja till henne att inte kissa i flaskan och
kasta den mot någon av scenerna. Medan Linda och sjöjungfrun
tycktes bli bästa vänner över en flaska vatten passade jag på att köpa
ytterligare två paket Marlboro till överpris.

– *Var det nödvändigt att vara så elak mot henne?* Undrade Linda efter
att hon gjort sig av med bruden.

– *Vad i helvete...jag var fan inte elak!* Utbrast jag irriterat.

– *Hon sa att du skällde ut henne.*

– *Nej, det gjorde jag verkligen inte. Men på tal om det, vad är grejen med
kepsen?* Frågade jag surt.

– *Äh, får jag inte ha keps nu eller?* Sa hon med ett leende och rätade
till kepsskärmen.

– *Våra killar har väl typ en lastbil med kepsar om du velat ha en.*

– *Fast det står inte Foo Fighters på dom.*

Jag stirrade surmulet på henne som svar. Hon log bara finurligt
tillbaka. Sedan vred hon kaxigt kepsen bak och fram så hon kunde
kyssa mig utan att skärmen var i vägen. Irritationen över kvällens
dramatik bara rann av mig när jag kände hennes läppar mot mina.
Linda tog min hand och vi gick tillbaka mot vår tältbyggnad bakom
kravallstaketen. Lindas keps försvann senare under mystiska
omständigheter genom ett bussfönster någonstans i höjd med
delstatsgränsen mot Oklahoma.

"Din lilla jävel! Må rödmyror äta upp dina ögonlock! Du är skyldig mig en keps! Jag ska ha tillbaka den. Nu! Du ska fan ut och leta efter den i öknen. Hoppas du blir biten av en skallerorm också.

Det var fan bara rätt åt dig att folk kastade kissflaskor på er. Jag önskar att jag hade kastat en kissflaska också. Förresten hade Foo Fighters visst AC backstage. Ha!"

Linda

Rehab

Jag var rätt väck när jag kom in på behandlingshemmet. Amy hade ju nätt och jämt lyckats skaka tillräckligt mycket liv i mig för att på något mystiskt sätt kunnat få in mig i bilen. Men personalen var rätt van. De flesta missbrukare tar ofta en sista dunderdos innan de lägger in sig. De patienter som kom dit var inte särskilt mottagliga för välkomstceremonier eller föreläsningar om rehabiliteringsmetoder. Alltså hamnade jag i en säng på ett rum och däckade medan skötare kontrollerade blodtryck och andning med jämna mellanrum. Tanken var att jag nu bara skulle vänta ut abstinensen så att det fanns en chans att påbörja en meningsfull rehabilitering.

Det tar en vecka att bli ren från heroin. Rent medicinskt. Och så är det egentligen oavsett hur länge man har missbrukat. Det betyder inte att man är en ny människa och är redo att köpa en hund och en segelbåt efter sju dagar. Det innebär bara att man är fysisk frisk från missbruket och har en chans att göra något åt sin livssituation. Jag skulle kunna brodera ut orden sida upp och sida ner om hur överjävliga de där sju dagarna var. Om hur mina inälvor kändes som de höll på att frätas sönder av saltsyra. Om hur mycket jag kaskadkräktes i kramper. Men jag tror det räcker med att konstatera att det var jävligt illa.

När abstinenshelvetet till slut var över låg jag utmattad i sängen som sliten trasa. Jag var visserligen lycklig att jag äntligen överlevt den där jävla veckan. På samma sätt som någon som just blivit överkörd av en lastbil och vaknar upp i respirator är lycklig. Jag var ett mentalt vrak och känslomässigt öm. Det var som att nerverna i kroppen låg på utsidan av kroppen. Jag begrep nog inte hur illa det var förrän jag satt i sängen och tittade på Disney's tecknade version av Tarzan på tv. Det bara brast för mig när de onda människorna sköt Tarzans gorillapappa, som med sina sista andetag kallade Tarzan för sin son för första gången.

– *Vad i helvete är det som pågår?!*

En skötare kom inspringande i rummet när han hört mina klagande tjut. Jag satt i sängen och liksom vaggade med överkroppen och bara skakade i okontrollerad gråt. Han stirrade förvirrat. Omväxlande på mig och på den tecknade filmen på tv. Jag grät som en treåring som just fått ett skrubbsår på benet. Sådär så man nästan tappar andan. Det var helt galet.

– *Tarzan! Hans pappa...är död!* Tjöt jag mellan snyftningarna.
– *Men...jösses vad du skräms. Jag trodde något hade hänt.* Stönade han lättat.

Han satte sig lugnt ner bredvid mig på sängen och la armen faderligt runt mina axlar medan jag satt där och grät som en idiot. Jag greppade hans vänliga hand och höll den hårt och oroligt mot min axel. Man tycker att det måste ha varit en rätt obekväm situation för den stackars skötaren men han lät mig hållas. Han var väl van vid avtändande vrak.

– *Du, det ordnar sig. Tarzan kommer bli glad igen, titta nu.* Sa han som om han pratade med ett barn.
– *Men, hans pappa dog fan.* Snyftade jag.
– *Det är ingen fara, nu tittar vi bara.*

Sådär höll jag på. Jag kunde börja grina för minsta lilla pryl. Allt från att kaffet var slut till att soluppgången var så vacker. Jag hade ingen kontroll alls över mina känslor. På sätt och vis var det rätt befriande att plötsligt börja känna något. Jag gjorde liksom inget motstånd så fort jag fick gråten i halsen. Hela det där behandlingshemmet var fullt av dårar som bröt ihop för ingenting. Vilket gjorde det okej på något vis. Och det var väl bra att vi hade vår bubbla där vi kunde låta våra känslor fara runt lite överallt innan vi återgick till något sorts normalt liv.

När jag väl börjat komma på fötter upptäckte jag också omgivningen. Jag hade ju mest legat i min säng och kallsvettats över smärtor i hela kroppen. Byggnaden var en renoverad herrgård i kolonialstil, byggd 1919. Tomtmarken var bedårande vackert beläget vid havet och sträckte sig som en enorm oas av grönska och trädgårdar mitt ute i ingenstans. Det var ett fridfullt och vackert ställe. En kort promenad bakom huset fanns en liten lund med palmträd där rosor växte i hundratal. Jag gillade att gå dit i morgonljuset och känna doften av rosor kombinerat med havsluften. Det doftade nästan lika underbart som en kvinnas hår. Jag stod ofta där och lät handflatan stryka över rosenbladen.

– *Det är vildrosor. De har vuxit här sedan huset byggdes.* Hörde jag en röst bakom mig.

Föreståndaren för behandlingshemmet var en reslig herre som såg ut som en medelålders maorikrigare i vardagskläder. Han iakttog mig intresserat där jag stod med handen som någon slags shaman över rosorna. Han var alltid förtroendeingivande och vänlig med en varm blick. Jag vände mig om och tittade förvånat på honom där han stod med händerna i fickan.

– *Hur mår du? Du verkar i alla fall komma ut i friska luften på morgnarna.*
– *Jag vet inte. Jag skulle ljuga om jag sa att jag mår bra.* Svarade jag eftertänksamt.
– *Det är inget konstigt. Det kommer ta tid innan du börjar må bra på riktigt.* Svarade han varmt.

- *Jag är inte säker på att jag någonsin kommer må bra igen.* Muttrade jag sorgset.
- *Jodå. Det kommer du. Men det kommer vara jobbigt första tiden där ute i verkligheten.*
- *Vet du, jag tror inte jag skulle överleva många minuter där.*
- *Det är bra. Det betyder att du är redo för det.*
- *Åka hem? Nej fan, inte än på ett tag va?* Svarade jag oroligt.
- *Du har ingen aning om hur länge du har varit här eller?* Svarade han med ett hjärtligt skratt.
- *Ett par veckor typ?*
- *Du har varit här i fyra veckor.*
- *Fyra?! En månad?* Undrade jag förvirrat.
- *Ja. Och du gör framsteg hela tiden. Du kommer ut i luften. Du deltar i möten och coaching. Det är dags att du provar vingarna själv.*

Min resa mot drognykterhet hade bara börjat. Att bli ren var bara det första stapplande steget. Jag kände mig inte ett dugg redo för att återvända till verkligheten med droger och frestelser runt varje hörn. Samtidigt var det just det som nu var tänkt att vara resten av mitt liv. Utmaningen låg i att helt enkelt bete sig som normalt folk och ge fan i att knarka. Droger finns ju lite överallt utan att vanliga människor känner att de måste knarka i tid och otid. Och han hade väl rätt. Missbrukare som kommer in på behandling vill bara hem igen så att de kan fortsätta knarka. När det vänder och man inte vill åka därifrån så är deras jobb klart. Efter det är det dags att påbörja någon slags rehabilitering med stödgrupper eller vilka verktyg man nu behöver för att leva ett normalt liv.

Amy hämtade mig några dagar senare. Och det var jobbigare än jag hade trott att åka därifrån. Jag ville inte lämna den där tryggheten. Framförallt var jag livrädd för hur jag skulle reagera om någon erbjöd mig narkotika. Det där suget, den vansinniga törsten, efter ruset fanns inte kvar längre. Men jag hade ännu inte ställts inför dilemmat att aktivt behöva tacka nej. Men vafan, man måste som sagt prova sina vingar för att se om det ens går att flyga. Det starkaste minnet jag har från kliniken var inte den obeskrivliga smärtan att gå igenom avgiftningen. Det är den där lunden med vilda rosor som fick mig att känna igen. Det är alltid något.

Jag tror det hela började med att jag hittade farsans gamla gitarr. På vinden. Jag var där uppe och letade efter något då hon bara stod där och iakttog mig. En akustisk Bjärton från sextiotalet. Den måste ha stått där i mer än tjugo år utan att jag sett den förut. Hon var kall och dammig. Jag minns att jag prövande försökte plinka på strängarna. Hon var hes och lät torr. Vilket inte var konstigt för strängar som plågats i ett dragigt vindsplan genom nästan hundra årstider. Jag bar ner henne och frågade mina föräldrar vems den var och vart den kom ifrån. Min pappa hade köpt den i sin ungdom för att försöka lära sig spela. Men den hamnade på vinden efter att han tröttnat. Han bara gav henne till mig helt utan vidare när jag stod där och tindrade med ögonen över den dammiga skönheten.

Jag hade aldrig någonsin spelat på en gitarr förut. Att kunna spela gitarr verkade så fränt på något vis. Det här var en tid när det fortfarande fanns gitarrhjältar som betraktades som halvgudar. Så det var med stor hängivenhet jag gick in för att lära mig spela. Jag övade jämt på den där stackars gitarren. Till och med när jag satt på toaletten till mina föräldrars förtret. Jag spelade tills fingertopparna blödde, varpå jag strök superlim på fingrarna och fortsatte. Hade jag bara lagt en bråkdel av den tiden på läxor och skolan istället hade jag antagligen varit överläkare på något erkänt sjukhus vid det här laget.

Det var fantastiskt roligt att lära sig ett instrument från grunden. Men jag ville ju spela elgitarr såklart. Det både såg ut och lät häftigare än en akustisk gitarr. Men jag hade ingen aning om hur mycket en elgitarr kostade. Jag kunde inte ens gissa om det handlade om tusen eller tiotusen kronor. Än mindre hade jag en aning om vilken modell man borde ha. Jag hade i vilket fall tvåtusen spänn sparat i sommarjobbade pengar. Det var en smula ångestladdat när jag då klev in på Gitarrspecialisten. En klassisk gitarrbutik i Stockholm. Jag hade ingen aning om vad jag sysslade med eller om jag skulle bli utskrattad när jag viftade med två tusenlappar.

Väggarna i butiken täcktes av rader med gitarrer i olika färger och utseende. Det var rentav svindlande. Jag försökte göra mig så osynlig jag kunde när jag förläget strök omkring och storögt fascinerades av alla olika modeller och märken. Det fanns så obegripligt många modeller och färger att jag kände mig helt dum i huvudet. Vissa såg ut som jag föreställt mig hur en klassisk elgitarr såg ut. Andra modeller såg ut som rena rymdskepp med rattar och spakar överallt. Jag hade ingen aning om vad nånting av det där var bra för.

– *Tjena, behöver du nån hjälp eller?*

En kille i batiktröja och slitna jeans iakttog mig nyfiket där jag stod och gapade i butiken. Han såg ut att vara närmare trettio än tjugo, och hade en frisyr som inte riktigt hade bestämt sig för om den var punk eller hårdrock. Det var Ola. Han är numera gråhårig gitarrtekniker i gubbfrisyr som jobbat för alla gitarrister värda att känna till. Men där och då drygade han ut tillvaron genom att tidvis jobba på Gitarrspecialisten.

– *Eh. Jo, alltså. Jag tänkte vahettere köpa typ en elgitarr.* Stammade jag.
– *Men se där. Elgitarr säger du.* Konstaterade han roat.
– *Ja. Fast...alltså jag kan inte så mycket om elgitarrer. Jag har en akustisk.*
– *Du, det ordnar sig. Hade du tänkt någon särskild modell eller så?*
– *Eh. Jag har bara tvåtusen kronor. Alltså, räcker det ens till en elgitarr?* Undrade jag förläget.

Ola såg ut att iaktta mig igen med ett fascinerat flin i ansiktet. Jag visste inte om det var bra eller dåligt. Om han skulle börja skratta och kasta ut mig, eller om han snällt skulle be mig spara lite mer. Jag svalde långsamt och kände mig torr i munnen av att vara obekväm. Jag hade ingen aning om vad jag sysslade med, och jag funderade på att bara springa ut ur butiken där och då. Det här med elgitarr kanske inte var för mig när allt kom omkring.

– *Vet du, det är fan inte varje dag man lyckas lura någon att spela elgitarr. Så idag räcker absolut tvåtusen spänn!* Svarade han glatt.

– *Jaha?* Utbrast jag förvirrat och försökte lista ut vad det var för särskilt med idag.

– *Följ med. Vad sägs om den här?*

Han tog med mig någon rad bort och lyfte ner en vit elgitarr från väggen. Det var en kopia på en Stratocaster av det obskyra märket Hawk. Den såg exakt ut som man föreställer sig en klassisk elgitarr. Några rattar, ett svaj och de där kvinnliga formerna som definierar en Strata. Det var den snyggaste elgitarr jag någonsin sett i hela mitt liv. Okej det var den första elgitarr jag någonsin hållit i, men ändå. Jag kunde inte riktigt fatta om han verkligen menade på allvar att jag skulle kunna knalla ut ur butiken men den för de pengar jag hade.

– *Den...ser skithäftig ut!* Utbrast jag imponerat.

– *Eller hur. Men du måste ju spela på den innan du bestämmer dig.* Sa han roat. Och han hade ju rätt.

– *Spela? Vaddå...här?* Undrade jag skräckslaget och tittade mig omkring.

– *Ja? Alltså, man provspelar alltid en gitarr innan man köper den.* Förklarade han pedagogiskt.

– *Ja. Jo. Såklart.* Det lät rimligt när jag tänkte efter.

Det var mitt på dagen och butiken var tom på kunder, vilket gjorde det mindre förläget att sätta mig på en pall och spela till allmän beskådan. Ola förklarade snabbt vad rattarna var till för, och hur man spakade sig igenom de olika mikrofonerna. Vilket mikrofonläge som passar bäst fick jag känna efter själv hemma på kammaren menade han. Hela grejen kändes bara svindlande stort. Olika sorters ljud i massa rattar och spakar. Men han hade rätt, det var väl någonting jag skulle få lista ut själv i lugn och ro. I övrigt kändes gitarren helt okej i händerna. Medan jag satt där och klämde planlöst på gitarren i knät kopplade han in en sladd i en förstärkare på golvet och räckte mig andra ändan. Jag tog tag i kontakten.

– *Se upp! Det är tvåhundratjugo volt i den där!!* Ropade han, jag släppte panikartat kontakten i golvet.

Jag bara stirrade förvirrat och oroligt på honom. Vafan, han räckte ju mig kontakten? Han fnissade förläget medan han plockade upp kontakten och sträckte över den igen. Fast den här gången vågade jag inte riktigt ta i den.

– *Förlåt,* fortsatte han. *Jag kunde inte låta bli att skoja med dig. Det är ingen spänning alls i den där. Men det är onödigt att lägga fingrarna på själva kontakten, det blir ett jävla oljud i förstärkaren av det. Så plugga bara in den i gitarren.*

Visst, skoja med nybörjaren bara, tänkte jag och försökte le lite bortkommet åt hans skämt. Men jag tog misstänksamt och försiktigt kontakten och pluggade in den i förstärkaren. Som var inställd på ett behagligt rent ljud. Men jag blev lite besviken över att det inte lät sådär fränt rockigt. Faktum är att ett helt rent elgitarrljud ofta låter mindre fylligt än en akustisk gitarr om man nu är van vid det. Jag tänkte mig att det nog var för att det var en skräpgitarr. Men i princip allt ljud från en elgitarr kommer egentligen från förstärkare och effekter. Men det hade jag ingen aning om.

– *Den låter väl bra.* Sa jag trevande. *Men lite för...typ snäll.* Fortsatte jag besviket.

Ola såg på mig med en finurlig min innan han tryckte på en knapp på förstärkaren. Han slog på "disten". Det är distorsionen som gör det där rockiga ljudet som de flesta associerar med just elgitarr. Enkelt förklarat är det en liten förförstärkare som överstyr ljudet från gitarren innan det förstärks i slutsteget. Helt enkelt bara dånade och gnisslade det när jag försökte spela helt vanliga ackord som jag var van vid. Att spela med dist kräver en annan spelstil som kräver övning i sig. Ola betraktade mig med en smärtsam min medan jag skräckslaget försökte få någonting vettigt ur den numera distade rockgitarren i knät.

    – *Du, det där lät jättefint. Men jag kan visa lite hur gitarren kan låta.* Sa han medlidande.

Jag var mest glad över att slippa spela längre framför någon och sträckte villigt över gitarren till honom. Han satte sig ner, tog ett djupt andetag innan han brände av Van Halens episka Eruption på min tilltänkta gitarr. Jag bara stirrade med öppen mun på honom, och på gitarren. Det var hypnotiserande att höra hur den där vackra skönheten i hans knä kunde göra såna toner. Jag hade fel, det där var allt annat än en skräpgitarr. Den lät precis exakt som jag tänkte mig att en elgitarr skulle låta.

    – *Menar du att jag har råd att köpa den där?!* Frågade jag förhäxat när han var klar med sin demonstration.
    – *Ja? Klart du ska ha en elgitarr.* Svarade han som att det vore helt självklart.
    – *Jag köper den!*
    – *Ja, så klart du gör. Varsågod.* Sa han och sträckte över gitarren.

Jag kände mig som ett barn på julafton när jag nästan kastade mina två tusenlappar på honom. Jag strök med fingrarna över den kvinnliga gitarrkroppen och tittade fascinerat på hur ljuset reflekterades i den vita lacken. Hon var min nu. Bara min. Det var det vackraste pryl jag någonsin sett. Det kändes helt ofattbart. Jag tror det där kan ha varit en av de lyckligaste stunderna i mitt liv där och då.

– *Du.* Sa han sorgset och lite trevande.

– *Mm?* Svarade jag utan att kunna släppa blicken från gitarren.

– *Jag vill bara säga att en elgitarr är lite som en förbannelse, bara så att du vet. Du kommer jaga det där perfekta ljudet resten av ditt liv. Du hör det ständigt i huvudet, men du kommer aldrig riktigt hitta det hur du än rattar på utrustningen. Jag vill bara att du ska veta om det, och det bara är så. Du är inte knäpp eller så för att du sitter i timmar och rattar på förstärkaren.*

Jag fattade inte vad han menade riktigt. Det skulle ta flera år innan det gick upp för mig hur rätt han hade. Som en konstnär som försöker göra den fulländade målningen försöker en gitarrist få till det fulländade gitarrljudet. Det där ljudet man är beredd att dö lite för. Man jagar en fantasi, en dröm. Det där fulländade gitarrljudet existerar inte i verkligheten. Men det har aldrig hindrat någon från att försöka förgäves. Det är faktiskt lite av en förbannelse. Där i butiken nickade jag lite och försökte se ut som att jag förstod. Jag är dock rätt säker på att vi båda visste att jag inte hade en aning om vad han pratade om ännu. Han packade ner min gitarr i en gitarrväska tillsammans med lite sladdar och några plektrum. Jag var helt överlycklig när jag stegade mot utgången med min nya gitarr på ryggen.

– *Öh. Hörru!* Ropade han efter mig innan jag hunnit ut.

– *Va?*

– *Du måste ha en förstärkare också.*

– *Men...jag har liksom inte råd med det.* Stammade jag.

– *Jodå. Idag har du det. Ta med den här.*

Han sträckte över en liten övningsförstärkare. En Peavey på tio watt. Det var ofattbart givmilt av honom. Och tur var väl det, det hade inte ens slagit mig att jag måste ha en förstärkare för att ens kunna spela elgitarr. Jag fattade fortfarande inte riktigt vad det var för speciellt med just idag. Men Ola gillade att lura folk att spela elgitarr, och han ville väl se till att de hade vad som behövdes för det. Eller, så ville han bara föra förbannelsen vidare.

BIRMINGHAM
Tidigt nittiotal

Jag kände att Lindas mystiska kapslar var den bästa uppfinningen sen brödrosten. Till skillnad från att sitta och försöka suga i sig äcklig rök från någon svart sörja man eldade i folie fanns det alltså piller istället. Som var märkta med styrka så man visste exakt hur bäng man skulle bli och hur mycket man behövde ta. Dessutom är det lite mer diskret att svälja en kapsel jämfört med att sitta och elda folie som en pundare. Efter ett par missöden, som den gången när Fiona försökte väcka mig, lärde jag mig hur mycket som var en lagom dos. Lite som med alkohol, det tar ett par spyfyllor innan man lär sig att dricka som folk. Med tanke på alkoholkulturen i bandet var kapslarna en rätt skön omväxling. Bland det mysigaste som fanns var att dra i sig ett par kapslar när man vaknade bakis på morgonen. Det där ruset sköljde genast bort all ångest, huvudvärk och kallsvett. Det var inte som att jag tog dem varje dag så därför ansåg jag nog att det inte räknades som att knarka.

Tramadol hette kapslarna. Eller Astro, beroende på vem som sålde. Och de fanns i både kapslar och piller i varierande styrka. Det var en rätt ny uppfinning från Tyskland. Tramadol är alltså smärtstillare i form av en mildare opiat som ger ett skönt morfinrus om man tar tillräckligt många. Vilket jag gjorde. Det finns liksom inte så mycket annat att göra när man sitter på en turnébuss och blänger ut på ett regnigt England än att supa eller knarka. Eller både och. Men några piller då och då hade ingen tagit skada av resonerade jag. Jösses, de kom ju liksom i fina medicinförpackningar. Då var det ju medicin som var helt okej.

Bussen stannade i vad som såg ut som ett typiskt brittiskt industriområde. Jag vaknade motvilligt till synen av smutsigt tegel, skorstenar och svarta bläcktak överallt. Det såg dystopiskt och deprimerande ut i den dimmiga morgonluften under den grå himlen. Jag hade somnat halvliggandes i en soffhörna i bussen efter en rastlös natt av billigt rödvin och Snakebites. Munnen var torr och smakade kärvt som om jag druckit en liter vinäger. Jag mådde illa och halsen sved. Men det var inget som en cigarett och några tramadol inte kunde bota. Vilket jag till och med såg fram emot. Griff såg grå ut i ansiktet när han stapplade fram till dörren.

- *Jag måste bara spy.* Konstaterade han sakligt, för den som var intresserad, och öppnade dörren.
- *Men för helvete.* Jämrade sig någon i nyvaket svar längre bak i bussen.

Griff verkade inte ha kommit särskilt långt utanför bussen innan han höll sitt löfte. Ingen kunde undgå att höra hans ljudliga hulkande vilket fick åtminstone mig att må om möjligt ännu mer illa. Jag kämpade mot mina egna kväljningar medan jag tuggade två tabletter som jag sköljde ner med ljummen cola. Även om jag inte kände något av tabletterna ännu så gav mig själva ritualen ett lugn och förväntan. Illamåendet avtog snabbt efter att jag fått i mig tramadolen. Jag tog på min jacka och satte en cigarett i munnen medan jag klev ut ur bussen. Jag tände cigaretten medan jag motvilligt betraktade Griff där han stod med korsade armar och tycktes fascineras av sin egen spya på marken.

- *Vafan drack vi igår egentligen? Det ser ut som...vin och vad kan det där vara, Baileys?* Sa han funderande och såg ner på pölen.
- *Men sluta för fan, kunde du inte ha gjort det där bakom hörnet va?* Klagade jag och tittade lika intresserat som Griff på spyan.
- *Jag är hungrig.* Svarade han trumpet.
- *Det kunde du ju ha tänkt på innan du spydde.* Replikerade jag spännigt.
- *Alltså, det här är rent av motbjudande. Så det här är alltså ditt verk?* Spike såg inte imponerad ut av Griffs spya när han kom ut ur

bussen.

Spike var alltid lustig med sitt ständigt städade och artiga språk. Vilket gjorde att det lät jätteroligt när han tidvis flippade och svordomarna bara strömmade ur honom. Som om han liksom sparat dom på hög tills trycket blev för högt och det bara vällde ut. Han anslöt och betraktade pölen på marken lika fascinerat som oss. Spike såg alltid cool ut, även när han hade sovit i sin bandana. Hans kajal var inte ens utsmetad efter en natt på en skakig buss. Det var som att han föddes som rockstjärna och alltid såg ball ut vad han än gjorde.

– *Det ser ut som rödvin. Du är en barbar som vomerar fullt drickbart rödvin.* Konstaterade Spike poetiskt.

– *Jag är hungrig.* Gnällde Griff igen.

– *Och en barbar. Vet ni för övrigt att ångmaskinen faktiskt uppfanns här i Birmingham?* Frågade Spike utan att släppa blicken från Griffs spya.

– *Vilken ångmaskin?* Undrade jag.

– *Alltså själva uppfinningen, din imbicill. Det var här man uppfann ångmaskiner.*

– *Fast jag är hungrig.* Gnydde Griff.

– *Men det var då inåt helvete vad du gnäller din arselgrävande fitta, ser jag ut som en jävla korvgubbe eller? Vafan!* Spikes svordomar strömmade ut, vilket fick mig och Griff att börja skratta.

– *Vad är det?! Vad är det som är roligt?* Undrade Spike förvirrat med sin vanliga artiga röst.

Opiatvärmen hade börjat sprida sig i kroppen. Tillsammans med dagens första cigarett kändes livet plötsligt rätt underbart. Det var nästan en känsla av eufori som sköljde över mig som en varm våg. Jag kände mig så sentimentalt tacksam över var jag befann mig. I England. Och jag hade precis klivit av en turnébuss, med ett band där jag spelade gitarr. Jag var så förtvivlat orolig i början att de här stora grabbarna skulle tycka att jag var en jävla tönt, och bara sparka hem mig i Sverige. Men nu stod jag där med dom och tittade tillsammans på en spya. De hade t om börjat ge mig smeknamn. Det kändes stort. Mina ögon måste ha varit väldigt glansiga och drömmande när Spike såg mot mig.

– *Hur kommer det sig att du ser så synnerligen lycklig ut då?*

– *Haha. Det måste väl vara för att du sa något om ångmaskiner.* Svamlade jag.

– *Du. Det där är inte vitamintabletter du brukar ta va?* Frågade han med ett snett leende.

– *Va? Vad menar du?* Svarade jag oroligt.

– *Kom igen. Vad är det för något?*

– *Typ...huvudvärkstabletter.* Sa jag, vilket inte direkt var en lögn men ändå.

– *Huvudvärkstabletter.* Repeterade han med en ironisk ton i rösten.

– *Ja. Eller värktabletter då.*

– *Som man blir sådär sexig av? Ge mig några.*

Att peta i sig tabletter är som sagt mer diskret än att röka tjära. Men jag borde ha fattat att alla ser vad pågår när man bor på varandra i en buss. Eller åtminstone Spike som var tillräckligt uppmärksam. Jag gav honom två kapslar som han drog i sig utan att svälja ner med någon dryck. Spike kunde på riktigt ha varit förebilden för Jack Sparrow med hela sitt manér och utseende. Efter en kvart på tramadol blev han ännu mer Jack Sparrow. Han blev verkligen sinnebilden av en rockstjärna med sitt långa hår i bandana, hans superbrittiska accent och med hans flytande rörelser som man annars mest känner igen hos Ozzy Osbourne. Både Spike och jag drog ner mer och mer på alkoholen till förmån för tramadol och kodein.

För en ung aspirerande rockmusiker var Spike det närmaste gud man kunde komma. Att han på något skruvat vis fick knark att se häftigt ut var ingen bra start på karriären. Han var hypnotiserande cool när han klev ut på scenen i sina glasartade ögon och inlevelserika kroppsspråk framför mikrofonen. Spike inte bara framförde musiken, han blev en del av musiken och scenen. Jag tror att opiaterna öppnade dörrar han inte ens visste att han hade inom sig. Det är tragiskt men samtidigt fascinerande. Så som många musiker trodde vi att vi var odödliga och immuna mot baksidan av alla sorters missbruk. Eller, missbruk kunde inte hända oss. Det var bara sånt som hände uteliggare på gatan.

– *Vi måste bestämma oss för vilka låtar som ska vara med på plattan.*

Med det menade Spike att han själv skulle bestämma sig för vilka låtar han ville ha med. Turnén var över för länge sedan och vi befann oss hemma i ett regnigt London. Spike satt i en hörnsoffa inne på The Gaff med glansiga ögon och korsade ben medan han drack iste. Vad vi andra ansåg om låtarna kunde han inte bry sig mindre om. Man fick rätta sig efter Spike eller dra åt skogen om det inte passade. Mig passade det ganska bra. Jag trivdes med att bara haka på och göra som jag blev tillsagd. Men det passade verkligen inte alla. Bandet var i upplösningstillstånd. Det var som rena rama svängdörrar i bandet på medlemmar som kom och gick. På den nivån att jag började känna mig som en av hörnstenarna i bandet trots att jag kommit in som nån slags inhyrd vikarie från början.

– *Jag antar att du redan har lite tankar runt det?* Det var århundradets understatement men jag menade inte att håna honom.

– *Jo. Det löser sig. Men vi kommer behöva spela in i Los Angeles.*

– *Jaha, ska vi bli något jävla jänkarband nu eller?* Surade trummisen som jag knappt lärt mig namnet på än.

– *Nej. Verkligen inte. Det är bolaget som vill ha en amerikansk produktion.* Svarade Spike tvärt.

– *Varför då? För att vi låter så jävla mycket bättre om vi spelar in i Amerika?* Trummisen surade vidare.

306

– *Okej. Då tror jag att jag förstår hur du ställer dig till det. Hur känner du Peter?*

– *Jag hänger på, det vet du.* Sa jag utan att tveka.

Bandet skulle inte överleva lång stund efter att vi spelat in i Los Angeles. Sprickorna och motsättningarna blev för stora. Det var synd, men den där glädjen jag kände över att vara en del av någonting större än mig själv hade passerat i den här bandkonstellationen. Jag slängde ut krokar här och där och fick napp i ett amerikanskt band plötsligt. Och den där energin i ett hungrigt band som fortfarande passionerat älskar det de gör kom över mig som ett rus igen. Jag insåg att jag måste hoppa runt bland band och artister för att jaga den där kicken av energi och känslan av äventyr. Det blev nästan som en drog. Jag kom att bli kvar i Los Angeles väldigt mycket längre än jag hade planerat. Tyvärr hade de knappt hört talas om tramadol i det där landet. Och tyvärr var det långt mycket vanligare med tyngre opiater som vicodin, oxykontin och heroin.

SELFIE I TYSKLAND

Mina värktabletter var slut sedan någon vecka tillbaka. Att bli haffad i tullen med oanständiga mängder narkotika är ingen bra idé. Så inför Europaturnén hade jag försökt ta med absolut minsta möjliga mängd med piller i någon slags naiv tro om att om jag nu skulle bli haffad så kunde jag skylla på att det var ju bara pyttelite. Lite som att tro att man kan komma undan en rattfylla efter en hela vin med förklaringen att man ju normalt sett brukar hälla i sig en liter vodka. Problemet var mest att jag petat i mig hela mitt förråd på en pisskvart. Så där satt jag och kallsvettades på en ljummen turnébuss genom Tyskland och tampades med en rännskita från helvetet. Det är möjligt att Ozzy Osbourne bara kan fråga första bästa taxichaffis lite vart som helst i världen vart man köper knark. Men jag är inte Ozzy. Man knallar inte bara ut på gatan i någon främmande stad och frågar efter dödsknark utan vidare. I bästa fall slutar det med att man betalar en månadslön för en påse bakpulver. I sämsta fall får man kompanistryk av ett gäng påtända bikers som tror att man är civilpolis.

Jag dämpade illamåendet och frossan med alkohol. Ironiskt nog kändes det amatörmässigt att kliva på en scen lite halvpackad och snubbla omkring efter en dagsfylla. Det var sånt man gjorde i början av karriären innan man upptäckte opiater. Man kan vara hyfsat påtänd i ett morfinrus utan att det märks. Däremot är man ju sällan charmig och diskret efter en halva whiskey. Jag försökte hålla igen för att inte bli skitfull innan kvällens spelning var över. Under tiden roade jag mig från den främre passagerarstolen så gott jag kunde över att vår busschaufför tydligen åkt vilse någonstans i någon tysk förort.

– *Bara säg det. Du är vilse.* Flinade jag.

– *Och du är dum i huvudet för i helvete.* Svarade chaffisen mulet.

– *Fast jag har åtminstone inte åkt vilse.*

– *Jag är inte vilse!*

– *Där är en bensinmack, stanna och köp en karta.*

– *Jag har en karta, ljushuvud. Gå bak och lägg dig.*

– *Din karta är från typ 1973 och är fortvarande uppdelad i Öst och Västtyskland.*

– *Ja, och vi är i Västtyskland din lilla fjolla!*

– *Nej, Hitler är död och Tyskland är enat igen.*

– *Du, har jag någonsin förklarat för dig hur man spelar gitarr?*

– *Va? Nej.*

– *Ge då fan i att förklara hur jag ska sköta mitt jobb.*

– *Vafan, bara sväng av och köp en karta nu!*

– *Men det var då fan. Okej, men du får sköta snacket.*

– *Jag?! Det är ju du som är vilse!*

– *Du kan prata europeiska!*

Amerikaners övertro på Europa som något slags eget land där alla pratar samma konstiga språk är alltid lika lustig. Problemet är att just tyskar och fransmän pratar allt annat än europeiska. Jag kan inte många ord tyska, men hur svårt kunde det vara att köpa en karta på en bensinmack längs en internationell motorväg? Klart grabben skulle ha en karta. Vi svängde av en regnig europaväg och parkerade utanför en större bensinmack som tycktes fungera som ett kombinerat snabbköp. Alla i bandet passade på att köpa cigaretter och öl. Vi måste ha varit en märklig syn när vi kom in i butiken, fyra snubbar i stökigt långt hår och kajal, med nitar och skrot hängandes överallt. Vi samlade på oss ett par flak öl och snacks. Chris hittade till och med beef jerky. Killen i kassan såg rätt nyfiken ut när vi kom fram.

– *Gute heute alle leute!* Försökte jag glatt, vilket verkade göra kassören förvirrad.

– *Eh...engelska?* Svarade han prövande.

– *Visst, engelska. Men min snubbe kan ju tyska, liksom.* Svarade Chris och la en hand på min axel.

– *Alltså. Nej. Det där var inte tyska. Så där säger vi inte.* Skrattade kassören.

– *Bry dig inte om dom. Dom är amerikaner. Vi skulle behöva en karta, vi är vilse som fan.* Fortsatte jag på engelska.

– *Visst, kartor har vi. Men alltså, är ni typ kändisar eller något?*

Vi tittade roat på varandra över hans fråga. Vi stack ju ut ganska rejält bland lastbilschaffisar i keps och semestrande barnfamiljer. Snubben vi lirade åt var ju säkert någon slags kändis, men vi var det inte.

– *Oh Ja. Du anar inte.* Svarade Chris ironiskt.

– *Åh. Coolt! Är ni typ på turné?*

– *Exakt. Och min snubbe här behöver knark.* Fortsatte Chris helt ogenerat.

Det var visserligen sant men givetvis menat som ett skämt. Folk blir så konstiga när de får reda på att man turnerar med ett band. Det är lätt att man blir cynisk och börjar driva hejdlöst med fördomarna om knark, groupies och sönderslagna hotellrum bara för att jävlas lite.

– *Okej, vilken sort?* Undrade han som om Chris just frågat efter varmkorv.

Vi tittade på varande än mer roat. Antagligen drev han bara med oss, men det skadade ju inte att dra skämtet hela vägen i botten. Det är ju inte olagligt att bara prata om att köpa knark.

– *Några kartor kodein och lite högoktanig oxykontin. Eller i värsta fall lite tramadol, tack.* Svarade jag sakligt.

– *Jag kan ordna subutex och gräs.* Svarade han med en högst allvarlig min.

En lite för lång stund av konstig tystnad uppstod när vi blängde förvirrat på killen i kassan. Det gick inte att avgöra om han menade allvar eller inte. Jag önskade innerligt att han var allvarlig. Men jag vet inte, det verkade för knäppt för att vara på riktigt. Första bästa snubben vi träffar på i en bensinmack kan ordna knark?

– *Fast inte här. Möt mig på baksidan.* Sa kassören i vanlig samtalston, som om att vi förväntade oss att han skulle langa upp prylarna på disken.

– *Visst.* Svarade Chris misstänksamt.

– *Ska ni fortfarande ha ölen?*

– *Ja. Och en karta. Åh, och två paket Marlboro.* Insisterade jag.

Han tog betalt för varorna och såg ut som att han gjorde det här varje dag. Det kanske han gjorde. Vi hade inget direkt att förlora på att kolla om snubben faktiskt skulle dyka upp bakom macken. Så där stod vi, som ett gäng hemlösa tattare bakom en bensinmack och drack fulöl och rökte medan vi väntade på att snubben i kassan skulle dyka upp. Till vår förvåning gjorde han faktiskt det. Han klev ut genom en ståldörr och tände en cigarett och sken upp när han såg oss. Han pekade glatt på Steve.

– *Vänta här nu, du är ju för i helvete Steve Stevens!* Utbrast han som ett barn på julafton.

– *Vafan är det för fel på dig din pissråtta? Sluta skrik!* Fräste Steve.

– *Det här är så coolt! Lirar ni för Sebastian Bach eller Billy Idol?* Fortsatte kassören som inget hade hänt.

– *Okej, den här liraren vill åka ambulans hem.* Utbrast Steve helt kallt.

Steve sprätte iväg sin cigarett med fingrarna så att den studsade mitt i pannan på kassören. Killen såg mest förvånad ut över tilltaget och tycktes inte direkt reagera mer än att blinka till med ögonen. Han såg mer upptagen ut med att fundera på vilka vi var snarare än att begrunda faktumet att han lyckats reta upp Steve rätt ordentligt. Chris lyckades fånga Steve med armen innan han hann ånga fram för att skicka kassören till sjukhus.

– *Kom igen, Steve. Den här gentlemannen försöker sälja något här.* Chris försökte lugna ner Steve.

– *Jag med. Jag ska sälja honom en jävla gravsten om han fortsätter gapa!* Ångade Steve.

– *Okej, förlåt! Förlåt! Lugna ner er!* Vädjade kassören när polletten verkade trilla ner.

Han höll fram handen med två påsar gräs framför oss. Steve frustade till med näsan innan han snabbt ryckte åt sig ena påsen för att lukta på innehållet. Gräs har aldrig varit min pryl, jag var mest ängslig över den utlovade subutexen. Subutex är en väldigt potent opiat som man vanligtvis använder för att avvänja heroinister med. Tanken är att heroinister hellre ska gå och hämta sin dagliga gratis dos av subutex på kliniken istället för att köpa heroin på gatan. Det enda problemet med den idén är att många ofta säljer sitt gratisknark för att sedan köpa heroin.

– *Det här är ju något jävla skunk, knappt gräs.* Fräste Steve.

– *Vad hände med subutex?* Undrade jag ängsligt.

– *Hur många vill du ha?* Undrade kassören och drog upp en påse ur fickan.

Det var en klassisk liten genomskinlig plastficka med piller i. Jag såg direkt på formen på tabletterna att det faktiskt var subutex. Där och då spelade det ingen jätteroll hur mycket han ville ha för tabletterna, jag skulle bara ha dom. Och så var det med det.

- *Vi tar allt du har. Gräset också. Hur mycket vill du ha?* Undrade jag ivrigt.
- *Alltså, ni får allt. På riktigt. Om jag får ta en selfie med er.*
- *Vafan är en selfie?* Undrade Chris.
- *Jamen...ett foto alltså. På oss alla.*
- *Ett foto?!* Undrade Steve upprört.
- *Ja. Det är en grej. Man tar ett foto med sig själv med saker i bakgrunden. Typ, er nu då.* Förklarade kassören.
- *Är du helt jävla efterbliven din rövgökare?! Dina polare kommer få läsa om dig bland dödsannonserna imorgon!* Steve var inte imponerad.
- *Åh, okej. Det är lugnt. Jag antar att jag kan ta pengar istället, har ni cash?*

Vi hade ingen cash. Inte nog med att resten av veckan var räddad med smärtstillare, jag fick lära mig en ny term. En så kallad selfie var någon sorts nymodighet där man helt enkelt tar en bild av sig själv med sevärdheter i bakgrunden. Det krävdes dock en lite mer modern mobiltelefon med kamera i. Vilket började bli vanligt i Europa men som fortfarande var rätt mycket science fiction i USA. Alltså var den första selfie jag någonsin figurerade i ett foto av en narkotikatransaktion bakom en bensinmack någonstans i Tyskland. Jag såg nog rätt bakis ut. Steve såg mest asförbannad ut. Men jag hoppas kassören fick ligga när han visade upp en bild på en skitsur Steve Stevens.

ELÄNDE

Jag insåg att jag inte kunde vara med Ana. Det skulle inte gå om hon höll på med knark. Hon var en underbar och uttrycksfull kvinna, men sorgligt nog skulle jag aldrig klara av att hålla mig ren i hennes sällskap. Att behöva berätta för henne att jag inte kunde fortsätta ha kontakt kändes som att behöva ställa in en lyxresa till Hawaii för att man blivit förkyld. Jag stirrade på telefonen ett bra tag innan jag ringde. Till min lättnad svarade hon inte. Jag gav det ett nytt försök någon dag senare med samma resultat. Jag drog slutsatsen att hon lyckligtvis, eller kanske tyvärr, inte var intresserad själv att fortsätta ha kontakt. Vilket kändes snopet men samtidigt skönt, då det besparade mig ett jobbigt samtal åtminstone.

Ett par veckor senare fick jag höra att hon blivit arresterad. Av DEA som är en federal myndighet som sysslar med att utreda grövre narkotikabrott. Tydligen var hon misstänkt för att smuggla in narkotika från Mexiko via möbelföretaget hon jobbade för. Jag blev alldeles häpen trots att jag egentligen inte borde ha blivit förvånad alls. Hon hade galna mängder kokain hemma när jag var där. Ju mer jag funderade på det föreföll det trots allt rimligt att hon kan ha varit inblandad i något. Hela hennes familj kom från fel sida av stan och var alla insyltade i massa kriminalitet och mysko prylar. Hon hade dessutom en gängtatuering.

Det hela förklarade också varför hon inte svarat i telefonen. Hon måste blivit arresterad bara någon dag efter att jag var hos henne. Vilket för mitt självförtroende var en rimligare förklaring till att hon inte svarat i telefonen än att hon inte ville prata med mig. Samtidigt blev jag alldeles kall. Och paranoid. Om DEA hade övervakat henne kunde de garanterat ha observerat att jag umgåtts med henne bara dagar innan de ingrep. Jag var visserligen helt ren (igen) och hade inget att dölja, men bara tanken på att DEA kanske skulle knacka på och förhöra sig om vad jag var för en filur kändes rätt obehaglig. Veckorna gick utan att någon knackade på och jag släppte tanken till slut. Antagligen har jag sett för mycket på film där snutar ligger och kurar med teleskopkikare och kameror utanför skurkens hus och noterar vilka som kommer och går. Vilket de i och för sig kan ha gjort. Och kommit fram till att jag var en loser som samlar gitarrer och sjunger i duschen.

Det hela gjorde mig lite skakis och jag tyckte mig nästan se något religiöst över det hela. Att DEA mycket väl kunde ha sparkat in dörren där jag satt naken i Anas sovrum med näsan nere i hela Mexikos årsproduktion av kokain. Men att jag slapp undan med en hårsmån som en varning från ovan. Jag mådde redan dåligt över att ha gjort ett återfall, men det här underströk verkligen allvaret i min situation som missbrukare. Jag bestämde mig för att börja gå på stödmöten igen.

De där mötena fick mig alltid att känna mig så eländig. Eftersom man bara träffar eländiga personer där. I en eländig lokal som luktar gammal källare. Men samtidigt blir nykterheten mer påtaglig och närvarande. Dessutom tyckte jag nog att jag förtjänade att genomlida lite elände efter att ha varit korkad nog att trilla dit igen. Jag såg nog inte så munter ut när jag satt där och stirrade ner i pappmuggen med lokalens typiskt amerikanska blaskiga kaffe medan jag väntade på att mötet skulle börja.

— *Du ser ut som att du spelar i band*. Kvittrade en röst framför mig.

Jag tittade upp i ett par intensiva ögon. Den blonda kvinnan betraktade mig med en blandning av misstänksamhet och nyfikenhet i ansiktet medan hon rörde om i sin egen pappmugg. Hon var klädd i en bylsig vit stickad pullover och blå jeans. Hennes skarpa ögon inramades i en smakfullt tunn svart eyeliner. Med svagt rosiga kinder mot hennes annars bleka hy såg hon så otroligt levande ut. Helt enkelt såg hon alldeles för frisk och normal ut för att vilja prata med någon som mig. Och kanske lite för frisk ut för att befinna sig på det här stället. Jag antog att hon var i sällskap med någon som hörde hemma på mötet.

- *Jasså? Nä. Inte just nu.* Svarade jag lite vemodigt.
- *Nej, jag ser det.* Sa hon finurligt med ett snett leende.
- *Fast alltså, jag menar inte som i just nu idag. Jag är…mellan band just nu.*
- *Aha. Jo, vi är väl alla här för att vi är mellan saker.*
- *Tja, jag jobbar i och för sig åtminstone som tatuerare för tillfället.*
- *Åh. Coolt! Men gör det inte ont att tatuera sig?!*

Hon satte sig ner på stolen bredvid och vände sig mot mig. Det var som att hela hon sprudlade av någon mystisk energi. Jag kunde inte bestämma mig för om det var bra eller dåligt. Men det var nästan som om det lyste ett skarpt sken om henne. Vilket var som en oas i den deprimerande miljön vi befann oss i. Hon fick mig att känna mig egendomligt bekväm med att vara i möteslokalen.

- *Haha. Det gör liksom inte ont att tatuera någon. Så det vet jag inget om.*
- *Men, du har ju massa tatueringar själv. Få se!* Hon greppade spontant min underarm och betraktade bildspelet.
- *Jaha, ska du börja ta på mig utan att bjuda på middag först?* Skojade jag.

Hon sken upp i ett leende och skrattade hjärtligt åt min fåniga humor. Det värmde så det nästan gjorde ont i hela hjärtat av att höra hennes porlande skratt. Hela hon var verkligen som ett batteri. På bara några sekunder hade hon vänt mitt vemodiga humör till att känna mig till freds och glad. Nästan så att jag kände en märklig lycka för första gången på länge i hennes närhet.

– *Jag kan inte ens laga mat!* Fnittrade hon.

– *Nähä? Ni kvinnor, du får mig ju att känna mig billig här om du ska sitta och ta på mig!* Skojade jag med dramatisk röst utan att kunna dölja mitt leende.

– *Förlåt då. Jag kanske ska presentera mig först åtminstone. Jag heter Skye.*

HILL HOUSE
CA90069

Linda hade fått sina papper hos myndigheterna i ordning och kunde börja jobba på riktigt. Själv insåg jag att jag skulle bli kvar i Los Angeles när jag väl upptäckt att det faktiskt gick att hanka sig fram som musiker. Fram tills nu hade jag levt i en rätt temporär tillvaro. Det fanns ingen plan med att flytta till Kalifornien. Jag hade mest hängt på Spike när han drog över till staterna från England i något försök att bli nästa Ozzy Osbourne. Den planen gick lite sådär och jag började glida omkring bland olika artister i väntan på att jag skulle komma på vad jag ville göra med framtiden. Linda skulle bara hälsa på med blev kvar medan vi funderade på om vi nu var ihop igen eller inte. Men nu såg det ju ut som att vi nog var ett par, och att vi skulle typ bo här under överskådlig framtid.

Linda hade rätt. Min våning i Dogtown såg ut som en ungkarlslya från helvetet. Så när en av mina kompisar erbjöd mig att bo i hans kåk i norra Hollywood medan han åkte på turné så nappade jag direkt. Det kändes vuxet på något vis att bli sambo i ett hus. Att vi för övrigt söp och knarkade hejdlöst hörde inte riktigt dit. Det var ett nedgånget hus byggt strax efter inbördeskriget. Men det låg i ett stilla skogsområde på höjden ovanför Hollywood. Tomten omringades av vanvårdade buskar och träd men erbjöd samtidigt totalt skydd från insyn. Takpannor saknades här och där, och golvet knarrade så fort man blinkade. Vill man vara elak skulle man kunna kalla stället för kråkslott, men det var ett och ett halvt plan bostad i Hollywood för nästan inga pengar.

— *Använd inte källaren.* Sa Vince eftertänksamt.

— *Okej. Jag tror inte jag kommer behöva det i vilket fall.* Svarade jag.

– Ni borde inte ens gå ner i källaren. Jag har lagt ut råttgift och fällor, bara så att du vet.

– Haha. Vi borde inte ens gå ner i källaren? Vaddå, har du gömt lik där eller något? Skojade jag.

– Nej, vafan. Det är bara massa råttor och grävlingar och gud vet allt där nere. Och råttgift och mögel. Inte ens jag går ner där.

– Grävlingar? I källaren? Vafan, Vince?!

– Vilket år som helst när jag får råd borde jag riva ut hela källaren och göra det till ett hobbyrum. Men just nu är det fan farligt att vara där nere, okej?

– Ja ja ja, okej. Jag ska inte rota i din källare, Vince.

Strax efter vi flyttat in förstod jag dock vad han menade. På kvällarna kunde man ibland höra hur det krafsade runt där nere under golvet. Det gav mig en känsla av att bo på landet trots att det var utanför stan. I synnerhet då skogsområdena i Los Angeles kryllar av en förvånansvärt stor fauna vilda djur. Det finns mycket riktigt en hel del grävlingar men även rådjur, rävar och massa äckliga kryp. Djuren söker skydd så gott det går från den kaliforniska hettan i övergivna skjul eller källare.

Det var i det här huset som jag för första gången blev lite orolig över det här med alla droger. Morfindrömmar är ofta livliga och konstiga. Och man vaknar ofta med ångest när drogerna försvinner ur kroppen. Vilket hände mig mitt i natten. Jag satte mig spikrak upp i sängen och kände hur ångesten greppade klorna i mitt bröst. Linda hade somnat med kläderna på bredvid mig. Jag ruskade försiktigt hennes axel i hopp om att hon skulle vakna. Inte för att jag visste vad jag ville egentligen, antagligen bara höra hennes röst. Men hon verkade helt utslagen. Förmodligen hade hon däckat som vi brukade göra på kvällarna. På piller och pulver. Hon sov djupt och vaknade inte.

Jag gick upp ur sängen och gick yrvaket och planlöst ut i vardagsrummet. Tv:n var fortfarande påslagen med ljudet avstängt och spred ett syntetiskt ljus över rummet. Jag stirrade ut genom det enorma spröjsade fönstret som vätte mot baksidan. Det var beckmörkt utanför och fönstret bildade som en svart spegel. I min ångest som grep allt hårdare tag i mig tyckte jag mig genom den där svarta spegelbilden se egendomliga konturer dansa i den vildvuxna trädgården på baksidan. Det gjorde mig ängslig trots att jag intellektuellt begrep att inga demoner smög runt huset i verkligheten.

Det kliade enormt över hela kroppen i svår opiatklåda. Och samtidigt hörde jag det där krafsande ljudet igen. Från källaren. Det var mer påtagligt och frenetiskt än vanligt. Det lät som långa klor på något konstigt rovdjur som klöste mot väggarna där ner. Ljudet skrämde mig och jag kände hur nackhåren reste sig. Vince hade berättat om grävlingar där nere, men det här lät som ett oroväckande mycket större djur än en grävling.

Jag stampade hårt i golvet. Så hårt att servisen i köksskåpen skallrade. Det krafsande ljudet upphörde direkt, och jag kunde höra mitt hjärta bulta i kroppen. Tystnaden bröts tvärt efter några sekunder. Under golvet hördes ett dovt läte. Jag vet inte hur jag ska beskriva det. Det lät möjligen som en blandning mellan en ko som råmar och ett torrt morrande. Varken råttor eller grävlingar låter åtminstone på det viset. Jag kan faktiskt inte komma på något djur alls som låter så. Det skrämde skiten ur mig. Jag kände hur jag fick gåshud över hela kroppen i ren rädsla.

I skräckfilmer gör folk alltid massa modiga prylar. Idiotiska, men modiga. Som t ex att leta upp källardörren och gå ner med ficklampa för att se efter vad som lät. Jag är antagligen ganska idiotisk men inte särskilt modig. Så jag lyckades hjälpligt med att svälja ett skrik, och sprang så fort jag kunde tillbaka in i sovrummet och stängde dörren bakom mig. Jag var alldeles andfådd och kallsvettig när jag fullkomligen hoppade till sängen. Ångesten kändes som ett skruvstäd som drogs åt runt hjärnan när jag skakade om Linda för att väcka henne. Till slut vaknade hon upp och blinkade sömndrucket.

- *Vad är det som händer?* Jämrade hon sig.
- *Det är…något konstigt…i källaren.* Stammade jag fram.
- *Va? Vaddå konstigt? Vad pratar du om?*
- *Det är något jävla djur…eller något.*
- *Lugna ner dig. Vaddå, har du varit i källaren?*
- *I helvete att jag skulle gå ner där. Jag hörde något jävligt konstigt där nere!*
- *Men…vaddå, vad hörde du menar du?*
- *Det krafsade. Som jävla långa naglar. Eller klor. Och sen…var det något som skrek där nere.*
- *Skrek? Det måste ju vara en inbrottstjuv i så fall!*

Linda satte sig oroligt upp i sängen. Men det här var fan ingen inbrottstjuv det var fråga om. Så vitt jag visste kunde man inte ta sig in i källaren utifrån. Och vem fan skulle bryta sig in i ett hus och börja krafsa runt i källaren det första de gör?

- *Nej, det är…jag vet inte vad jag hörde, men det var verkligen ingen människa.*
- *Men det var någon som skrek sa du?*
- *Nja, mer som ett bröl.*
- *Bröl?!*
- *Ja. Eller morrande. Det lät åt helvete i vilket fall.*
- *Från källaren?*
- *Ja! Kom, vafan.*

Linda suckade och följde med mig ut i vardagsrummet. Vi stirrade båda ned i golvet där jag hört ljudet. Det var knäpptyst nu. Efter någon minut av tystnad tittade Linda misstänksamt på mig.

– *Du...är du säker på att du inte tog något konstigt innan du gick och la dig?*

– *Vaddå tog något konstigt?*

– *Ja, inte vet jag. Du kanske ville prova LSD eller någon sån skit.* Föreslog hon oroligt.

– *Men vafan. Tror du jag skulle sitta och droppa syra som någon jävla hippie?!*

– *Okej, okej. Lugn. Det hörs inget nu i alla fall.*

– *Det var något jävligt otäckt där nere för en stund sen.*

– *Vi kan ju gå ner och se efter om det gör dig lugn?*

– *Fan heller. Jag pallar inte slåss med någon ilsken grävling mitt i natten.*

LSD är en drog som ger ordentliga hallucinationer. Jag har aldrig fattat grejen med det, man får liksom inget rus av det. I bästa fall ser man rosa enhörningar som skiter regnbågar. I värsta fall ser man de mest skräckinjagande demonerna från den värsta mardrömmen man kan tänka sig. Det var vanligt med LSD bland hippies på sextiotalet. De tyckte sig få någon slags spirituell upplysning av att sitta och snacka med lila örnar från rymden. Jag skulle inte få för mig att peta i mig den där smörjan. Men jag fattar att Linda var tvungen att fråga när jag stod och svamlade om brölande varelser i källaren. De opiater vi knarkade på är smärtstillande preparat som vanligtvis inte ger hallucinationer alls. Men precis som med alkohol kan man få ångest när man är bakfull. Och det kan ha varit något liknande som spökade i mitt huvud.

Jag vet inte om Linda riktigt trodde på att det var en konstig varelse som lät i källaren. Men hon märkte att jag var skärrad och tog det på allvar. Vi drog en lina oxykontin tillsammans. Lugnet sköljde över mig som en varm omhändertagande havsvåg. I det varma morfinruset såg det svarta fönstret mot baksidan inte lika skräckinjagande ut längre. Vi satt i soffan i vardagsrummet, Linda somnade med sitt huvud i mitt knä. Vilket i kombination med ruset var rena rama sömnpillret och jag somnade själv som ett barn.

Under de kommande veckorna kunde jag aldrig riktigt släppa grejen med källaren. Jag tyckte mig höra ljud och klor mest hela tiden. Det var fan ingen råtta jag hade hört den där natten. Dessutom hakade jag upp mig på att Vince insisterat på att vi minsann skulle hålla oss borta från källaren. Antagligen skulle jag ha kunnat försöka få tag på honom och börja ställa frågor. Men det skulle bara kännas knäppt att börja svamla om konstiga ljud och härja som en idiot. Det fanns bara en sak att göra, och det var att gå ner och titta i den där jävla källaren. Han kunde ju knappast ha varken lik eller kärnvapen där nere, då skulle han naturligtvis aldrig ha hyrt ut huset.

Källaren stank av mögel och unken luft. Det var förvånansvärt tomt där nere. Några resväskor stod i ett hörn. Och ett gammalt kylskåp som såg ut att vara från typ fyrtiotalet stod slarvigt inskjutet mot väggen. Det kändes lite som att jag var med i en skräckfilm när jag misstänksamt undersökte utrymmet. Jag nästan väntade på att den gamla glödlampan i taket plötsligt skulle slockna. Mitt i golvet fanns en avloppsbrunn som saknade galler. Vilket verkade helt idiotiskt. Det var ju inte alls konstigt om råttor och alla möjliga äckliga kryp huserade i källaren när det fanns ett öppet avlopp i rummet. Brunnshålet var ungefär tre decimeter brett, vilken grävling som helst kom med enkelhet genom det där hålet.

Jag stirrade på den där brunnen och försökte lista ut vart man köper galler eller lock till golvbrunnar. Det enklaste hade antagligen varit att ta dit en rörmokare som fick skaffa ett passande lock. Vilket antagligen skulle kosta flera tusen. Men det var inte ens mitt hus så jag tänkte inte betala för någon hantverkare. Det gamla kylskåpet såg tungt ut, det kunde man antagligen ställa över brunnen. Kylskåpet måste ha vägt minst trettio kilo. Jag knuffade det från väggen och täckte brunnen med det.

Jag kände mig plötsligt fånig över att jag var rädd för källaren. Det var ju inte konstigt om det krafsade i källaren med en öppen jävla avloppsbrunn. Vince måste ju ha varit helt dum i huvudet som inte gjort någonting åt det. Nu hade han ju förvisso sagt att han själv aldrig gick ner i källaren, så han kanske inte hade sett det. Vilket verkade märkligt.

Jag släppte hela grejen tills några nätter senare då det plötsligt mullrade nere i källaren. Det lät nästan som åska där nere. Det var natt, men både Linda och jag var vakna och satt i vardagsrummet. Linda hejdade sig mitt i en rörelse av att föra en cigarett till munnen. Vi stirrade på varandra. Hon hörde också ljudet den här gången.

– *Vad…fan var det?!* Viskade hon.
– *Jag sa ju att det är något konstigt där nere!* Viskade jag tillbaka.
– *Det där var ingen råtta!*

Jag tittade på henne och sträckte ut händerna i en vad-var-det-jag-sa-gest. Sedan förklarade jag snabbt att jag varit nere i källaren och täckt över brunnen jag hittat med ett gammalt kylskåp.

– *En öppen brunn? Kan råttor verkligen klättra upp i en brunn?* Undrade hon oroligt.
– *Så klart de kan. De kan ju klättra upp ur toaletter.*
– *Nähä?!* Protesterade hon ännu mer oroligt.
– *Jo! Kom igen, det måste du ju hört om.*
– *Fast inte om man sitter på toaletten väl?!*
– *Inte vet jag. Men nä, antagligen inte.* Svarade jag lugnande.
– *Är du helt säker?!*

– *Alltså, varför diskuterar vi ens det här?! Det där ljudet var ingen råtta!*

– *Tänk om det verkligen är en inbrottstjuv den här gången?* Viskade Linda.

– *Hur då? Det går inte att ta sig in i källaren utifrån.*

– *Men, han kanske tog sig in genom den där brunnen?*

– *Nej nej, brunnen är typ tre decimeter.*

– *Gå ner och se efter vad det är då!*

– *Ska jag?!* Svarade jag ängsligt.

– *Ja! Det är du som är kille! Det är ditt jobb.*

– *Vafan…borde vi inte ringa polisen?*

– *Idiot, vi har hela huset fullt med narkotika.*

Hon hade rätt. För det första skulle ingen polis komma och undersöka ljud i källaren. För det andra skulle polisen vara mer intresserade av våra olagliga substanser än eventuella inbrottstjuvar. Jag var helt enkelt tvungen att spela modig och gå ner i den där jävla källaren.

Jag hittade en hammare bland Vince verktyg. Linda var snäll nog att smyga med bakom mig när jag gick ner för trappan till källaren. Stanken av mögel slog emot oss där nere. Linda grimaserade och täckte sin mun och näsa med handflatan. Det var helt tyst där nere. Men jag förstod snabbt vad mullrandet kommit från. Jag stirrade häpet på den öppna brunnen. Kylskåpet stod slarvigt inskjutet mot väggen igen.

Vi åkte tillbaka till min lya i Dogtown samma natt. Vi återvände aldrig till det där huset igen. Jag struntade högaktningsfullt i hur fånig jag lät nar jag förklarade för Vince att vi inte tänkte bo i hans jävla hus längre. För att hans källare var helt åt helvete. Han bråkade inte om det, någonting säger mig att han mycket väl visste att något var väldigt fel med hans hus. Och att det inte hade med råttor att göra.

"Jag vet inte om jag tror på någonting övernaturligt eller källarmonster. Men det där huset skrämde mig verkligen. Jag trodde så klart först att det bara var råttor som lät. Bara det var otäckt, jag tål verkligen inte råttor. Men med tiden började jag förstå att det var något värre än så som fanns i källaren. Det händer ofta att jag funderar på vad det egentligen handlade om.

Efter finanskrisen 2008 blev mängder av människor hemlösa i USA. Det var inte sällsynt att folk i smyg flyttade in i människors garage, källare eller på deras vind. Ofta trodde de boende att det spökade när de hörde konstiga ljud och mat saknades. Det vi upplevde i Vince gamla hus inträffade dock långt före detta. Vilket inte utesluter att det ändå kan ha varit någon luffare som trots allt på något sätt i smyg använde källaren som bostad.

Det är den mest rimliga förklaring jag kan komma på. Trots att det verkar omöjligt. Det gick som sagt inte att ta sig in i källaren utifrån. Och det förklarar inte varför någon skulle börja flytta runt kylskåpet där nere. Och det förklarar inte heller varför Vince verkade så obekymrad över att vi blev livrädda för hans hus. Men han kanske bara tyckte vi var skvatt galna och bara var lättad över att vi vägrade bo där."

Linda

STOCKHOLM
Patience

Jag är inte mycket för att skriva. Trodde jag. Jag har alltid haft en ambivalent inställning till mitt förflutna. Det som har hänt har hänt och gjort är gjort. Jag kunde kanske blivit advokat eller läkare om jag hade engagerat mig bara en tiondel i min framtid som jag gjorde i mitt gitarrspel. Jag kunde ha levt ett stabilt liv där jag på min höjd hade druckit lite för mycket någon enstaka midsommarafton. En *respektabel* tillvaro. Men här är jag utan någon utbildning eller akademiska meriter. En nykter missbrukare som inte har känslomässigt råd att gräma mig över att jag aldrig levt ett sunt och normalt liv med karriärstegar och högskolepoäng.

Folk i min umgängeskrets blir ofta nyfikna på min bakgrund och vill höra massa anekdoter och häftiga historier om groupies och droger. Men jag blev aldrig någon enorm rockstjärna som folk kommer göra filmer om. Som frilansande musiker har jag som bäst fyllt en statistroll i riktiga stjärnors karriär. Jag har aldrig snortat myror eller skrivit historiska konceptalbum i Abbey Road studios. Därför har jag nog känt en viss bitterhet inför att berätta att det enda jag gjorde var att knarka och drömma om att bli något stort. Det har i min mening aldrig funnits något vettigt att berätta om.

Ingen missbrukare vill sitta och fundera och gräma sig över de val man gjort och det liv man levt. Man försöker blicka framåt istället. Men det är lite för enkelt att bli fartblind. Vid något tillfälle bör man konfrontera sitt förflutna och försöka förlåta sig själv. Att skriva kom att bli en försonande terapi för mig. Jag är medveten om att de flesta anekdoterna i mina berättelser är dråpliga och får tillvaron som pundare att framstå som rent av festlig. Jag är dock smärtsamt medveten om hur jävligt det egentligen var. Men jag måste tillåta mig själv att minnas händelser med värme där det är möjligt. Jag är övertygad om att det bara är mänskligt. De flesta vill minnas sin tid i lumpen eller skolan med samma nostalgi och värme. Trots att den tiden samtidigt kan ha varit rentav plågsam för samma personer.

Som vanligt tog jag mig själv på lite för stort allvar i allt jag gör. Jag bestämde mig för att kontakta Linda när jag väl fått ner några kapitel i text. Vi har inte haft någon egentlig kontakt sedan uppbrottet. Och den kontakten har varit kylig som bäst. Jag visste inte riktigt vad jag skulle säga eller hur hon skulle reagera när jag väl tog mod till mig att ringa. Det var någon naiv tanke om försoning som plågade mig. Och kanske ett visst mått av narcissism med att jag hoppades att hon ville läsa min historia som ändå cirkulerar runt henne. Till min förvåning gick hon faktiskt med på det.

Att hoppas är en sak. Men jag hade inte förväntat mig att Linda skulle återkomma efter hon läst texterna. Hon ringde mig och sprudlade med reflektioner och kommentarer på det jag skrivit. Vi bestämde oss för att träffas över en fika på stan. Det kändes som en lite väl vuxen pryl att göra med just henne. Vi träffades på ett kafé på Söder i Stockholm. Det var naturligtvis obekvämt att behöva hälsa på varandra. Två människor som blivit vuxna tillsammans men sedan brutit kontakten. Men det var okej. Mer än okej. Hon höll inte det där kyliga avståndet mot mig som sist vi sågs i Washington.

Linda såg inte mycket äldre ut än hur jag mindes henne. Hon såg bara mer vuxen ut. Hon var som alltid klädd helt i svart med sitt blonda hår som sköljde över axlarna. Bedövande vacker. Och jag slogs av den nedslående tanken att jag åtminstone delvis hade förstört den här underbara människans liv med min destruktiva livsstil. Tanken gjorde ont i bröstet. När vi kommit över biten med att pliktskyldigt uppdatera varandra om vad som hänt i våra liv det senaste decenniet kom vi in på mina texter. Till min förtjusning var hon verkligen engagerad och insisterade på att jag minsann skulle rätta massa felaktigheter och annat som hon ansåg var rena påhitt.

Jag insisterade lika mycket på att det faktiskt var mina minnen och anekdoter. Men det var fantastiskt att höra hennes reflektioner och upplevelser kring samma händelser. Det här var nog den försoning vi behövde för att kunna fortsätta med våra liv utan att behöva vara spöken i varandras huvud som vi försöker undvika. Jag skrev ned hennes kommentarer till mina texter vilket på något sätt fulländade historien.

– *Du borde göra en bok av texterna.* Sa hon bestämt.

– *Tanken har slagit mig. Fast nog för att jag är en självgod narcissist men jag är ingen kändis, vem fan skulle vilja läsa min livshistoria?*

– *Säkert en hel del. Det hände ju massa knäppa grejer som faktiskt är rätt roliga att läsa.*

– *Om jag faktiskt skulle be någon läsa materialet, är det okej om jag infogar dina kommentarer?* Frågade jag hoppfullt.

– *Jag är också narcissist. Så klart du får.*

Vi fortsatte prata om gamla minnen och händelser. Vi möttes i skratt och tårar över alla möjliga dumheter vi gjort under de där åren. Det var förlösande. Naturligtvis borde vi ha gjort det här för alldeles för länge sedan. Men allt har sin tid och plats.

– *Du vet att Guns N Roses har återförenats va?* Frågade hon.

– *Om jag vet? Är det en kuggfråga eller?* Svarade jag med låtsad sårad ton i rösten.

– *Jag tror jag såg någonstans att de skulle spela i Sverige. Vill du gå?*

– *Med...dig?* Frågade jag förvirrat.

– *Nej. Med snubben i kassan. Idiot.* Hon himlade med ögonen.

– *Ja...javisst. Så klart att jag vill.*

– *Boka då!*

Vi reste på oss packade ihop våra saker. Vi såg på varandra med ett leende under ytan som inte alls var lika ansträngt som när vi möttes. Jag kände en klump i halsen av lättnad och lycka. Vi kramades där på trottoaren utanför kaffét på söder. Det gick inte att låta bli den här gången heller. Jag borrade ner näsan i hennes hår. Det doftade fortfarande som en explosion av sommar, vårfrukt och lavendel.

"Det är en plågsam process att som missbrukare behöva avsluta alla relationer till umgängen som fortfarande missbrukar. Jag trodde nog på Peter när han förklarade att han själv var helt ren och inte sysslade med droger längre. Men han befann sig trots allt i en bransch och tillvaro där missbruk och beroende var helt socialt accepterat. Han och jag var ingen bra kombination eftersom vi båda var som en katalysator till varandra. På gott och ont. Vi var som magneter som dras till varandra vart vi än befann oss i världen. Jag har inte kunnat ha en sund relation till honom utan att behöva vara livrädd för att glida tillbaka ner i en spiral av droger och ångest.

Vi var bara barn när vi drogs in i en värld full av droger och alkohol. Jag är, trots vad Peter tror, inte ett dugg bitter över vad vi gick igenom. Tvärtom är jag tacksam för det surrealistiska liv vi fick tillfället att uppleva tillsammans. Det är antagligen få förunnat.

Jag tror inte jag riktigt visste hur jag borde reagera när han så hörde sig av om att han skrev om sin historia och bakgrund. Men jag antar att tiden helt enkelt var mogen för att kunna prata om det. Vi behövde prata som vuxna människor om det någon gång i vilket fall. Jag har sällan haft så roligt som att få läsa hans knasiga versioner om vad som hände och hur det gick till. Naturligtvis är jag tacksam över att få komma till tals och reflektera med mina egna upplevelser. Som givetvis är mer riktiga. Han har dock rätt i att det är svårt att fatta hur bisarrt allting var om man inte läser det i skrift.

Jag har skrattat och gråtit över det som varit. Det är svårt att ångra alla dom dumheter vi gjorde. Ärligt talat ångrar jag ingenting. Det betyder inte att jag vill göra om det. Jag är rätt säker på att det eventuella konto man har med dumheter är förbrukat för min del. Los Angeles var en galen stad, men jag tror den tillhörde Peter. Hela han *var som en pusselbit som passade perfekt i miljön.*

Om det är någonting jag har lärt mig av att träffa Peter efter alla dessa år så är det att vi var helt dumma i huvudet på den tiden. Som om jag inte visste det, i och för sig. Och att Axl Rose är en gammal gubbe nuförtiden. Jag vill inte tänka på vad det gör mig. Men det verkade passande att sluta cirkeln där det en gång i tiden började. På en konsert med Guns N Roses."

Linda